怀念李迪

李培禹 主编

群众出版社·北京

图书在版编目（CIP）数据

怀念李迪／李培禹主编. ——北京：群众出版社，2021.5
ISBN 978-7-5014-6145-5
Ⅰ.①怀…　Ⅱ.①李…　Ⅲ.①李迪—纪念文集　Ⅳ.①K825.6-53
中国版本图书馆 CIP 数据核字（2021）第 057395 号

怀念李迪
李培禹　主编

出版发行：群众出版社
地　　址：北京市丰台区方庄芳星园三区 15 号楼
邮政编码：100078
经　　销：新华书店
印　　刷：北京市泰锐印刷有限责任公司

版　　次：2021 年 5 月第 1 版
印　　次：2021 年 5 月第 1 次
印　　张：11.25
开　　本：880 毫米×1230 毫米　1/32
字　　数：324 千字

书　　号：ISBN 978-7-5014-6145-5
定　　价：46.00 元

网　　址：www.qzcbs.com
电子邮箱：qzcbs@sohu.com

营销中心电话：010-83903991
读者服务部电话（门市）：010-83903257
警官读者俱乐部电话（网购、邮购）：010-83901775
啄木鸟杂志社电话：010-83903494

出版说明

李迪，当代著名作家，北京人。生于 1948 年 11 月 29 日，2020 年 6 月 29 日病逝。他去世后，中国文学界给予了他很高的评价和赞誉。中国作家协会主席铁凝在纪念文章中称赞他是时代的记录者，是人民的歌者，是一位“无愧于时代和人民的作家”，并倡议全体文学工作者以李迪为榜样，“把滚烫的心放进与人民同心的作品中，让这波澜壮阔的历史、这昂扬奋进的精神成为永世流传的中国故事。”

李迪长期坚持深入生活、扎根人民，他笔下那些鲜活的故事、鲜活的人物、鲜活的语言，都是他从生活中一点一点、一个一个捞出来、挖掘出来的。李迪的创作道路，也给当代作家提供了一个现实的样本和标杆，提供了一个可以学习、借鉴的启迪，那就是要想创作出无愧于时代和人民的优秀作品，就必须扎根人民，做时代的记录者、人民的歌者。

文如其人。李迪一生对人民、对生活、对生命的热爱与深情，不仅在他的作品中历历可见，同时，也深深地烙印在每一个与他交往过的朋友心中。李迪的善良、热情、纯粹和才华，形成一股恒久不变的魅力，吸引并感染了无数人。在得知李迪病逝的消息后，分布在祖国各地的他的战友们、文友们，甚至采访对象们，无不扼腕长叹，长歌当哭。李迪，在他们心中，是一抹永不消逝的红。

这个讲故事的老头儿，在太多人心中留下了无法忘却的故事。为了表达对李迪先生的怀念之情和满腔敬意，在此，我们收集了50余篇来自李迪的战友、文友和采访对象以及有关编辑、记者们饱含深情撰写的回忆、怀念他的文章。我们相信，这些鲜活的生命细节，是一笔宝贵的精神财富，它们曾经温暖了李迪的朋友们，付梓之后，也将会点亮和激励更多颗心。

本书编辑出版的过程，像是一场友谊、友情的接力，凝聚了众多李迪生前好友的心血。其中既有多位文学界的名家宿将，也有许多李迪曾采访过的各行各业的“普通人”。无论身份、地位、年龄和性别，这些人都曾深深感动过李迪，亦被李迪深深感动着。他们的感动汇聚于此，成就了这本书，记录了这位“无愧于时代和人民的作家”的壮美一生。

由于整理、编辑时间有限，本书难免有所疏漏，在此深表遗憾。最后，谨向书中所有作者、封底绘画作者马达和提供有关图片、视频等资料的朋友们致以衷心的感谢！

编者

2021年5月8日

一位无愧于时代和人民的作家（代序）

铁凝[1]

李迪去世，我感到震惊、痛惜。前一段时间，我得知他住院了，病得很重，即使在那时，我也不曾想过会有最严重的结果。李迪七十一岁了，但在我的印象里，他与迟暮衰老无关，他永远活力充沛，永远谈笑风生，永远激情澎湃。他好像永远穿着一件大红上衣，他真是一团火，跃动着、燃烧着，给这个世界送来热量和温暖。这样一个人，我想，他是累了，他需要休息、需要调整。我没有想到，最终传来的竟是这样的消息，他竟走了，那团火，熄灭了。

但是，他的作品在，他书中的火是不灭的。从《丹东看守所的故事》，到《警官王快乐》，到《加油站的故事》、《听李迪讲中国警察故事》，到刚刚印出的《永和人家的故事》、刚刚写成的《十八洞村的十八个故事》，他是多么喜欢“故事”这个词，而他正是一个讲中国故事、传中国精神的作家。从这些作品中，我们感受到的是广袤的大地与奋进的人民，

① 铁凝，中国作家协会主席，中国文联主席。

感受到在一个一个人物身上、一个一个平凡而伟大的战斗者、劳动者身上那推动历史发展的伟力。这样一个作家，是时代的记录者，是人民的歌者。

习近平总书记在文艺工作座谈会上的重要讲话中深刻论述了文艺与人民的关系，人民需要文艺，文艺需要人民，文艺要热爱人民。新时代广大文艺工作者的根本道路，就是深入生活、扎根人民。在这条道路上，李迪为我们做出了榜样。这些年来，从西部山区到东部沿海，从公安一线到边地加油站，从塔克拉玛干沙漠到湘西苗寨，烈日骄阳、风霜雨雪，李迪走过了很多地方，不是走马观花，不是蜻蜓点水，而是心入情入，是全身心地扑进了人民生活的海洋。时至今日，那些公安干警、那些工人农民，提起李迪，都是那么亲切，干警们叫他“老李”，村民们叫他“李老师”。我也有过下农村经历，我知道，当村里人叫你一声“老师”时，这包含着沉甸甸的信任和敬重。对李迪来说，人民不是抽象的符号，是一个一个有血有肉的具体的人，李迪和他们成为了贴心人。他的作品是质朴的，没有华丽的修辞，他努力写出人民心里的话，他的风格温暖明亮，他的态度情深意长，这在根本上源于他对人民群众深切的情感认同。

心在人民中间，李迪把书写中国人民创造新生活、创造历史的伟大实践作为自己的职责和使命。他生前的最后一次远行是去湖南的十八洞村，那是习近平总书记去过的地方，是决战脱贫攻坚的前沿。在那里，这个年过七旬的老人，这个北方汉子，在南方湿冷的天气中开始了他一生最后一次战斗。“战斗”这个词，在这里一点儿也不夸张，李迪曾经是中国人民解放军第十四军宣传队的战士，他的一生是作家，更是把祖国和人民放在心中最高位置的战士。在身体已经严重衰弱的情况下，李迪在病榻上奋力写完了他的最后一本书

《十八洞村的十八个故事》。支持着他的，是一个战士对新时代伟大斗争的澎湃激情，对中华民族伟大复兴光辉前景的信念和承担。

李迪远去，李迪的精神长存。这是一个作家、一个文艺工作者把自己的命运与祖国的命运紧密相连的精神，这种精神，体现在李迪身上、体现在广大中国作家艺术家身上。2020 年，是决胜全面建成小康社会、决战脱贫攻坚之年，中国人民经受了新冠肺炎疫情的严峻考验。在这样的时刻，广大作家艺术家始终和人民在一起，奔赴脱贫攻坚的第一线、奔赴抗击疫情的第一线，记录和讴歌中国人民在以习近平同志为核心的党中央坚强领导下艰苦卓绝的奋斗和感天动地的业绩。李迪就是其中的一位杰出代表，他是习近平总书记关于文艺工作的重要论述所指明的道路的自觉、热情的践行者，他的生命和创作有力地感召和启迪着我们：无愧于时代、无愧于人民，就要把全部生命投入与时代同行的路上，把滚烫的心放进与人民同心的作品中，让这波澜壮阔的历史、这昂扬奋进的精神成为永世流传的中国故事。

（原载《人民日报》、《文艺报》2020 年 7 月 6 日）

目　　录

诗念李迪

高洪波[①]

老友李迪离开我们快一年了。

在追悼他的纪念会上，我有一个简短的发言。李迪可以称得上是“感情一堆，血肉一堆”，这八个字是当年我在看《革命烈士诗抄》时，在何叔衡烈士的诗注中毛泽东对他这个老同学、中共一大代表的评价。边疆十年是李迪文化品格形成的重要阶段，最后的十年则是他历尽风雨、绽放生命的沉淀过程，这是生活馈赠他的“大礼包”。“热情、真实、快乐、认真”，这是我对老战友、老朋友李迪为人为文的整体概括。

李迪的去世留给文学界巨大的遗憾和强烈的

① 高洪波，中国作家协会副主席。

震撼，他是为了中国伟大的扶贫工作竭尽心血的一位作家，他在生命最后的阶段写出了十八洞村的故事。关于李迪，《文艺报》和其他媒体有过很多报道，当时向我约稿的媒体我都这样回答："我一直不相信李迪离开了我们，所以这个悼念文章我写不出来。"但是，一年快要过去了，庚子年也走了，生活已经沉淀下来，这个时候我觉得我这篇《诗念李迪》的文章可以动笔了。

为什么说是"诗念"，而不是"思念"？因为我和李迪的相识是因诗而起，我们最后的结束留在微信上的也是诗。当年在昆明军区的基层创作队伍中，我和杨浪写诗歌，李迪和谢丽华写小说，我们几个来自北京的学生兵时常被昆明军区的文化部召集在潘家湾第三招待所进行业余创作，我们的相识就始于那个简陋的部队招待所。那时候我们年轻、稚嫩，每次的欢聚都是用北京话诉说着各自的体会，诉说着自己的军旅生活，以及军旅趣事。我们那时候的相识应该是诗与小说的相识，我记得就是在那"三招"相聚的日子里，李迪得了个绰号"汤王"，因为他的饭量很大，胃口极佳，每次吃完饭桌子上的残汤一律被他一扫而尽。云南最有名的过桥米线，实际上是一只巨大的碗所盛的鸡汤，然后泡上米线，我和朋友们没有任何人能在最后把过桥米线全部吃完喝光，但只有一个人除外，那自然是李迪。也就是在昆明军区的第三招待所，李迪悄悄告诉我们："彭荆风也住在这里。"那个时候昆明军区的老作家彭荆风还没有落实政策，他正等待解放，我也是第一次知道《芦笙恋歌》的作者曾这么近距离地和我们住在一起。

认识李迪没有多久，1978 年我们各自脱下军装回到了北京。我直接到了《文艺报》，李迪则到了人民文学出版社，就是朝内大街 166 号。当时我们并不知道各自的选择，是在人民文学出版社的一次会议上，我作为记者参加会议，无意中见到李迪。那次相逢是意外，更是快乐，我们的手握在一起，没想到这一握就是半个世纪。

我当时住在人民文学出版社对面的文化部宿舍，是朝内大街 203 号，而他所在的人民文学出版社是朝内大街 166 号，我们仅隔一条马路，所以我可以非常方便地到李迪当时工作的人民文学出版社少儿编辑室，去找他聊天、谈心，而我的儿童文学写作也正是从那一刻开始了未来漫长的写作道路。当时李迪是《朝花》的编辑，这本大型儿童文学刊物现在知道的人已经很少了，但在当时影响非常大。由几个著名的儿童文学作家当编辑，比如崔坪、赵惠中，李迪也是其中一个，还有后来在民研会工作的贺嘉以及另外两位同志。由于李迪和我特殊的关系，他开始鼓励我写作儿童诗，他约稿的第一首诗是选入《1949-1979 儿童文学诗选》的《小弟弟要画热带鱼》，我记得这本诗选的主编是袁鹰和邵燕祥先生。由于有了版面，再加上李迪的鼓励，我的儿童诗创作开始像喷泉一样涌动出来，发了一组又一组，大多在《朝花》上。我的第一本诗集叫《吃石头的鳄鱼》，责任编辑就是李迪，出版的时间是 1983 年，尾花是李迪的爱人、画家魏桂兰画的。第一版印了将近 8000 册，定价三毛八分钱，这本诗集鼓励了我在儿童诗写作道路上一直地走下去、走下去，走到今天。我记得这本诗集里边收录了一首小诗叫《南方的云》，副标题是《给南南》，诗是这样的：

你是一朵云，一朵南方的云，
碧绿的滇池是你的母亲；
你是一棵树，一棵北方的树，
在燕山脚下扎下了深根。

不，你就是你，南南——
一个活泼纯真的小灵魂！
你用诗一样的呐喊，
宣告了新一代的自信。

你用一头柔软的胎发，
轻轻抚摸着长辈们的心。
蒙眬的眸子像座水库，
贮满了天真和信任。

岂止是父母心血的孕育，
你本是大自然的一件珍品。
为加工每个能思维的细胞，
她耗去了亿万年的光阴！

所以，我愿意歌唱人的生命，
即使是一个普通的凡人。
正是为了报答祖国和大地，
养育滋润我成长的深恩。

以上只是诗的第一节。这首诗写于1980年3月，是李迪的儿子李南满月的时候，这里边嵌入了李迪的两本书名，一本是《这里是恐怖的森林》，一本是《遥远的槟榔寨》。写这首诗的时候，我还没有成为父亲，又过了八九个月，我的女儿丫丫诞生，她和南南这一对小生命加上杨浪年龄相仿的女儿杨吟，如今转眼间他们已经是40岁左右的人了。孩子们的父母是三对滇军夫妻，所以我们经常举家聚会，形成一个特别特殊而温馨的两代人的聚会，而李迪的爱人魏桂兰曾是他小说《遥远的槟榔寨》的美术编辑，我们在云南当兵的人都知道一句军营老话叫“云南姑娘带不走”，但是小魏恰恰是李迪从云南带回来的一个云南姑娘，我经常开玩笑说：“这是李迪最丰厚的一笔稿酬。”

我的诗集《吃石头的鳄鱼》出版后，使我对儿童文学有了新认知，对这个事业也有了从感性到理性的直觉和判断，所以我感谢李迪，感谢我这位好编辑、好战友，他把我领入了儿童文学创作队伍，而且《朝花》不断给我提供版面，除了个人的创作之外，也让我写下了大量对当代儿童文学作家的研究。就这样，我用理论引导创作，用创作支撑理论，成了一个理论和创作双栖的儿童文学作家。

李迪曾经有一段时间到日本留学，回国后离开了人民文学出版社，重点进入了公安题材的文学创作，在公安文学领域大名鼎鼎。除了那部著名的中篇小说《傍晚敲门的女人》，他在最后的十年写下了一批和公安相关的报告文学，最有影响的应该是《丹东看守所的故事》。李迪对公安题材的执著和热爱远远超于一般的作家，我记得2009年的10月，公安部、监管局邀请一批名作家访问各地的看守所，李迪选择了丹东，我给李迪写了两首诗，第一首《赠李迪》：

八下丹东迎龙年，
今日昨日不一般。
昨日潜行看守所，
而今载誉庆凯旋。

第二首：

举国同欢庆佳节，
迪兄独向高墙歇。
一笔在手写狱警，
此心当与云天接。

李迪特别珍视自己的这次写作机会，为了写好看守所的公安干警以及有特殊经历的犯人们，曾经有三个年头的除夕夜他是在看守所里度过的，这种深入和扎实的生活使他的作品具有了一种浓浓的生活气息，有了巨大的艺术感染力。

从《丹东看守所的故事》一炮打响之后，李迪写了个长篇小说《花自飘零》。在出席他的作品研讨会上我即兴给他写了一首诗：

花自飘零水自流，
迪兄惯写闺中愁。
情深掷笔无觅处，
窗外白云正悠悠。

《花自飘零》讲述了一个女孩子特殊的身世，李迪用第一人称的口吻写下了一个北京女孩特殊的命运，非常感人，催人泪下。

这是李迪从云南回京以后的第二部作品，然后他进入了创作的喷发期，一部又一部纪实文学作品面世，一个又一个研讨会召开，我和李迪的诗缘也不断地拓展延伸。比如他有一部公安题材作品叫《黑案》，我写下了读《黑案》有感：

四目相对五番泪，
三悲两喜鬓毛衰。
白虎堂上林冲怒，
公权亟盼正义归。

后来在李迪的《英雄时代》研讨会上，我又即兴给他写了一首诗：

题《英雄时代》
逝水如波说英雄，
一代不如一代同。
惟有此款终难改，
慷慨报国意从容。

当时李迪到洛阳采访，同时采访了洛阳的一个花农，写了一篇非常好的散文。李迪移植了洛阳的花到自己家，告诉我们种植牡丹花的各种体会，于是我又写了这样一首诗《观牡丹赠李迪》：

姚黄魏紫富贵花，
移入京都迪兄家。
朱门豪宅不轻绽，
专为知音把根扎。

后来李迪写下了一部重要的著作《社区民警是怎样炼成的》讲述英模民警陈先岩的故事，读后我大感动，连夜给他写了一首七律：

社区民警怎炼成？
遍地鸡毛拾其中。
大爱云飞天行远，
孺子牛耕地生情。
警徽灼灼初心暖，
平安声声热泪迸。
百味杂陈说往事，
“三入作家”笔力雄。

“三入作家”是带引号的，是“身入、心入、笔入”。这次研讨会上大家对李迪的作品做了充分的肯定，但是最感动的应该是被采访者陈先岩本人。他视李迪为知音，始终对李迪充满敬意。此外，还有李迪写的一部极具特色的短篇小说集《警官王快乐》，同样是社区民警的故事，但有了李迪独特的艺术风格和幽默韵味，我立即用书法写了一首诗向他表示祝贺：

百篇王快乐，
珠玉信手拈。
文采溅花雨，
巧塑新警官。

这首诗也展示在李迪的《警官王快乐》研讨会上，后来这部小说还被改编成电视剧，而这位“不知疲倦的行走者”已经再次踏上新的创作之路。

在李迪接受十八洞村采访任务前，我和李迪、培禹刚刚从美国旅游归来，那是一次特殊的旅行，一批战友都带着自己的妻子赴美旅游，我们还参加了洛杉矶作家协会为我们举行的一次作家座谈会，这算是我和李迪、培禹三个人最后的一次文学活动。李迪在这次聚会中绘声绘色地表演了山西永和县小贩的叫卖声，引起了美国华人作家们一片笑声。从美国归来，一周之后即 2019 年 11 月中旬，李迪以短信告诉我接受作协的扶贫采访任务，要到湘西十八洞村，于是我即兴在手机上发给他一首小诗，这就是《十八洞村的十八个故事》的序，诗是这样的：

十八个神仙十八洞村，
十八位罗汉说脱贫。
十八家故事真生动，
湘西父老谢恩人。

这是即兴写的，但是李迪居然把它作为了这本书的代序。

时间飞快地过去，庚子年到来，新冠肺炎疫情突袭中国。李迪的腰突然剧痛，他一直以为自己是腰的问题，所以他在微信上告诉我自己腰疼，“再大问题没有了，就是坐下写一会儿腰疼”。这是 2020 年 4 月 29 日他给我的微信，接到这个微信的时候是当天晚上的 7 点钟，我紧接着给他写了一首即兴打油诗，20 分钟后发给他：

乐为脱贫竞折腰，
湘西烟雨走几遭。
一笔挥洒十八洞，
罗汉群像看素描。

这是一种开玩笑的朋友间的赠诗，而李迪很认真地说：“这个是不是也要放到《十八洞村的十八个故事》序言里边?”我说：“第一首诗是开篇，第二首诗是收官。”我们在微信上貌似轻松地调侃着，但是死神已经悄悄地靠近了李迪……

两个月后，李迪离开了我们。因为疫情，我不能送李迪最后一程，悲痛之中拟了两个挽联，一个挽联是：

四十载滇军老友如兄如弟，
一生缘文坛操笔歌哭纵情。

第二个挽联是：

笔勤手勤腿勤，一为作家笑担当；
血热心热文热，三界走遍哭李迪。

李迪最后给我的一本书是《宣传队》，书的扉页上他这样写道：

洪波丹江老友：
在那遥远的地方，青春时时向我们张望。
2020 年 1 月 14 日

在李迪遗体火化的那一刻、那一夜，我无法到医院为他送行，但是我通宵把《宣传队》重读了，读的时候痛苦和欢乐交织在一起，可以用“悲欣交集”四个字来概括我对李迪赠予我这本书的阅读感受。

是的，诗念李迪，诗念一个远去的快乐的朋友，我相信此时他正在一个我们不知道的地方注视着我们，用他热情似火的心胸，用他那灼灼逼人的文笔告诉我们：“朋友，热爱生活，善待生活。我来到这个世界上，我走了，我仍在！”

（原载《文艺报》2021 年 5 月 7 日）

一日从军　终生许国

——怀念战友李迪

孙晓青[1]

李迪于我，亦师亦友。

作为老师，他的为人，他的作品，特别是他的创作态度始终是我学习的榜样。能够尊他为师，像他那样对待生活，对待创作，对待读者，一直是我对自己的勉励。

作为战友，我们有着大体相同的经历，又有着同守一方国土的荣耀，彼此知根知底，相敬相助。所以我非常认同铁凝主席对李迪的评价，他的确是无愧于时代和人民的作家。

我和李迪是 20 世纪 60 年代末赴云南西双版纳上山下乡的北京知青。70 年代初我们又分别从

---

① 《解放军报》原社长。

所在生产建设兵团应征入伍，他去了原第 14 军某师，我在云南边防部队；他由此走上文学创作之路，而我开启了军事新闻生涯。那个时候，我们虽然不在一个部队，但李迪的名气随着他多产的作品越来越大，越传越远，成为我以及当年许多部队新闻干事都非常敬佩的人物。

很多年后我才知道，当兵前李迪在生产建设兵团的境遇很不好，由于说了与当时的政治氛围格格不入的话，被搞极“左”的人抓住把柄，正在挨整。但是渴望延揽人才的部队通过他的作品发现了他，于是顶着政治压力悄悄招他入伍，把他保护起来。后来成为成都军区联勤部部长的张烨将军，当过李迪的班长，他曾对我打趣说：“李迪这小子，不能算是传统意义上的好兵，但他正直、聪明，有思想、有才华，是个难得的人才。”

滴水之恩当涌泉相报。李迪的军旅生涯过得很开心，很充实，为部队的文化建设尽心尽力，格外勤奋。他出手便是高起点，写了很多新闻报道和文艺作品，包括 1980 年在军报连载的中篇小说《这里是恐怖的森林》，那是《解放军报》“长征”副刊第一次以连载的形式刊登小说，前后 20 期，影响很大。那时日报只有四个版，能够每天拿出几千字版面刊登文学作品，在军报也算开了先例。

李迪的文学道路起步于他当兵之初，在大量创作军旅题材文学作品的同时，人民军队的诸多优良传统也在潜移默化地滋养着他，培育了他忠诚、勇敢、刚强、务实，甚至是一不怕苦、二不怕死的军人品格，铸就了他以践行为人民服务的宗旨为人生追求的思想根基。我觉得，尽管李迪后来的创作题材越来越广，成就越来越大，但他的文学道路的“第一桶金”是在部队掘到的。解析这些年他广受赞誉的作品，都可以从这桶“金”里找到积淀。

首先，李迪的真情写作是在部队中孕育的。

李迪对部队感情很深，终生以自己曾是军中一员而自豪。用他自己的话说：当年身在部队写部队，从战士起就在军报发表小说、散文；离开部队几十年以后，还是一见军营就心跳，逮住机会就往部队跑。凡是军报约稿，他从不推诿。大概是 2013 年，军报“长征”副刊开设《士兵面孔》专栏，因为喜欢李迪的文笔，所以想请他写一篇散文，为文学作品更好地贴近官兵做个示范。李迪答应了，很快跑到原济南军区一个藏在深山沟里的弹药仓库，在那儿住下来，和基层官兵交上了朋友。不久，他的报告文学《樱桃沟里樱桃红》在《解放军报》副刊整版推出，广受好评，荣获当年《解放军报》长征文艺奖。

李迪后来写了一篇创作谈，其中讲到那次深入生活的一个细节：有个看守仓库的老兵，长期在偏远寂寞的山沟里服役有点儿受不了，想复员回乡和家人团聚。组织上批准后，他在收拾行装时，准备把栽种在花盆里的一株花一块带走，没想到竟然搬不动，仔细一看，花根已经穿过花盆底部的窟窿，深深扎到大山的泥土里。老兵的眼泪当时就下来了：连花儿都能在这里扎根，何况我一个大男人！他当即撤回复员报告，请求留在部队继续艰苦奋斗。

这件事之所以能够深深地打动李迪，我想实际上他是以此自喻，将文学创作之根深扎于生活沃土。事实上，他的创作活力正是源于他对国家、对军队、对人民、对生活的热爱，并且在投入真情的写作中尽情释放这种热爱。很多同志都说到，从确定采写对象开始，他便将感情投入，和人家一起哭，一起笑，对人家的事比对自己的事还上心。写作过程中，他也是一会儿开怀大笑，一会儿暗自伤神，任泪水滴落在键盘上。这种状态，在他创作《花自飘零》和《丹东看守所的故事》等作品中，表现得淋漓尽致。

我们当记者的总爱说，要置身其中，跳出事外，强调的是客观冷静对于把握判断力的重要。李迪对此似乎并不在意，更多的时候，他是在全情融入中体验思索，判断是非，该褒该贬，爱憎分明。

其次，李迪的平民意识是在部队中形成的。

李迪是干部子弟，又是北京名牌中学的高才生。而他当兵那个年代，部队里多是云贵川一带的农村兵，家境普遍比较贫寒，和这些同志结为战友，李迪的身上早就没有了优越感、纨绔气。加之新兵入伍第一课就是大讲人民军队的宗旨——为人民服务，可以说，从那个时候起，“人民至上”的意识便植入了他的基因。

李迪离开部队以后，又陆续创作了大量作品，题材涉及公安、工业、农业、商业、服务业等多个领域，人员包括工人、农民、警察、职员、加油员、打工族等不同人群。他的笔，几乎无一例外写的都是名不见经传的普通人。他扎根人民，体察民情，掘生活深井，汲源头活水，关注平民百姓的喜怒哀乐，记录当代中国大变革中小人物的命运及创造，实在难能可贵。

我搞了一辈子新闻，常以把新闻事件或者新闻人物报道出去为满足，而李迪的工作常态却是在看似没有新闻的地方挖出新闻事件，写出新闻人物，为创造这个大时代的小人物树碑立传，令人感佩。

最后，李迪的家国情怀也是在部队中生发的。

一日从军，终身许国。李迪当过某师宣传队的创作员，在20世纪70年代“准备打仗”的氛围中，创作过一些激励官兵保家卫国反侵略的对口词、快板书之类的节目，想必自己也从中受到感染，青春的热血曾经沸腾。随着年龄增长和历练日久，他的家国情怀从幼稚到深沉，最终竟以两部优秀作品成就了自己的人生绝唱。

《永和人家的故事》和《十八洞村的十八个故事》，是李迪一生中最后两部作品。而这两本书写的都是国家扶贫攻坚的重点题材，他的倾情投入就像士兵坚守阵地或者攻占山头一样，完全可以看成是为了完成国家任务而进行的拼搏与奋斗。尤其在创作《十八洞村的十八个故事》的时候，他不顾年老体弱，地冻天寒，一头扎进湖南湘西的大山，在贫困山区奔波采访，积劳成疾后，仍然在病榻上坚持写作，直到写完十几万字的最后一个字，果真像战士一样倒在了誓死坚守的阵地上。这个悲壮的事实刷新了我对这位战友的认知，我真想大声地告诉李迪的老班长：“李迪不仅是个人才，而且是个好兵！”

我家里挂着一幅珍贵的国画，那是李迪请他的战友、当代著名画家刘学伦为我画的，画面呈现的是一个著名的历史故事：岳母刺字。现在的年轻人也许不知道这个故事了，但是对于我们那一代人，岳母在岳飞宽阔健壮的后背上刺下的四个字，永远振聋发聩：精忠报国！

我想，这既是李迪对我的勉励，同时又何尝不是他自己心声的流露呢？

（原载《文艺报》2020 年 9 月 21 日）

迪兄

杨浪[1]

迪兄！迪兄！迪兄啊!!

迪兄已经走了四个月，每拿起笔就觉得沉，放下了……

手术前，我们还在微信中通话。我说，有一阵没在微信中见你，开始知道是去采访，后来知道病了。他说：过两天就手术，然后我们就能见面了。笑声也孱弱，像他彼时的语调一样。那一刻，我根本没有想到这是最后的通话，迪兄这么生机勃勃的人，谁会想到他竟走了！

看到好友们回忆迪兄的许多文字，意识到他真的走了！那天作协的会上见到小魏哭红的眼

① 李迪昆明军区战友，作家，资深媒体人。

睛，知道他真的走了！停了许久，终于拿起笔写到迪兄，这回意识到，他是走了！那个永远一袭红衣的迪兄，那个从来墨镜遮不住笑意盈盈的迪兄真的走了！

人生能有几个45年的朋友啊——

我是先读过迪兄的小说以后才认识他的。大约是1972年，那时的昆明军区文化部出一本32开绿色封面的小册子《国防文艺》，主要刊登军区业余作者的文学习作。那是初涉部队文学的我们的必读，也是连队文化生活中“高级”的读物。按那时我心里的分级，军区小报是初级读物，然后是《国防文艺》，然后是《边疆文艺》（省级文学刊物），然后是《解放军文艺》，其他的，当时在部队基层的我们还可望而不可即。

不过最初几年里，“李迪”还是一个传说，那时军区小报上经常见到的诗歌作者名字还是“王贤良”、“张东辉”乃至“高洪波”们。1973年，在《边疆文艺》帮助工作的高洪波编发了我的第一首小诗《兴国山歌》，在基层部队我也算是个“小文化人”了。于是每年参与所在军区直属队的创作学习班，在那里认识了我后来的爱人谢丽华，并且知道李迪就是谢丽华的中学同学，而且他在高中就很有名，淘气得出名。

他们居然有一次合作的机会，一起写一篇小小说，关于通信战士在边疆架线护线的故事。谢丽华告诉我，李迪“太会编故事了”，他把谢丽华熟悉的通信站的生活与边疆密林里的动物生态和植被特色编织成曲折的故事情节。后来这篇小说在《国防战士》报上发表了，我一看，知道编故事这活儿笃定了不是我能干的，于是再也不写小说，老老实实写我的诗歌。以后在军区招待所第一次见到李迪，印象中倒也不是骨骼清奇口若悬河，更没有传授什么写作经验，就是北京兵式的自来熟，聊聊熟悉的人以及见闻，具体聊什么，忘了。反正就这么认识了。

以后就看到李迪著述不断，奇怪于他怎么积累了那么多云南边疆环境中奇珍异事的段子，还有他文字的流畅。再以后听说他正在云南人民出版社修改他的长篇小说《野蜂出没的山谷》，还知道在写作中拍拖了出版社美丽的美编小魏姑娘。

年轻时的迪兄才华横溢、倜傥俊逸，在42师宣传队里的逸闻就会传到几百公里外的我们耳中。所以，他与小魏的故事也带传奇色彩，那时候，没有几个人会把一个北京兵与云南姑娘的绯闻当成一个绵延一生的爱情故事。以后看到出版的新书，看到小说的封面和插图是“魏桂兰”画的，估计这是事业和爱情捆到一块了。迪兄的“事迹”多少也是对我们的一种昭示，以后洪波兄和我都是在云南部队与终生伴侣走到一起，而且三个家庭的“老滇军”在好多年里年年相聚。

迪兄离开部队前夕放了颗卫星——在《解放军报》上连载他的长篇小说《这里是恐怖的森林》。这是军报历史上第一次连载长篇小说，也是昆明军区的文学创作再一次醒豁时人。20世纪50年代以降，昆明军区的文艺创作是代有才人的，从徐怀中、彭荆风、苏策、公刘、白桦等，成为我们那一代的楷模。先是迪兄，后有洪波，把昆明军区的创作与老一辈文化人的传承联系在了一起。

这里又要说到冯牧。新中国成立初期担任西南军区（昆明军区的前身）文化部长的冯牧为这支部队的文学创作带来了深远的影响，以至于几十年之后我们都随老一辈称其为“冯部长”。1995年冯部长去世，是洪波与迪兄一起殚精竭虑广为搜求，为冯部长编辑了厚厚的《远行的冯牧》一书，为老首长，为昆明军区的文化工作，也为中国文学界的一脉清流留下了一部重要的记载。在我眼里，李迪与洪波一起，继承了上一代的为人为文，是从边疆连队的火热生活开始，又融入新的时代，是可以编列在军队文学创作的源流中，带入这一代作家歌颂生活的激情而且自己也成了历史的。

那年我们一起到新疆石油去采风。汽车进入塔克拉玛干沙漠，迪兄就给我讲述养护植被的供水系统，讲述那路边的一座座水井房。我们在钻井队采访结束，他与我们告别，惊异中，才知道他要留在这里，再一次去水井房采访，并且这一次他是要专门和工人一起住在那儿。他提起一直拎着的包袱，原来里面是专为水井房里的小狗带的一堆火腿肠。“老兄现在还要这样采访?!”我看着他的身影在车后远去，心里为老战友的精神感动不已。没多久，就看到《北京日报》发表了他的报告文学《004号水井房》。再两年，看到以此改编的电影首映，感动之余，一叠声地说起那天看迪兄远去时的激动。

再一次是去山西永和县。这回本是我所在的合唱团去黄河边演出《黄河大合唱》。迪兄是狂热的合唱爱好者，我们的演出、与乡亲们的聚餐，他都是最热情的呼喝者。第二天我们与县委加天山书记一路走访乡镇，只见他看得最细，问得最繁。加书记说，《兰亭序》起首说“永和九年”，我到永和县六年了，要到永和脱贫得干到九年，我才离开。看到迪兄在一旁频频点头，我问：莫不是你还要来写这里的脱贫吧？结果迪兄真的以近古稀之年，五下永和，直到住院之前完成了他的《永和人家的故事》。

还有一次四川地震，我所在的航空公司员工紧急行动，保障航班正常。当时我正在值班，告诉迪兄这个事后，他非常感兴趣，很快就和李培禹一起赶到昆明。他们详细了解情况，特别是采访了企业管理中各个岗位遇到突发情况的处置细节，回去没几天就推出了报告文学《9601航班，目标：九寨》在报纸上发表。以前和迪兄是战友、是同好；这几次真切地看到了他在采访中的一丝不苟、深入生活，看到了他笔下平凡的生活如何变成了栩栩如生感人肺腑的文字，更体会出“人民作家”四个字沉甸甸的分量。

中国作家协会主席铁凝评价李迪：“他努力写出人民心里的话，他的风格温暖明亮，他的态度情深意长，这在根本上源于他对人民群众深切的情感认同。从他的作品中，我们感受到的是广袤的大地与奋进的人民，感受到在一个一个人物身上，一个一个平凡而伟大的战斗者、劳动者身上那推动历史发展的伟力。这样一个作家，是时代的记录者，是人民的歌者。”

迪兄离开我们四个月了，他文笔所触足迹所至之处一片赞扬。他当得！

然而每当忆到他时，总还是那个在一起时嘻嘻哈哈、开朗豁达、喜欢热闹的家伙。迪兄是个普通的京城小老头儿，我身边远远近近的不少人都认得他，不但是战友、读者和公安作家，还有若干他的老同学。

2000 年前后他还曾决心回云南居住，一直用那套在昆明花树掩映中的大房子勾引我去做邻居，直到又从昆明搬回北京。后来这些年，他忽然爱好上了唱歌，经常和小魏沉浸在玉渊潭公园唱歌的老头儿老太太里，并且因此成了我们合唱团最忠实的观众。

近十多年来，我们的演出大多都会给迪兄找票，而且迪兄每请必到。他心性火热激情难抑，我完全想得出这位著名老作家在人群中放声高歌的样子。在我的微信朋友圈里，最热诚的“朋友”就是迪兄了，几乎每篇都有他的评语。他是个时时关注民生国事的人，或是点赞叫好，或是嬉笑怒骂，这位老作家每天都在手机上观望着天下。早几年洪波和我们几家老友中秋聚会，他每次都要带上一大堆云南特产，从云腿月饼到玉溪腐乳甚至皱皮辣椒，且用云南话口中念念：谁让我老婆是泸西的呢。

迪兄是个真人，真性情，真哥们儿！那年他 59 周岁，在土城路一家云南馆子认真地请老滇军吃了顿饭，说“过九不过十”，而且在席间回顾人生。那天酒喝得有点儿多，记得碰巧在饭馆碰到云南的另一位老战友黄将军，还记得迪兄发起各位总结人生，而他则趁机把魏老师好一顿夸。搞得我在 59 岁的时候也仿照着和诸位聚了一顿。再往后，就是迪兄为首的“包子帮”“吸收”本人参加，这“包子”竟一水儿是媒体文化人的馅儿！

这家伙，这辈子就这么把一帮人串在了一起！

迪兄走了。他的书我有两套，一套是他每出一本新书都送了我。另一套是这次作协开会新出的。那套他送我的会留下，永远留下。新的一套要送去给一个学校，给孩子们读。李迪的故事该一代一代讲下去。

我这辈子，唯一一次给人起草生平和悼词，就是给李迪写的。迪兄，我也对得起你了！剩下的，就是继续像你那样做人做事，总有一天，我们在那边相会！

永远的兄长

刘学伦[1]

一

很久以来，不敢提起笔来写李迪，甚至不敢去想，一想起来泪水就像从心底里漫出来，浸满全身，不可名状。

迪兄啊，你走得太快走得太早，你怎么能这样，你让我们这些你的挚爱们如此难受啊！

李迪是一个非常重感情的人，那时候我们在42师师部一起坐在小凳上看电影《海霞》，当看到主人公备受冤枉，音乐声起，画面里海浪撞击

① 刘学伦，西南民族大学艺术学院教授。

岩石激起高高的水花时，我觉得喉头哽住了，看到旁边的李迪正低下头在偷偷地抹眼泪，那一年我 19 岁，李迪 23 岁。

那时的李迪已经有了一些作品发表了，我还是一个白丁。他喜欢看我画画，时不时还要评论两句，都是鼓励和表扬的话，比如说他绝对不会说“这儿画得不好，那儿不行”，他只会说“哦！这儿简直画绝了！”那时他就像一个兄长一样，很维护我。几十年过去了，每次看到我的画时，他还是这么说。

从我认识他起，他就已经把写作视为生命最重要的部分。我那时看到他的一张手写的草稿纸，非常吃惊，上面涂改成了各种各样的符号，大圈套小圈，简直就是一个只有他自己才知道的迷魂阵！但是一旦定稿，他就会认真地誊写一遍拿去投稿。那时我们俩住在师宣传队的尽头上的平房小屋里，天冷的时候，他经常会盘腿坐在床上写，有时候他忙不过来也会让我帮誊写几页，对我的要求就很严格，我写错一个字就得通页从来，真有一股当大作家的样子。跟他在一起我们海阔天空什么都能谈，他不会拒绝任何话题，他天生的一个乐天派，绝对是一个有趣的人，开不完的玩笑，说不完的话题。

那时候的我们就像是一个班级里的室友，部队就是我们的大学，从了解那些来自五湖四海的农村战士入手，我们开始认识社会，慢慢开始有了一种创作的使命感。我觉得迪兄创作历程可以看到一条扎根于人民群众的清晰线路图。

我们一般都是从当兵画兵开始创作的，迪兄不是。他是一到农垦兵团就开始创作了，那个地方我陪他去过，可以想象 60 年代末那时的西双版纳，特别是靠近老挝的边境地区，基本上还保持着近乎原始的状态，山峦重叠，道路崎岖，密林覆盖，在一般去了那里的人心里自然有一种被流放的感觉，而在他创作的视野里，看到的是无数的神秘，这激发起多少创作的灵感和表现的欲望！他那时的作品虽然不够成熟，还明显带有“文革”的痕迹，毕竟是年轻的作家起步的地方，不可抑制的想象力让他开始享受最初创作带来的乐趣！《遥远的槟榔寨》就是他这一段时间的代表作。陆陆续续他还出版了如《枪从背后打来》、《黑林鼓声》、《豹子哈奇》、《这里是恐怖的森林》等。那段时间他特别喜欢听电影《阿诗玛》和《神秘的旅伴》的插曲《马铃儿响来玉鸟唱》、《缅桂花开十里香》。美丽原始的西双版纳曾经孕育了多少来自大城市的知青们创作的灵感！

迪兄是我和肖征波连环画创作的引路人。由于他在云南人民出版社的关系，我们有幸认识了陈琦和万强麟老师，在他们的指导下，我们合作的连环画出版得以起步。也是因为迪兄，我们又到了北京的人民美术出版社，能和刘继卣、任率英、范曾、杨克山等大名家一起画画，向他们学习，并出版了改革开放以后国内第一本彩色连环画《捉熊》，可以说是他用他的创作带动了我们。

迪兄到了宣传队不久就赶上部队大拉练，他下到124团，他的班长就是日后成长为将军的一等功臣张烨。他从张烨身上看到了什么是真正的军人，张烨成了他的入党介绍人，两个人的友谊延续了几十年。那时我下到126团，我只知道李迪在团里打枪打得特别好，他根本没有练过打枪，但比好多战士都打得好，没想到这是有出处的。

后来李迪又被军里抽调去搞创作，他开始尝试写剧本，在这个领域里他编故事的能力和语言天赋都得到了极好的发挥，可惜那些作品没有能留下来。

有一次我从昆明回团里路过师部，一见到他也刚从军里回来，因我没地方住就急着要走，他马上去借了一套被褥，也把自己的被褥拿来，我们俩就在师部娱乐室的乒乓球桌上睡了一夜，唠嗑唠到深夜，一点儿睡意都没有，谈的最多的还是创作。

1976年的9月，我已调回了师文化科，我们共同经历了毛主席逝世、粉碎“四人帮”的历史转折。真是“少年不知愁滋味”，那时的文化科在科长柯家兆的领导下，真是人才济济，龙腾虎跃，好不热闹！

师里让我们设计师部的大门，肖征波负责在大门的两侧写上美术字，我负责在小礼堂外面的一堵墙壁上画大的宣传画，迪兄就干脆搬了个凳子陪着我们弄，一边说着那些逗乐的话，其实他手上也没闲着，继续写他的稿子。我们又合作了一把，由迪兄写脚本，我和小肖画画，我们硬是弄了一套幻灯片出来，再由师宣传队的赵铁伶、刘静配乐朗诵，配上音效，在放电影前放，战士们看得鸦雀无声，首长们很满意，还得到了昆明军区的表扬。后来绘制毛主席和华国锋大幅像，我让他来看看提点儿意见，他还是那句话，“画绝了”。这些都是我们在部队这所大学校里的实验作业，感谢那些前辈们！

二

冥冥之中命运总有一些特殊的安排，1978 年迪兄应该是提前“毕业”了吧，他离开部队回到了北京，一个新的更大的舞台正等待着他。

迪兄的父亲是个三八式的老干部，而在迪兄身上，绝对看不到一般高干子弟的那种优越感。迪兄很少提到他的家庭和他的父亲母亲，我在想，他那么热爱写作，肯定是应该有一个出处，是什么影响了他的一生，并为之付出了生命的代价呢？

我在迪兄的弟弟李勇那里似乎找到了一些答案。我问过他，迪兄在来云南之前都经历了些什么事呢？下面是李勇给我讲的——

“‘文革’期间，父亲因历史问题（就是冀东暴动被俘之嫌疑）被关进牢房审查。

“大姐‘文革’前大学毕业分配到福建漳州工作，二姐到山西插队，母亲在山西干校改造，家里没人了，就我一个上初一的小孩儿，也可能有这方面的原因，李迪一直还想等到父亲的历史问题有个结论后再定去向。可是当时派出所片警每天到家里来赶李迪离开北京，说，你父亲的历史问题已经定性了，没有啥再可以等待的了，赶紧走吧！就这样，李迪说，走！走就远远地离开这个伤心之地，选择了云南景洪这个最远的边境山寨插队。可以想象李迪当时是怀着什么心情下的决心。父亲生死不明，弟弟年幼无知，母亲远在山西……”

我们当时虽然还小，都经历过了“文革”十年的内乱过程，一大批老干部、老领导都有过一段备受冤枉、备受煎熬侮辱的经历。我父亲49岁去的五七干校，到1978年落实政策，整整浪费了人生中最重要的十二年时间。父亲曾告诉过我，在五七干校西昌米易的大山里，一个月内曾有几名老干部自杀，我听了很震撼。在李勇的叙述中更有一种切肤的悲催感：

“在李迪去云南后，我一个人留守在家，母亲两个月回家一次给我放些钱又急匆匆回到在山西的五七干校。

“那时我太孤独了。

“同院里我的同学，父亲是铁道医学院院长，跟刘志丹一起干革命的老红军。母亲老八路因为跟我母亲关系很好，就让同学陪我住在家里一起生活。母亲不放心我们就给我们找了中国舞剧团的小提琴演奏师教我们学琴。

“这样的生活持续了两年，就在我要分配工作的时候，突然有一天学校的班主任（她们经常去单位看大字报并了解一些学生父母的情况）兴奋地通知我，你父亲解放了！

“到现在我还记忆犹新，女老师眼里闪着激动的泪花，我却呆若木鸡。

“父亲回来了，一身黑棉袄，一个长出不少头发的大光头。

“我和同学为父亲演奏了我们最熟悉的小提琴曲《新疆之春》。”

而后的经历是多少家庭都有过的：“父亲回来了，一切都变了。

“一周后家里安上了以前被撤走的电话。

“二姐从山西农村调回北京铁路局电报所，后来考了工程师。

“我从一个被审查的叛徒的儿子一转成为老革命的后代，被分配到国防科委的秘密研究所，并且两次带薪送到大学学习！

“其中就有当时的军事系统学校——成都电讯工程学院。

“之后李迪离开部队又被人民文学出版社邀请当编辑，家里在丰台给他办了退伍手续顺利回京。之后又把小魏（李迪的爱人）从云南按照干部调动调到了家门口的重点小学当美术教师。

“你应该知道，当时干部调动到北京的难度！

“也可以说这是父亲的忍辱负重换来的这一切！”

国家蒙难，遭罪的是无数个破碎的家庭在扛着，当年从大城市奔向边疆的知青们哪一个没有一段难言的经历！那些是我们和我们上一代人永远的创伤记忆！幸好党及时纠正了错误，拨乱反正，国家又一次艰难地走上了有希望的征程。

三

原来李迪的父亲叫李恩波，后改名李毅，他是冀东抗日暴动的总司令高志远的同村发小，后来做了高志远的贴身警卫和副官，迪兄的爷爷也是高志远的私塾老师和高参。暴动由于叛徒的告密最后失败，迪兄的父亲和几个高志远的亲属落入敌手，在敌人的严刑拷打下他没有低头，坚贞不屈。高志远为了解救他们，俘获了两个日伪高官向敌方提出互换，这就有了“走马换将”一幕。据说高志远叫敌人让李恩波先骑马过来，而后再放自己的亲属，可以想象他们的交情非常不一般。

1939 年 2 月，大名鼎鼎的八路军冀热察挺进军成立于北平西部山区。这支部队包括平西、平北、冀东地区的抗日武装。据统计，全军约有 9000 人和 7000 支长短枪。共有三个支队，三个支队的负责人分别是：邓华、宋时轮、高志远。

“北京铁路局一个大厨师是父亲同辈一个屯的老乡。他亲口跟我们讲，父亲当年年轻威武，1.83 米的大个儿，骑马双枪，树上的麻雀一枪命中！”李勇说。（到这儿我才明白李迪为什么打枪会打得那么好。）

后来迪兄的父亲被推荐到抗大山西分校学习，在学习期间得知高志远以通敌罪被杀，他们也被关了几个月接受审查。可以想象，在那种对敌斗争如此激烈残酷的情势下，错杀和冤案完全是可能的，高志远很多年以后才得以平反。抗大学习结束后，李恩波被安排到了八路军挺进军报担任领导工作。

听到这里我才恍然大悟，迪兄也是有传承的啊！我也明白了迪兄很少提及家人的原因。迪兄的母亲比父亲小二十几岁，1945 年参加革命，就在报社里做排字工。报社就躲藏在山洞里，平时八路军派有一个连担任警卫，有一次日军扫荡找到了山洞，为了掩护报社撤退，一个连的战士全部牺牲！迪兄的母亲因为长时间在山洞里工作，潮湿的环境，长期和铅字打交道以及工作强度影响了她的身体，解放以后长时间在疗养院养病。

虽然迪兄的父亲受到了历史的不公，给他的革命生涯带来了不少的影响，但是从后来的结局看，客观上也说明了党组织对他的信任。

解放后他转业到当时属于半军事管理的铁道部北京铁路局（北京铁路局属于国家副部级单位），属于国家高级干部，上过金水桥观礼台。作为一个老战士，能够和国家领导人在一起，检阅新中国的军队排着方队正步走过天安门广场，当时的心情可以说真是无比的骄傲！

北京铁路局有个重要单位叫三处，不在局大院里面，是一个单独的占地近一千平米的五层楼（新建筑）。同时在隔壁是路局的大型工人俱乐部（现在还在营业）也归属三处管理。李恩波任一处之长，配备了苏式嘎斯六九吉普车和专职司机。司机参加过解放战争，像自己家人一样非常勤奋忠实，十几年如一日，后来被北京市委调走任市里机关的所有机动车管理的主管领导。

“那时候铁路可了不得，我记得小时候父亲请过庄则栋、李富荣给职工和领导表演乒乓球，请过梅兰芳来唱过京剧！

“我父亲不抽烟不喝酒就是喜欢听京剧。

“父亲参加了北京的重点工程密云水库建设，时任密云水库铁路工程副总指挥。

“最值得骄傲的是，接待过毛主席乘北京局专列来考察密云水库！

“到现在密云水库建造者纪念碑上还刻有我父亲的名字！”李勇

无不骄傲地说道。

这些事情迪兄从来没有清楚地说过，我只是断断续续地听他讲过如走马换将的事，能够感觉到他的家庭曾经有过的曲折经历。无论是写作还是画画，首先要的是情怀，他是把家庭和个人的委屈转换到对现实生活中普通人的人文关怀上。无论是写人民警察，还是部队战士，还是扶贫攻坚，他都是始终饱含着战士的情怀，充满了爱！迪兄在重病中写稿子的时候，就是以这种战士的姿态，视死如归也要完成好上级交给的任务……他说：不能辜负领导对自己的信任，不能辜负许多人对他的期盼。迪兄是战士，把忠诚和信任看得高过自己的生命……所以他笔下的人物都是凝聚了时代精神的，情怀成就了他的作品能够在时代前进中成为歌颂人民至上的绚丽篇章！

现在我终于明白我们一起看电影时他为什么偷偷流泪了。

我也明白了，为什么迪兄的创作能自觉地聚焦到普通人，特别是那些默默无闻的、忍辱负重的、砥砺前行的老百姓身上！

这是一种责任。

这是一种传承。

这更是一种担当。

迪兄啊，你将永远活在这个伟大的队伍里！你的作品也一定会在他们中间开花，结果……

往事悠悠忆李迪

郑健[1]

李迪走路两脚生风，说话京腔亮嗓，面前一个人十个人，都一样洪亮，还常伴以笑声和手势。李迪的创作状态，有人说像火焰燃烧，有人说像热水沸腾，我却喜欢想象成喷泉喷涌，喷得那么高，喷得那么美丽，那不遏的泉水来自生活、来自老百姓。几年前一次聊天，我说你这阵势，再写上十年没问题吧。他说："十年？再长些。国家形势这样好，该写的东西太多了，不写对不起工人农民，对不起老百姓。"可谁想到，李迪就这样走了！

噩耗传来，我很快给小魏打电话。小魏一开

① 郑健，北京军区战友报社原副社长。

口就哭了。我想好的不能触动她心上的伤口，但她还是把李迪到十八洞村写稿，住院，病榻上完成书稿，到病逝的过程，哭述了一遍。我听着，心里在流泪："他太投入了!"电话那边小魏异口同声："他太投入了!"小魏即魏桂兰，李迪爱人，我的云南红河老乡。

一

李迪1973年入伍。他所在的师宣传队在蒙自南湖的西边，我在师宣传科报道组，师机关在南湖的东南角。平时他做宣传队交给的工作，我搞新闻报道。星期天报道组办公室空无一人，我们常在一起学写文艺稿子。宣传队到师机关三四公里，不远不近的，他总是快步走来，有时赶时间，一路小跑。次数多了，我说我找辆自行车，去你那里吧。他说充分利用报道组办公室这空间，这多好。

我把纸笔摊开了，他还在踱来踱去。我喊坐下吧坐下吧，你刚才还没走够？他旁若无人，继续踱步。等他又走了两圈，我起身拍他一下，他一个激灵，回到现实。习惯了，我知道他这是把思路再理一遍。他常常想得很深很透，出的路子，定的主题、篇章结构，甚至文字都有独到之处。

一个星期天，我们一起写一篇连队拉练途中学雷锋、为群众修桥的散文。稿子写完后，天快黑了，营区院子里那几棵香樟树影影绰绰了。我把电灯打开，说你回吧，晚上我抄写出来，明天邮寄出去就是了。他好像没听到，依旧坐在椅子上，闭着眼睛，双手托在后脑上。好一阵子，他忽地站起来，说把稿子里连长的名字改为周大桩、指导员改为肖细竹。我一想，好。这样一改，大胆泼辣、说干就干的连长，头脑冷静、思维缜密的指导员，形象就更鲜明了。后来，这篇散文在《国防战士报》、《解放军报》上都刊用了。

李迪的文字很活，而且越来越活，迈入老年，依旧那么年轻，那么活力四射。不了解的人，会以为他是个年轻人，或者年富力强的中年人。这靠的是不断学习、不断积累。这学习，是从书本上，他很喜欢汪曾祺的文章，能大段背诵汪老的作品，更多的是从生活中学、在生活中积累。

一次聊天，一位干事讲街天买蜂饼的事。卖蜂饼的是滇西农村老大爹。干事问，老人家，这块蜂饼要多少钱？老人眯缝着眼，伸出右手掌，边翻动边回答，一个大五，一个小五。干事掏出两张票子，一张五元一张五角，递给老人。交钱接蜂饼，买卖双方会心地笑了。后来我发现，李迪把"一个大五一个小五"，写进了他的长篇小说《遥远的槟榔寨》。

1976 年底，李迪到云南人民出版社改稿，住出版社招待所平房里。我到昆明给报社送稿，他在那里给我找了住处。出版社有位 40 多岁的女工，是食堂炊事员还是门卫，我记不得了。女工热情开朗，爱和我们聊这聊那。一次聊起来，她说她老倌儿（老公）说她，她这辈子其他都不行，就是找个老倌儿还可以。我们都哈哈笑起来。事后李迪说这话太生动了，要记下来写进书里。我问他生动在哪里，他说包含了很多东西，并作了一番分析。一是女工和她丈夫是普通劳动家庭，干活儿吃饭，能这样幽默对话，说明他们关系融洽，苦日子当甜日子过。二是这话乍一听是丈夫夸妻子，实际上丈夫自夸的成分要多得多，说明丈夫的精明，也说明妻子的朴实。三是如果妻子明白这话的准确含义，还乐呵呵地向别人讲述，说明妻子太乐观、大度了。

那个年代，要在报刊上发一篇文艺稿很不容易，尤其是我们驻守云南边疆的部队。三年多里，我和李迪就这样利用业余时间，写了十多篇，其中在《解放军报》、《解放军文艺》、《国防战士报》上刊发了《桥》、《张连长的家》、《射手》、《在火线上》等七八篇。这些稿子，带有那个年代的明显痕迹，但是我们闯进文学殿堂的开端。从中，我向他学到了许多东西，尤其是他写作高度投入、物我两忘的精神，深深影响了我。

1978 年，李迪转业到人民文学出版社工作。1979 年初自卫还击作战打响之前，我们开拔到云南河口南溪农场四队。第一天排队开饭，我抬头看到四队食堂的墙壁上张贴的墙报，第一篇抄录了我和他刊发在《国防战士报》上的一篇杂文。在南溪农场四队能听到边境线上的炮声。我想，李迪要能参加这次作战，可以积累很多东西，写出很多作品，也会为他以后的创作，打下一种难得的生活基础。但又想，回北京，到人民文学出版社，层次更高，视野更开阔，写出的作品会大不一样，有得有失，各得其所吧！

二

我们那时写稿，得到师政治部王定一副主任的支持、鼓励。那些年，政治部主任一直空缺，由王副主任主持工作。李迪入伍、工作安排，也都得到了他的关注、认同。

王副主任是河南洛阳嵩县人，解放战争期间从洛阳师范投笔从戎。前几年李迪的长篇小说《宣传队》里，写了一位师政治部主任栗坚，外貌、言语、动作，活脱脱一个王副主任，连原籍写的也是河南洛阳。

王副主任历来埋头工作、不与人争，在宣传、文化工作上，可谓既懂行又旗帜鲜明。我们写出好稿子，他表扬我们，我们遇到什么难处，他帮着解决。一次，我们写了一篇小报告文学，有人说我们弄虚作假，闹腾开了。王副主任找我俩谈话，说报告文学是否受真人真事限制，一直存在分歧，但从我们部队实际出发，以后就严格按真人真事来写，避免矛盾。以后我们按他说的办了。

一个星期天，我和李迪正在报道组办公室写稿，王副主任敲门进来。平时不苟言笑的他，和我们一聊一个多小时，其中聊得多的是陆柱国。陆柱国是河南宜阳人，宜阳与嵩县毗邻，二人是洛阳师范的同学，一起当的兵。陆柱国几十年间勤奋写作，出版了《上甘岭》、《踏平东海万顷浪》、《闪闪的红星》、《雷锋》、《大进军·席卷大西南》、《太行山上》等二三十部中长篇小说、电影剧本，产生了很大的影响。陆柱国的作品故事性强、情节生动、细节感人。王副主任希望我们好好向他学习，勤奋写作。

王副主任的所作所为，也有人不高兴。一次批判会，有人批判王副主任："你就喜欢会写会画的人。"王副主任依然低着头，不紧不慢："毛主席教导我们，没有文化的军队是愚蠢的军队，而愚蠢的军队是不能打胜仗的。我确实喜欢会写会画的人，这些人在部队建设中发挥了作用。只要不放松军事训练，写写画画能把部队搞垮了?"批判者嘴巴动了半天，说不出话来。后来王副主任受到不公正的待遇，1978 年转业回洛阳师范，三十年前他就读的学校。

王副主任退休后，几次到北京，每次都是李迪接李迪送，安排食宿，陪同参观游览。一次，李迪特意找了一家自助餐厅，看到菜品丰富有 18 种，和店家讲好将小桌拼成大桌。那天，40 师的高洪波老战友，42 师范咏戈、林良旗、刘静老战友，军宣传队李伟老战友都来了，一共 20 多人，使王副主任很受感动。还有一次，我争着做东，点完菜后，李迪逐一审查，将五香排骨换成狮子头。他说，王副主任年纪大了，牙齿不好，换成狮子头好。

1996 年底，我到河南嵩县王副主任家乡，采写白求恩和平医院一位退休老主任义务行医、光荣殉职的事迹。返回路过洛阳时，请王副主任吃了一顿饭。回到北京，李迪详细询问了见王副主任的情况。我讲到吃饭时为王副主任点了一首歌，《好人一生平安》。李迪高兴得站了起来，连声道点得好，点得好。说完轻轻地哼唱起来："有过多少往事，仿佛就在昨天；有过多少朋友，仿佛还在身边……"

李迪说，我们尊重王副主任，因为他有恩于我们，滴水之恩当涌泉相报，也因为王副主任鼓励我们坚持写作，尊重他也是尊重写作。

三

1985 年我到北京后，和李迪同处一城，各忙各的，多是通过电话联系，近年增加微信联系。最重要的联系，是阅读、学习他的作品。李迪的《这里是恐怖的森林》、《傍晚敲门的女人》、《血色兰花》、《花自飘零》、《004 号水井房》、《宣传队》、《英雄时代——深圳警察故事》、《警官王快乐》、《社区民警是怎样炼成的》、《丹东看守所的故事》、《加油站的故事》，或是由他签名后寄来，或是我自己购得，都看过。近期刚出版的《永和人家的故事》、《十八洞村的十八个故事》，也从网上购来，先睹为快。至于他在报刊刊发的稿子，也多能直接通过报刊或者上网看到。阅读他的作品，我看到李迪在写作上的持之以恒、不断追求提升，看到李迪写作上的不一般之处。

一般作家随着进入老年，体力、精力减退，写稿会放缓。李迪推出作品的频率却越来越快，越来越接地气，也越来越耐看，完全没有收笔的样子。这应了他的那句话："国家形势这样好，该写的东西太多了，不写对不起工人农民，对不起老百姓。"

李迪写稿子，跑现场越来越多，越来越深入。《加油站的故事》，40来篇稿子，20来万字，他奔走九省区，包括西藏、青海，采访163人，边走边写。这些年间，李迪七下丹东，六下无锡，五下永和，三季走过九省，遍访十八洞村，和看守所警察一起过了两个春节。这和年纪大了，比较多地依靠积累、经验来写稿不一样。新闻上有个说法，稿子是跑出来的，强调的是现地采访。李迪的不少作品又何尝不是跑出来的。这应了他的另一句话："生活是口井，找到井，有水喝。"

记得一个大年三十，我给他打电话，问春节怎么安排的。我想多年没聚，春节期间聚一聚。他听出了我的意思，急忙说，对不起，对不起，我在丹东，丹东看守所，采访。每逢佳节倍思亲，那么大年纪了，年三十了不陪家人过个年，一个人跑到东北边境，跑到看守所采访？

手机里传来李迪的声音，有些深沉，没了欢笑声：每逢佳节倍思亲，我们倍思亲，看守所工作人员倍思亲，在押人员也倍思亲。此时他们说的做的，和平时不一样，比平时更真切。

第二年年三十，是他来的电话，说他又到丹东看守所采访，聚不成了。我说，都六十大几的人了，工作要悠着点儿了。他说，感人的东西太多了，不写，对不起看守所的工作人员。六十大几了，得抓紧写呀！我只能再次叮嘱把节奏放慢点儿，放慢点儿。

后来我读到《丹东看守所的故事》，发觉很多感人的故事，很多催人泪下的场面，不在那样特殊的时刻，在那样特殊的环境里，不是与警察、在押人员那样贴近，是采访不到的；对警察、在押人员的深入认识、深刻感受，更是做不到；作品要这样深深地感动读者，也就无从谈起。

李迪走了，一桩桩往事留在我心头，一部部感人的作品，留在了世上。

快乐是上天赐予这个老头儿的福分

——悼李迪

张策[1]

曾经养猫，公仔。刚在微信上晒了，他马上跳出来，要给介绍对象："我这儿有只孟加拉，一身黑！俩大黄眼睛，漂亮！甭提多聪明了，会自己开门！六岁啦。"前边的话还挺诱惑，可六岁了，不行，我们的仔连一岁还不到呢，说是"女大三，抱金砖"，大媳妇的气恐怕受不了。于是，婉拒。

没过几天，他又来电话了："一身白，连根杂毛都没有！给了个朋友，养不了又退回来啦，退的时候直掉眼泪，舍不得。"想想，还是谢绝了。我没存着让猫繁衍后代的心，只好辜负老哥

① 张策，全国公安文联副主席。

哥的盛情。

也就是对他，咋着他都不会生气的。他是个快乐的老头儿，真正从心底洋溢着快乐的老头儿。

快乐的老头儿叫李迪。可快乐的老头儿却走了。想想上天真的不公平，这么快乐的人，干吗叫他那么早回去呢？老天爷也闷了，想散散心？聊聊文学？或者……聊聊猫？

也真怪，听说他走了，我却先想到猫。于是，思如潮涌。

快乐的人养猫，善良的人养猫，快乐而善良的人养流浪猫。可像他这样养流浪猫的，我没见过。小院，牡丹花丛中盖了猫舍，冬天竟然装有暖气！喂猫食，每周改善伙食时有虾，有鸡胸。猫病了，送医院，管治。猫们在他这儿来去自由，当然，来的多，走的少，谁不贪恋这么舒适的生活呢。猫们因为有老头儿李迪而幸福，而李迪的生活，也因猫们的存在，而更快乐，有滋有味。

他养猫的小院，离我们的办公地很近。常常有几个搞文学的朋友在我们这儿小聚，我就会打电话："在家？来，聚聚。"按说，这不礼貌，俗话说"三日为请，两日为叫，当天是提搂"，但于他，没这么多说法。他喜欢与朋友间的交流，我们喜欢他那无拘无束的笑容。于是，他翩然而至，骑着他的老自行车，总是那身标志性的红衣白裤。他在我们这儿，认识了许多的公安作家，很多后来成为挚友。大家尊敬长者，席间总是第一个给他敬酒。他不多喝，却总认认真真地举杯，他知道，人们为什么敬重他。

从《傍晚敲门的女人》，到《丹东看守所的故事》，再到《英雄时代——深圳警察故事》，几十年写公安，他常恍惚，我们也常疑虑：李迪是公安的人吧？李迪是公安作家吧？李迪和公安，维系着一种什么样的感情呢？

一个人的快乐，当然并不仅仅是有猫就可以了，也不仅仅是酒桌上的欢歌笑语。人是丰富的，丰富在于有灵魂，有思想，由灵魂和思想而塑造出的快乐，才是真快乐。李迪是作家，是著名作家，他的灵魂和思想选择了公安题材作为他的立足点和腾飞处。而作家的灵魂和思想，似乎大多应该是沉重的，是悲天悯人的，而他不是，他始终快乐，他用他的快乐影响着他的读者，也改造着似乎天生悲壮的公安题材。即使是悲剧，在他的笔下，也会有泪中带笑的滋味，有带着咸味的希望。李迪于公安文学，不仅是一个重要作家，更是一个在公安文学发展进程中，在节点上不断有突出贡献的重要作家。《傍晚敲门的女人》，新时期中国侦探小说的开山之作。《丹东看守所的故事》，公安题材报告文学的结构、语言突破之作。《警官王快乐》，精短小说的创新之作……对，特别需要提出的，就是王快乐！一个快乐的名字，一个李迪笔下标志性的人物，一个融汇了李迪性格、李迪风采的和蔼可亲的老警察形象。李迪说："我写王快乐，哪儿淘来那么些故事？两个字：生活。生活是一口井。找到井，有水喝。"

李迪的快乐，是上天赐予他的福分。他的一生，也多坎坷。18岁去兵团，却诸事不顺，23岁侥幸入伍，脱下军装后当编辑，出国。居昆明，回北京。兜兜转转，百炼成钢，快乐却依然，善良也依然。他热心地在生活中打井汲水，也热心地为朋友们办各种事，包括给猫介绍对象。他更热心于组织各种与文学有关的活动，采风，研讨，编辑出书，每每有事情，这老头儿一定是不辞劳苦地奔跑在一线，像个冲锋陷阵的老战士。组织中国作家代表团去贵州公安机关采访，他主动为大家订机票，挨个儿叮嘱时间地点，比会务组还忙。采访归来，又一个个地追问稿子的完成情况。还有一回，他正在北方采访，南方有个省份的公安机关想请他去授课，他愣是把回北京取衣服的时间给利用了："我上午到北京，拿上衣服，下午就奔他们那儿！你告诉他们，课安排在第二天上午，我下午就可以直接飞啦，晚上不耽误采访！"担心他太劳累，他笑道："没事儿，我身体好。"

他确实身体好，60多岁了，还能做100个俯卧撑，再来100个仰卧起坐。没事儿早晨起来，到公园参加跳"僵尸舞"。他觉得那群老头儿老太太都跳得太好，自己却跳得太僵硬，故而快乐地自嘲。但是，我知道，他这样的奔波，更是源于他对文学的热爱，对公安事业的热爱。

这么身体好的老头儿，这么热爱生活的老头儿，却没能战胜病魔。老天爷俯视凡间，挑挑拣拣，把这个快乐的老头儿给叫走了。也是，谁不喜欢被快乐感染、与快乐相伴呢？

李迪走了。微信中一片流泪的表情包。表情包其实是个好东西，人们有时用语言都难以表述清楚的情感，一个普通的圆脸几条简单的线条，却能用最直接的方式让人们理解。看着这一片的泪水，我想：李迪，我们的好兄长，恐怕你并不喜欢这样的送别吧？你是不是更希望我们笑着凝望你的背影呢？

两本你的新作，《永和人家的故事》和《十八洞村的十八个故事》，带着浓重的墨香，放到了沉睡着的你的身边。我读过其中的片段，我知道你的语言仍然洋溢着快乐。这种快乐来自对扶贫攻坚事业的信心，来自对伟大祖国的热爱，也来自你自己一生奋斗的荣耀和欣喜。

这个被上天赐予了快乐福分的老头儿，走了。他快乐的脚步声，却仍然在我们耳边久久回响，留下的，是一种快乐的、坚强的精神。

（原载《人民公安报》2020 年 7 月 3 日）

红衣李迪

艾克拜尔·米吉提[1]

我和李迪相识较晚。是我兼任《中国作家》主编后，因发他的长篇纪实文学《丹东看守所的故事》，才与他真正认识。有时候世界很小，有时候世界很大，缘分不到，你便无缘相识。但在我的记忆中，李迪始终身着红衣，满面笑容，和蔼可亲，具有一种兄长的宽厚与包容。

李迪是在中国作家协会和公安部监管局的组织安排下，多次前往丹东，两次在那里过春节，与看守所干警同吃同住，与在押人员促膝谈心，才创作出长篇纪实文学《丹东看守所的故事》，《中国作家》纪实版 2010 年第 8 期先选其中九篇

① 艾克拜尔·米吉提，《中国作家》杂志原主编，中国作家出版集团管委会原副主任。

刊出，反响热烈。2011 年第 5 期《中国作家》纪实版又发后续十篇，定名为《戴脚镣的舞者——丹东看守所的故事》，获得第五届“《中国作家》鄂尔多斯文学奖”。

作为曾经的《中国作家》主编，我非常欣赏李迪这种肯往下走、肯深入生活的精神。更让我敬重的是，他对文学创作的这种执着与敬业。而且，他还有一种军人的执行力。说走就走，说到就到，说写就写，毫不含糊。待人真诚，感情真挚，目光深邃，笔力强健。自从 2009 年开始采写《丹东看守所的故事》这十多年来，他几乎一直奔波在公安一线采访创作。从《丹东看守所的故事》、《铁军 · 亲人——无锡警察故事》、《听李迪讲中国警察故事》、《社区民警是怎样炼成的》到《警官王快乐》、《徐州刑警》、《英雄时代——深圳警察故事》，一部部作品问世，他在公安文学领域自成一体，引领新时代潮流。他创作的公安文学系列作品，充满浩然正气，让全国读者闻知李迪讲述的中国警察故事，从中汲取正能量，滋润心田。

2012 年 7 月 16 日至 20 日，我们组织深入生活采风团赴塔里木油田《中国作家》创作基地，韩作荣、李迪、徐芳、萧立军等前往油田一线深入生活采风。李迪回来后又三次前往采访，创作出报告文学《004 号水井房》。这就是李迪的创作风格，他会认准题材，一次次地前往采访，直到挖掘出他所发现的富矿，把闪闪发光的金子呈现在读者面前。他的这篇报告文学主要记述的是位于塔克拉玛干沙漠中那条世界最长的流动沙漠等级公路——塔里木沙漠公路两旁壮观的绿色防护林带的养护和水井房里工作生活的人。他曾与在水井房工作的邓师傅夫妇俩一起生活，一起护林守井。这部作品一经发表，便引起关注，被崔民、张万一改编为电影《极致水滴》（拍摄时改为《水滴之梦》）。由此我们可以看出李迪创作视野的开阔，不只是公安题材，各行各业的题材他均有描绘，留下了一篇篇优美的文字。

李迪是一个充满激情、感情真挚的人。在采访现场，他甚至常常触景生情，掩饰不住涕泪滂沱。一个真性情的男人，一个真性情的作家。在他的《加油站的故事》纪实系列中《罗布泊的春天》结尾处我们可以看到这一幕：“冰天雪地的严冬过去了，春天来到了罗布泊。谁说罗布泊没有春天？两只斑鸠不知从什么地方飞来，在油站的雨棚下搭了一个窝。啊？这里没草叶，也没树枝，它们用什么搭的窝？我定睛看去，突然，哗地一下，泪水冲了出来！我不敢相信！我泪流满面！我放声大哭！——它们用工地上的铁丝搭了一个窝！”这就是男儿有泪不轻弹！好一个有情有义、侠肝义胆、执着忘我的李迪。

李迪自1970年发表小说处女作《革命后代》以来，一直活跃于文坛。1980年在《解放军报》连载长篇小说《这里是恐怖的森林》。除了公安系列作品，先后出版《野蜂出没的山谷》、《豹子哈齐》、《黑林鼓声》、《书包里的秘密》、《獴！獴！獴！》、《枪从背后打来》、《预审员笔记》、《血色兰花》、《我的眼泪为谁飞》、《星星点灯》、《那时候我们青春浪漫》、《新华书店》、《铁军·亲人》、《黑案》、《凌晨探案》、《宣传队》、《加油站的故事》、《永和人家的故事》、《十八洞村的十八个故事》等中长篇小说、报告文学40余部。他创作于20世纪80年代的推理小说《傍晚敲门的女人》，1984年在《啄木鸟》杂志发表后，相继在俄罗斯、法国、韩国出版，开创了中国推理小说走向世界的先河。其中，《听李迪讲中国警察故事》、《十八洞村的十八个故事》被列为国家主题出版重点出版物。多部作品被改编拍摄成电影、电视剧。先后荣获中国作家出版集团奖、《解放军报》长征文艺奖、《中国作家》鄂尔多斯文学奖、中国报告文学金奖、“三个一百”原创图书出版工程奖、公安部金盾文学奖、全国报纸副刊作品评选金奖等奖项。由于他的勤奋，可谓著作等身，屡屡获奖。

即便是他这次病倒在奋笔疾书的案前，在住进医院进行心脏瓣膜手术之前，他还完成了他最后一部著作的收尾文稿，签发了图书出版前的最后改样。他最后两部著作之一的《永和人家的故事》，已由作家出版社争分夺秒付梓出版。

2020年6月29日一大早，忽闻在我的家乡伊犁，天山草原下起了六月大雪。李迪曾经去过那里，也许山川为之动容，用一场洁白的雪，为洁白心肠的李迪送行。当天上午，一颗炽热的心骤然停止跳动。但是，李迪的作品带着他的音容笑貌将会和我们一起前行。

红衣李迪，请安息。

亲爱的迪兄

彭程[1]

李迪兄去世一个多月了，我的心情十分悲痛纷乱，想写一写他，却一直未能沉下心来。

最早认识他，应该是在 2010 年，他来报社找我，在传达室打电话给我办公室，记得他说是中国作协高洪波副主席介绍他来报社找我，有一篇稿子请我看一下是否适合在《光明日报》上发表。我赶到大厅里，看到一个戴着墨镜、穿着一件红色上衣的人，正在一边来回踱步，一边朝着这边望。后来我知道了，红色上衣正是他的标志性着装，也寓意了他火一样的热情和活力。见到我，他脚步轻快地迎上前来，远远就伸出手来，

① 彭程，《光明日报》文艺部原主任，高级编辑。

叫着我的名字，满脸都是灿烂的笑容。

这是一篇他写的丹东看出所民警挽救教育劳教人员的报告文学，具体内容已经记不太清了，不是很长的篇幅，既有跌宕起伏的故事性，又有深刻曲折的人性，情感强烈感人至深，我很快安排见报了，产生了很好的反响。

这是认识的开始。从此开始关注他的创作，数年间交往不断，也发表了多篇他写的各种题材的报告文学，还有几篇后来结集出版的小小说集《警官王快乐》里的小说，并参加过多次与他的作品有关的研讨等活动，比如第二年去丹东参加《丹东看守所的故事》的研讨会，和干警面对面座谈，近距离地了解看守所里在押人员的生活。后来还去过无锡开《警官王快乐》的研讨会，此外还一同去过山东的军营，还应他邀请去新疆的塔里木油田采访。他的一篇著名的报告文学《004 号水井房》，就是他深入大漠深处采访的记录，写的是沙漠深处一对普通的公路养路工夫妻的动人故事和奉献精神，不过不是我们同行的那次，是后来他再次深入采访的收获。他就是这样的一个作家，只要发现了好的素材，就会多次前往采访，直到有把握写出的东西一定能够生动感人才会满意。他喜欢说的一句话就是：生活是一口深井。挖得深，才有水喝。这正是一位热爱生活的作家关于创作的肺腑之言。

和他同行的几次，所到之处，都深切地感受到作为他的描写对象的人们对他发自内心深处的亲近和尊敬。我想这正是因为他深入、准确地写出了他们的生活，表达了他们真实的内心情感，说出了他们最强烈的愿望。一位对普通劳动者满怀深情的作家，自然也会受到他们的喜爱和敬仰。

李迪激情洋溢，给人的印象永远是一阵风一团火一样。在多位朋友组成的微信群中，他是名副其实的群主，是话题的组织者和推进者。他最看重友情，对朋友的大小事情，都无微不至地关心。记得有一次去无锡的活动，他给订好票了，我因为母亲生病，无法前往，向他电话抱歉，他告诉我没关系，到北京西站北边的一个航空服务点，把机票改签一下还能以后再去。他是在这儿订的票。他怕我搞不清楚，一定要自己从羊坊店铁道部的宿舍里走过来，让我在服务点门口等他。这样的事例实在是多得数不清。朋友们发在朋友圈里的文章，他总是积极转发。他外出采访回来时，有时会变戏法一样地拿出一些当地的特产送给朋友们。虽然东西未必贵重，但能够让人体会到他时时刻刻对朋友们的牵挂。有时他的稿子因为种种原因积压时间有些长，当我表示歉意时，他反过来安慰我："哦，好的！好饭不怕晚，只要登出就完胜!"既充分自信，又高度理解。"彭兄，上与不上，书写照样！评与不评，写个不停!""七十老李，写个不停。彭兄鼓励，是我动力!"都是这样的高度个性化的妙趣横生的语言。

他的新书《警官王快乐》出版后，寄我两册，微信上特意标明，其中一段道："小快乐一乐，一册，烦转小悦。当年，是她第一个发的三篇王快乐!"这里所说的"小快乐"，指的是本报作品副刊的编辑付小悦。他的幽默感，他对一切给予过他帮助的人的惦记和感念，跃然纸上。其实，最应该感谢的才是他，他的这些风趣幽默的作品，拉近了报纸和读者的距离。

李迪兄家住在一楼，小院里养了多只流浪猫。他经常在好友群里发照片，晒他是如何变着花样给猫们做好吃的改善生活，图片上有大虾、鱼干、鸡胸脯等。翻看他发给我的微信，爱猫去世让他悲痛："彭兄，我心爱的雪儿安静地走了，十四岁。"后面是一个流泪的表情。受他的感染，群里好多人也成了爱猫者。他对小动物尚且有这样的爱，可以想象他对人、对一切美好的事物的感情。爱是他的内心情感的核心，是最为强烈的感情，因为爱，所以他要讴歌一切美好的事物，不论是公安战线的英模人物，还是扶贫一线的动人事迹。

隔三岔五，他都会发来微信，嘘寒问暖，告知他最近的行程，发来新写出的作品。他提醒不爱运动的我要多锻炼，"身体是革命的本钱啊"！他很自得地说自己一天能做上百个俯卧撑，还和很多老头儿老太太一起在玉渊潭公园跳"僵尸舞"，这时的口气却变得自嘲了，因为他感觉自己的动作僵硬，没有人家柔韧。

李迪的灵魂已经飞升上了天国，肯定为那里平添了许多快乐。此刻，看着他的爽朗大笑的微信头像，我也在心里一遍遍默念：亲爱的迪兄，祝你在天堂里，也永远和与我们在一起时那样，生龙活虎，活力四射！

我和迪兄的“约定”

李培禹[①]

6月17日一早，我和《解放军报》原社长、总编辑孙晓青将军，背负着众多作家好友的重托，去301医院与李迪的主治医师姚医生见面。姚医生说，心脏瓣膜手术成功后，一切平稳，扛过感染这一关，再过三四天就可转入普通病房了。不想，还是发生了严重的药物过敏，病情急转直下，危及生命。院领导亲自组织了心血管科、胸外科、皮肤科、泌尿科、重症监护等各方面的专家为李迪老师会诊，能用的措施都用上了，仍没有效果。我们24小时在全力救治。我问：“你没有放弃吧?”姚医生回答：“我不放

① 李培禹，《北京日报》文艺副刊部原主任，高级编辑。

弃!”那时，我们离迪兄的重症监护室只有几十米，却无法逾越，甚至连隔窗望一眼也不被允许。我们面向迪兄的病室，双手合十，默默呼唤着：迪兄，渡过难关；迪兄，你回来啊!

熟识李迪的人都知道，他是一个从不让朋友失望的人。这天晚上，医院真的传来好消息，说他的过敏红肿有所消退，意识也有一点儿了。我们微信相告，欢欣鼓舞，祈祷他能一天天好起来！谁知，6月29日9时38分，我的迪兄、迪老，我们的迪兄、迪老，那颗善良美好、激情四溢、睿智宽宏的心脏，还是停止了跳动。他，在亲友们的千呼万唤中，绝然离去，撒手人寰。微信群里哭成一片，我们十几位他的作家好友，和着泪一个字一个字地完成了“讣告”，其中写道：“李迪始终奔赴一线深入生活采访，积劳成疾，最后一次采访是在新冠肺炎疫情之前，他像战士一样倒在了他毕生书写的真情文章案前。在他生命的弥留之际，他倾情采写的反映农村脱贫攻坚的报告文学《永和人家的故事》和《十八洞村的十八个故事》两本新著付梓出版，成为他留给深爱着的读者最后的奉献。李迪一生洒脱，性情率真。作为一位作家，他深入生活，扎根人民，孜孜以求，倾心创作。我们作为他的好友，征得家属同意，自发出面料理他的后事……”

很多朋友不会想到，李迪在进入病房之后，完成了他最后一部书稿《十八洞村的十八个故事》的最后几篇文稿。在手术之前，签发了图书出版前的最后改样。就在这天晚上，我和他通了最后一个电话。是他打过来的，还是那熟悉的声音：“培禹兄、培禹兄……”我大声应答，问候他、安慰他，转达好友们的惦念。他说：“我明天就手术了……现在，我不能叙说……”我说，你要听医生的话，今晚休息好，你不能说就不说吧，你想说的我都知道。等你康复痊愈了，我一定和你重返湘西十八洞村，去看看你笔下的乡亲们……

说来有缘，我和迪兄的“约定”从不是“虚言”。他写《丹东看守所的故事》的时候，我和他一起去了丹东，只是他是“七下丹东”深入采访，两次竟还在关押犯人的牢狱里过春节；我是走马观花，那时我还在《北京日报》副刊编辑的岗位上，对描写监狱题材的报告文学既感兴趣又有些拿不准。李迪是我们《北京日报》副刊部的“铁杆”作者，他从丹东回京不久，就把一篇精彩的报告文学发来了。这稿题材十分独特，是写丹东看守所的所长和管教民警为死刑犯人送行的。文中狱警与在押犯之间的真实故事，体现了政策尺度掌握的一种境界和悲悯情怀，深深地打动了我和责任编辑。我把原题《砸脚镣的锤声传递着死亡消息》改为《非常送行》，觉得没什么纰漏后送主管副总编辑审。这一下午我什么也干不下去了，为这篇稿子揪着心，因为我们从未发过这么敏感的题材，况且我们的版面做得很震撼。终于，领导退样子了，我问编辑怎样？答：一个字没动，发。我长出了口气，马上给李迪发了一条短信：“非常送行，非常精彩。版面非常好看，我非常感动!”

李迪为《北京日报》赢得荣誉的报告文学作品《004 号水井房》，也是这样产生的。那几年，我们副刊部每年都搞一次作家采风活动，组织作家、作者深入生活、扎根人民，也借此表达对作家朋友们的感谢。2012 年的金秋，我们来到中石油新疆塔里木油田，当地的库尔勒香梨和大漠风光并没有引起他的多大兴趣，而在穿越塔克拉玛干沙漠公路时，路边一座不起眼的水井房，让他停住了脚步。农民工邓师傅和妻子在这里默默守护“流动公路”十余年，他们的坚守打动了他，他留了下来，哪儿也不去了。小小的 004 号水井房里，他和邓师傅聊得火热。除了邓师傅的妻子外，还有一位“主人”，一条名叫“小沙漠”的京巴小狗，亲昵地围着他，舔来舔去，把他的十个手指都舔遍了。李迪对“小沙漠”说，你多久没见荤腥了，下次来我给你带火腿肠来。邓师傅哪里想得到，这位北京老作家说的“下次”是真的。不久，李迪从北京扛着一箱双汇火腿肠来啦！真正让我吃惊的在后边：一天，我在办公室接到他的电话：“培禹兄，我在 004 号水井房……”什么，是我们去过的塔克拉玛干沙漠中的水井房吗？“是，就是邓师傅常年坚守的水井房。”迪兄为了完成好这篇稿件，又是三下南疆！他高兴地说，可以交稿了。我急忙打开电子邮箱，《004 号水井房》的第一句就把我“震”住了：“天还不亮，小沙漠就叫醒了大沙漠，也叫醒了邓师傅。”在迪兄的笔下，再平凡不过的守护水井房的邓师傅和他的媳妇儿谷花，还有那条叫“小沙漠”的小狗，演绎出了一个个动人的故事。负责版面设计的美编是个小美女，她说，这稿谁写的啊，真催泪！被“这稿”深深打动的还有当年的“中国新闻奖”的评委们，李迪的《004 号水井房》先是在全国报纸副刊作品评选中夺得了金奖，继而又荣获了那一届的“中国新闻奖”。一年后，水井房的故事还被拍成了一部很美的电影，片名叫《水滴之梦》。

山西永和，是我拉他来的。这个掩藏在晋陕大峡谷里的小县，是山西省划定的重度贫困县，全县人口只有六万多。然而这里却拥有最美的黄河湾、槐花海，是干群协力脱贫攻坚的一片热土。原本就对山村、底层、小人物有着深厚感情的迪兄，一下就爱上了永和。他揣块“槐花儿饼”走在崎岖的山路上乐此不疲。采访中，看到老乡身有残疾，他问来问去，想帮忙治疗；了解到一户加工的野菜卖不出去，他马上打电话给北京开小超市的朋友推销；走进生活困难拉下“亏空”的贫困户，他毫不犹豫地解囊相助……就这样，他在山茆沟壑间“深扎”一个多月，挖掘出《我是你的腿》、《蹚过没有桥的河》、《哪里有花，哪里安家》、《梅芳过上了好日子》、《朋友来了有野菜》、《鸡蛋上的笑脸》、《跟山水》等三十多个动人的故事。当二十六万多字的《永和人家的故事》由作家出版社出版，即将在全国发行时，黄河岸边的永和县正值五月槐花盛开，伴随着漫山遍野的花香，传来了全县彻底实现脱贫的喜讯。此时，病床上的迪兄，是多么欣慰啊！

谁想，我和他重返湘西十八洞村的“约定”，他爽约了。

第一个没有了迪兄的夜晚，我黯然神伤，流泪到天明。晨曦中我安慰自己：真要感谢作家出版社的编辑宋辰辰，她忍着悲伤连夜加班，和同事一起赶制装订出了《十八洞村的十八个故事》的两本样书。一本，在迪兄的弥留之际送到了他的床头；另一本，辰辰留给了我。

迪兄，这算是我们永久的“约定”吧！

（原载《北京日报》2020 年 7 月 3 日）

行走在祖国大地上的人民作家

——悼作家李迪

李国强[①]

2020 年 6 月 29 日，著名作家李迪因在他生前最后一次采访活动中莫名染病，数月高烧不退，终酿大疾而逝，永远离开了他深爱着的这片土地和他深爱着的亲人、朋友和广大读者！想起近十年来因为公安文学创作与迪兄交往的点点滴滴，我被他的执着精神所感动，被他的大爱真情所感动，被他为文学而献身的切实行动而感动，不禁潸然泪下！

迪兄，我们再也听不到你爽朗的笑声，再也看不到你灿烂的笑容！你就像一团火，拥有火一样的青春，火一样的人生，温暖着鼓舞着激励着

---

① 李国强，中国人民公安出版社副总编辑。

感动着感染着身边的每一个人、每一个朋友！

李迪先生早在20世纪七八十年代就已蜚声文坛了。1972年他发表了小说处女作《革命后代》，在云南文坛崭露头角。此后，他又陆续发表了反映西南边陲风貌、民族特色浓郁的小说《遥远的槟榔寨》、《野蜂出没的山谷》、《豹子哈奇》、《代号叫蜘蛛》……1980年《解放军报》曾连载他的反特题材长篇小说《这里是恐怖的森林》。这部作品当时被十多家出版社改编成不同书名的连环画出版发行，畅销全国，还被西安电影制片厂改编拍摄成电影《恐怖的鬼森林》。1984年，公安部主管、群众出版社主办的全国大型公安法治文学月刊《啄木鸟》杂志发表了他的中篇侦探推理小说《傍晚敲门的女人》，旋即被翻译成俄文、法文、韩文等在俄罗斯、法国、韩国等国出版，开创了中国侦探推理小说走向世界的先河。20世纪80年代，除西影厂外，还有多家电影制片厂根据他的小说改编拍摄了多部电影故事片，如北影厂的《枪从背后打来》、珠影厂的《黑林鼓声》（小说名《你死我活》）、云南厂的《无头箭》（小说名《第三条毒蛇》或《獴，獴，獴》）等。近年来，根据李迪先生的报告文学《丹东看守所的故事》改编拍摄的电视剧《看守所》和根据他的同名小说改编拍摄的电视剧《警官王快乐》已在多家电视台和网络平台热播。他的长篇小说《我的眼泪为谁飞》、《宣传队》、《凌晨探案》等也已被影视公司购买影视改编权，正在或筹备拍摄影视剧。

李迪先生是全国公安文联特邀签约作家，几乎每次在李迪公安题材报告文学作品研讨会或他应邀参加的公安文学创作座谈会上，李迪先生都会非常激动地说：虽然我不是公安，但我爱公安；虽然我不是警察，但我爱我们的人民警察！我就是要写公安，赞美英雄、赞美我们的人民警察！每每听到这些话，我都非常感动！李迪先生还有两句时不时会说或会在微信中发的话也非常令我感动：奖与不奖，毫无影响；评与不评，写个不停！这就是李迪先生的境界，这就是李迪先生的格局！

由于李迪先生近年来发表、出版了大量的公安题材文学作品，如《丹东看守所的故事》、《听李迪讲中国警察故事》、《铁军·亲人》、《社区民警是怎样炼成的》、《警官王快乐》、《徐州刑警》、《英雄时代——深圳警察故事》、《枫桥枫叶红愈红》等，很多人（很多社会读者，很多警察，也包括很多作家）都误以为李迪是公安作家！人们称赞他是不入册的人民警察、荣誉警察！这正说明李迪先生对公安文学创作和发展、繁荣的巨大贡献！这正是李迪的骄傲！包括我们的公安作家在内，当代作家中几乎没有一位作家写作发表如此多的公安题材报告文学作品！2019 年，全国公安文联编选、群众出版社出版的“庆祝新中国成立 70 周年献礼丛书”——《中国公安文学精品文库（1949—2019）》收录了李迪先生的小说代表作之一《傍晚敲门的女人》和报告文学代表作《丹东看守所的故事》（节选）以及反映 2011 年全国公安机关开展的网上追逃涉案犯罪嫌疑人的重大专项行动——“清网行动”的报告文学《你可知道，那草帽在何方》。一个作家，既有一部小说，又有两部（篇）报告文学被收录《中国公安文学精品文库（1949—2019）》，李迪先生是唯一一位。他也应当享此殊荣！“一位无愧于时代和人民的作家”（铁凝主席语）、当代中国作家的表率、永远的战士、不入册的人民警察，李迪先生当之无愧！

李迪生在北京、长在北京，多年生活、工作在北京。他是个真正的性情中人，也可以说是一个典型的北京“老炮儿”。为人热情、仗义、真诚、豁达，也很幽默，甚至可以说还有点儿孩童般的调皮，是个老顽童。尽管早已是功成名就、著作等身的大作家，但他从不装腔作势、摆架子、卖弄才学，对功名利禄看得很淡。无论是对待大权在握的官员，还是对待普通百姓，他都能够一视同仁，不仰视，也不鄙薄。对待年轻的文学爱好者和文学编辑，他更是充满关心爱意，尽可能地给予指导、帮助、提携。李迪爱笑，但也爱激动、爱掉眼泪，有时候看到不公不平的事，他也会发怒、骂人。多年来，他收养了住宅小区内外和马路上的很多流浪猫，对它们像自己的孩子一样关爱备至，悉心照料。有的老猫死了或有的猫又走失了，他总要伤心多时，说起来就止不住地掉眼泪。此情此景，常常令我等感动不已！我们一帮文友说，迪兄对猫都这么好，何况对人啊！迪兄对人更好啊！有时候李迪听了就会说，那还得看对啥人呢！我是对好人好，对坏人坏事我一样痛恨！

本来李迪先生身体一直挺好的。已经是到古稀之年的人了，他还能连续做俯卧撑100个、仰卧起坐100个！穿山越岭、连续奔波去各地采访也从未听他说过感到劳累。去年11月去湖南湘西十八洞村采访回来后即感冒发烧卧床不起。3月30日到5月25日，他以顽强的毅力和为文学的献身精神，抱病坚持完成了他人生的最后一部著作——脱贫攻坚题材报告文学《十八洞村的十八个故事》。5月6日，《人民日报》“大地”副刊整版刊发了其中的三篇故事，并冠以《腾飞的十八洞村》总题名。“编者按”中写道：“2020年是脱贫攻坚决战决胜之年，我们将全面建成小康社会，实现第一个百年奋斗目标。今天，人民日报社与中国作家协会联合主办的‘决胜2020’征文正式开篇，首篇推出的是作家李迪采写的报告文学《腾飞的十八洞村》。在湖南省湘西州花垣县十八洞村，习近平总书记首次提出‘精准扶贫’，本文讲述的正是十八洞村脱贫奔小康的故事。”《十八洞村的十八个故事》还是中国作协重点扶持作品，6月22日，又被中宣部公布为“2020年主题出版重点出版物”。

李迪先生在医院做心脏瓣膜手术前几天，就是5月25日那天晚上，还给我说，十八洞的书稿已发给作家出版社了，等出版社编校完后，付印前麻烦你最好替我再校对一遍，我近期实在是无力再审看校样了。我说迪兄你放心吧，你就安心治疗养病吧，我一定会再校对一遍！他回复说，那就拜托国强兄了！谁知6月1日手术后他身上竟又出现了谁也想不到不敢想的药物过敏，虽经医务人员多方救治，其间几度昏迷又几度短暂苏醒，大家都祈祷都盼望奇迹能够在迪兄身上出现，最后还是回天无力！值得欣慰的是，李迪先生在几度短暂清醒的时候，看到了作家出版社刚刚出版的他近两年的一部心血之作《永和人家的故事》，也得知了《十八洞村的十八个故事》被评为“2020年主题出版重点出版物”的好消息，还看到了作家出版社连夜赶制的这本书的样书！

还是在去年，11 月 22 日，李迪先生刚从湘西山区采访回京，为安慰一位刚刚失去亲人的朋友发微信说：我们每个人都要经历生死。我，毫无畏惧！你一定要坚强起来！不料竟然这么快就一语成谶！谁能想到生龙活虎的迪老就这样说走就走了！

这些天大家在朋友群里说的最多的一句话就是：怎么会这样！文友们纷纷撰写诗文悼念李迪先生，中国作协的领导同志或委托代表，或亲自到李迪先生家中吊唁、慰问，并对李迪先生长年坚持深入生活、深入基层、深入普通百姓的创作态度和文学成就给予高度评价！一个作家去世后，不到一周的时间，天南海北，从农村到警营，从派出所到加油站，这么多人悼念、痛惜，这么多人撰写悼念诗文，在当代中国文坛我还从来没有看到过！朋友们亲人们读者们真是不忍不舍迪老迪兄走啊！这么一个活生生的人，这么一个热爱生活、活蹦乱跳、充满激情、活力四射的人，怎么说走就走了呢！怎么说没就没了呢！

我不是专业的文学评论家，我只是一个出版人、一个公安出版工作者。近年来，由于公安文学创作、出版的工作关系，基于对李迪先生为人处事发自内心的敬重和对他文学创作成就的认同，我写过六篇关于李迪和李迪作品的文章，主要有：《李迪为什么能》（原载《啄木鸟》2012 年第 8 期）、《李迪这老头儿》（原载《光明日报》2012 年 8 月 10 日）、《深入生活，礼赞英雄，用心讲述中国警察故事——李迪公安题材文学创作散谈》（原载《中国艺术报》2017 年 1 月 23 日）、《没有“四力”，就不会有好作品》（原载《文艺报》2019 年 1 月 30 日）等。

另外，4 月中旬看过李迪先生《十八洞村的十八个故事》部分篇章后，我有感而发，还写了一首七言诗《紧步时代写新章——读著名作家李迪报告文学新作〈十八洞村的十八个故事〉有感》。李迪先生在病床上看过后，打电话给我说，他要把这首诗作为《十八洞村的十八个故事》的代后记，用高洪波主席那首诗作为代序言。谁也没有想到，这本书竟成了李迪先生的遗著！他给我说，他病愈后还要再写赞美人民警察的报告文学呢，还要再写最少两部长篇小说呢，故事都在脑子里装着呢！可惜，我们再也看不到他的新著新作了！愿永远的红衣少年李迪，愿永远像一团火一样热情、正直、豁达、重情重义的快乐老头儿李迪，愿我们这个时代真正的人民的好作家李迪，在天堂也会像现实生活中一样快乐！你的作品、你的精神将会继续温暖、鼓舞、激励着我们！

7月6日，《人民日报》刊发铁凝主席撰写的悼念李迪先生的文章——《一位无愧于时代和人民的作家》。铁凝主席称赞李迪先生是“时代的记录者，是人民的歌者”！铁凝主席在文中还写道：“新时代广大文艺工作者的根本道路，就是深入生活、扎根人民。在这条道路上，李迪为我们做出了榜样。”“他是习近平总书记关于文艺工作的重要论述所指明的道路的自觉、热情的践行者，他的生命和创作有力地感召和启迪着我们：无愧于时代、无愧于人民，就要把全部生命投入与时代同行的路上，把滚烫的心放进与人民同心的作品中，让这波澜壮阔的历史、这昂扬奋进的精神成为永世流传的中国故事。”斯人已去，精神永存！李迪的精神，就是我们应当学习的精神，就是鼓舞、激励我们奋进前行的不懈动力！

让我们记住，这个世界上曾经来过这样一个人，这样一位作家，这样一个好人，这样一位好作家，这样一位朋友尊重、读者喜爱的人民的好作家！

生为文学，死为文学！谨以下边这首六言诗献给为讲好新时代“中国故事”而付出生命的李迪先生，并以此悼念李迪先生！

惊闻迪兄仙行，顿如五雷轰顶。
忆起多年友谊，不禁泪眼蒙眬。
早年插队云南，复又参军从戎。
为人热情仗义，为文精益求精。
走遍大江南北，深入警营基层。
曾经三下深圳，曾经七赴丹东。
曾经五上永和，曾经六至锡城。
湖州扬州徐州，几度留下身影。

新疆西藏青海，足迹穿越九省。
采访十八洞村，不幸身染重病。
卧床奋笔疾书，扶贫绝章终成。
深挖创作源泉，找到生活之井。
捞起串串故事，赞美时代英雄。
文字简洁凝练，语言鲜活生动。
谋篇别出心裁，造就独特文风。
虽已年过古稀，坚持写作不停。
突然驾鹤西去，徒恨宏愿未竟。
文坛痛丧强将，众友悲失贤兄。
祈祷上苍有灵，让我迪兄苏醒。
祈祷上苍发善，还我快乐迪兄。
再见你的笑貌，再现你的音容。

（原载《啄木鸟》2020 年第 8 期）

李迪这老头儿

李国强

李迪是个重情义的人。他说，作为一个作家，他最大的追求就是做一个有情的人，做一些有情的事儿，写一些有情的作品。

李迪这老头儿我原来不认识，但他的大名早就听说过。

知道李迪是因为他是20世纪80年代轰动一时的侦探推理名作《傍晚敲门的女人》的作者。

去年夏天，他把其精心创作的长篇纪实文学《丹东看守所的故事》交由群众出版社出版。因为编辑此书的缘故，此间我与他通过几个电话，但直到此书出版，也一直没有见过面。

去年9月，赴丹东参加中国作协等单位主办的“作家定点深入生活现场座谈会暨《丹东看守所的故事》研讨会”时，才第一次见到他。会议期间，他跑前跑后、顾这忙那的，简直忘了他就是这次会议的“主角儿”。因此，他给我的第一印象是热情、豪爽、有亲和力、不摆架子，甚感此人可友、可交。

从丹东回来以后，还是因为创作上的事儿，我与李迪的接触逐渐多了起来，并对他有了更多的了解和认识。

李迪经常身着红色上衣、白色裤子，鼻梁上还老爱架着一副茶色眼镜，看上去煞是青春、煞是精神、煞是潇洒、煞是有着老顽童般的别样魅力。

李迪爱笑。啥时候见他，都是乐呵呵的、笑容满面，精神头儿十足，说起话来也是语速较快，声音洪亮，底气十足。

喜欢笑，脸上经常挂着灿烂的笑容，说明这个人心理年轻，心态健康、阳光，心地坦诚、率直、豁达。李迪从不装老练、玩深沉，从不故意摆出一副很有学问、世事洞明、高深莫测的样子，其实他是一个很有智慧、很有学养的老头儿。

李迪容易激动、容易动感情，时不时地就会掉下眼泪来。在丹东开研讨会的时候，当听到丹东看守所的副所长王晶发言时说道“李迪老师，这里就是你的家，你就是我们的亲人，我们都盼望你常回家看看”时，他又伤感了、动情了，眼泪止不住地又掉下来了。最后，等到要他发言时，他竟激动得连话都说不出来了，就坐在那儿不停地用纸巾擦拭眼泪，大家也都被他感动，静静地等着他发言。原本想多听他说几句创作经验和感受，没想到他站起来除向大家鞠躬以致谢意外，在自己的作品研讨会上，仅仅就说了这么两句话：“大家感动我更感动，我为大家感动，我对大家谢谢，我给大家鞠个躬！谢谢大家，谢谢！”这就是李迪——与众不同的李迪，真诚、纯粹的李迪！其时，我也在想，他的作品就摆在那里，他已经不需要再多说什么应景的、官样的话了，因为他的作品已经替他说话了。

李迪是个重情义的人。他说，作为一个作家，他最大的追求就是做一个有情的人，做一些有情的事儿，写一些有情的作品。虽然他平时很忙、事儿挺多，但只要朋友有事儿托他帮忙，他总是心甘情愿、乐于助之，且不厌其烦，不图回报，总想尽力把事儿办妥办好。前不久我想邀曾一起去丹东开会的文学圈儿的朋友聚一聚，把酒品茗，再叙友情，请他帮忙张罗。他二话没说，又是打电话，又是发短信，一一告之，一一落实。谁能来，谁不能来，为何不能来，为这事儿光短信就给我发了四五十通，忙得不亦乐乎。如此古道热肠，甚是令我感动，令诸位友人感佩。而如果别人帮他点儿什么忙，他又总是一口一个“谢谢”，谢个不停，心存感激。口中经常挂着“谢谢”的人，人缘儿一定很好，因此也就朋友多多，大家也都乐于与他相处、交往。

别看李迪这老头儿如今已是快奔七的人了，但他依然像年轻人一样充满活力和激情，走起路来一蹦一跳的，并且富有幽默感，时不时地会给大家讲个小笑话，或给朋友发个既有哲理又有趣味的段子来，以逗大家一乐。

尽管年轻的时候吃了不少苦，中年的时候也有诸多不顺，作了不少难，但李迪是个活得轻松、活得快乐的人，并且周遭的朋友、同人都知道他是一个快乐的好人。此等快乐源自哪里，源自他对生活的热爱，源自他对生他、养他的这片土地的热爱，源自他对文学、对艺术的热爱，源自他对作为个体的人的理解、信任、宽容，源自他对未来充满信心、充满希望。如此，经历过人生磨难、体味过世态炎凉的李迪，早已把功名看得薄如云烟，现在最能让他上心、投入的，也就是纯真至性的文字了。他已是一个智者，而智者已不再需要什么光环来为自己做装饰了。

（原载《光明日报》2012 年 8 月 10 日）

微风如面

——追怀李迪

高伟[1]

墓室合上的那一刻，我下意识地抬手看了一下表：13：31，2021年4月13日，魏老师选定的吉时。仙逝288天之后，李迪入土为安。

我在心里喃喃自语：再见了，我的迪兄！知交相送，自此揖别。从今后云天隔绝，生死茫茫，唯有梦里才能相见了。

天光晴朗，春风清拂，天寿山安宁肃穆。

一只黑白相间的山雀蓦地飞起，从我们头顶掠过。

恍惚间，我仿佛在满山的苍翠中看到了迪兄春风满面的笑脸。

---

① 高伟，《中国作家》杂志副主编。

我知道，他含笑走了。

……

算起来，我和李迪相交，已有三十年了。

1991年，也是4月，中国作家协会创联部、中华文学基金会和中国作家杂志社联合举办第一届红塔山笔会，邀约组织了一个豪华阵容的作家团。我当时年轻，作为中国作协创联部的工作人员负责相关联络组织工作，跑前跑后。

李迪那时好像刚从日本回来，衣品讲究，一身藏青色的风衣，白净的脸上永远是一副墨镜。他原是人民文学出版社的编辑，辞职去日本待了几年，参加此次活动算是重返文学队伍。云南是他度过了十年兵团知青和当兵生活的地方，留下难忘的青春和爱情，重回故地，他觉得一切都那么亲切，每天乐乐呵呵的。团里面汪曾祺汪老是中心，但李迪是最活跃的一个，一路上，他带来的笑声最多。此团多有云南情节者，某晚，我们一起去寻访往日旧迹。李迪站在他和高洪波当年一起生活和战斗过的大荒田旧址，双泪长流，激情缅怀过往的青春故事。他太能说了，一边啜泣，一边口吐华章，悲悲切切地讲了好大一段，让我们一干人老老实实地陪着落泪的同时，也都为李迪的“哭戏”功夫惊到了。到了瑞丽畹町，正赶上泼水节，李迪换上了黄黄绿绿的花衬衫，跟着傣族泼水舞的队伍学着跳，比比划划，其态可掬，显示出他热情、快活的天性，我戏称他“日本浪人”。至今挂于李迪家中的一幅汪老赠他的书法墨宝，幽默而真实地记录了那个时刻的李迪——上写八个大字“有镜藏眼，无地藏鼻”，下面一段小笔题款：“李迪眼有宿疾，滇西日照甚烈，乃戴墨镜。而其鼻准暴露在外，晒得艳若桃花。或有赞美其鼻者，李迪掩鼻俯首曰，无地自容，无地自容。席间，偶作谐语。李迪甚喜，以为是其滇西之行之形象概况，嘱为书之。一九九一年四月下旬汪曾祺记。”

那一年，李迪43岁，站在云南炙热的阳光下，花团锦簇，情致勃发，欢声笑语，有着一个盛年男人最好的样子。

我和李迪一见如故。我喜欢李迪身上那种热忱、开朗，遇事替人考虑的善良，虽然他长我很多，而且成名很早，但他没有一点儿架子，说话办事，满满的热络劲儿。我俩投缘，十五日夜走滇境，我们一直同住一屋，无话不谈，越聊越投机，说到开心处，嘎嘎地乐。自此哥儿俩结缘，成为一直来往的莫逆之交。

李迪热爱生活的态度，乐于助人的古道热肠，还有作为北京人的接地气，都令我这样一个居京生活的南方人欢喜，愿意亲近他。每当我为一件具体事情拿不定主意的时候，我常常会打电话咨询他，电话那边，他总是开口三分笑意："呵呵，你怎么着啊?"尾音总是拉得很长，口气里透着亲热，乐乐呵呵地帮你分析，出主意，常常是一通热聊，尽兴乃收。2014 年，我将从作协机关调至二级单位任职，面对重大抉择，我茫然无着，踌躇不前，难下决断，晚上 11 点多抓起电话，跟他讨教。他不慌不忙，一五一十地开始帮我分析、疏导。别看迪兄是体制外的自由作家，他对机关的那点儿事情门儿清，对具体的情况和人情世故也都拿捏得很到位。这一通电话，一直聊了三个小时（他开玩笑说他的这种参谋是"常青指路"）。无论如何，和他聊完之后，我总有一种慰藉流过心头。每次放下微热的电话，我都会留在他传递的快乐中兀自微笑。真正的友谊就是如此，它默默地存在着，在寻寻常常的来往中给你以支持和滋养。偌大的北京城，李迪的存在，让我温暖而心安。但我并不想在此用良师益友这样的陈词来套用我和李迪的友谊，因为李迪从不以长者自居，他的心比我还要年轻，充满活力，更多的时候我俩是亲密无间的哥们儿，是心意相通的兄弟。这么多年，我一直称他"迪兄"，甚至我也学着李迪的口吻，一口一个"小魏"、"小魏"地叫着李迪夫人魏老师，浑然不觉有何不妥，至今不改。

九十年代初，正值下海经商大潮，日本归来的李迪算是作家中的富人（我们称他"寓公"），自然不甘寂寞。记得笔会之后不久，李迪在地安门的服装店就开张了。中国作协当时在沙滩办公，离得也近，下了班我就过去看他。其时的李迪，忙着布置门面，招人、进货、应承客人，不亦乐乎，俨然一副北京倒爷发家致富的架势。我一半欣赏一半疑惑地看着忙碌的李迪，想：如此潇洒快活的迪兄，今后还会写出《傍晚敲门的女人》那样的作品吗——我哪里想得到，彼时爱着花衫的他，多年之后会成为永远的红衣李迪呢？现在想来，那是李迪创作的一段困顿期，他的内心其实是苦闷的，虽然他笑呵呵的。

迪兄的服装店没开太久就关门收摊了。从此他专心写作，也更加“靠拢组织”，积极参加作协的活动。第一届红塔山笔会之后，我和李迪又一起参加了第二届、第三届，以及后来无数个同行的文学活动。我在创联部工作，经常组织作家出外深入生活和采风，有合适机会我就会叫上他。迪兄的采风文章来得快，写得活，有他特有的语言风格，动情时催人泪下，俏皮处又令人忍俊不禁、开怀一笑，许多报纸都愿意用他的文章。与他同行，总会多出许多快乐，一路上我俩私下里总有说不完的话，逗不完的乐。

2009 年 11 月，中国作协和公安部监管局联合组织“中国作家进警营系列活动之走进公安监管场所”，我把迪兄叫上了，他一向对公安、法治题材情有独钟，自然开心有这个机会。果然，他一下子就抓住了丹东看守所这个素材，回来之后，他又独自数次重返丹东补充采访，创造了七下丹东看守所的佳话，写出了长篇报告文学《丹东看守所的故事》（后来改编成 30 集电视连续剧《看守所的故事》）。一团作家，独他出了一个有分量的作品，抱了个大金娃娃。2011 年 9 月，中国作协创联部、全国公安文联等在丹东举办“作家李迪定点深入生活现场座谈会”，高洪波、阎晶明、张策等许多重量级嘉宾到场，我借着迪兄的抬举成为那次会议的主持人。迪兄有一种本事，总能通过他的深入生活，很快和他采访所在地的上上下下打成一片。他的这次采访写作，深得上至公安部监管局领导，下至看守所普通民警的尊敬和喜爱，在丹东的那几天，我们一直被周围民警的热情包裹着，亲眼见证了迪兄与他们水乳交融、亲如一家的关系。

自那之后，迪兄一下子找到了感觉，似乎更加自觉地深入生活，注意从生活中寻找创作素材和灵感。创作上也明显火力全开，像《追捕始于新婚之夜》、《你可知道，那草帽现在何方》等作品都是此时陆续推出的。看到迪兄重新找回状态，我为他开心，开玩笑说他是“铁树开花”，他则嘿嘿地笑而不语，我知道，他会暗地里加油的。

作为好友，我总是迪兄创作第一时间的分享者。每次迪兄发来他的新作时，我都分明感到他在等待着我的回应，一俟我写了感受回过去，他立马热切地回复，享受着一种灵魂契合的欢愉。当然，有时他也很在意我的意见，从善如流。

2013年秋天，他写了一个以真实人物为原型的长篇小说，在电话里把创作缘起说了一遍。这是迪兄在理发时从发廊女老板那里听来的故事，讲述的是一个叫菊儿的女人曲折命运的成长史。小说我读了，哭得稀里哗啦的，迪兄笔下的煽情本事再次让我折服。但我对小说的题目《我的眼泪为谁飞》不以为然，觉得流俗。不想这随口一说的话，竟让迪兄记住了。忽一日，我在恩施出差，正在汽车上，接迪兄电话，说：“你不是说那篇小说的题目不满意吗，正好想趁出书换个题目，我这会儿在作家出版社这儿，正定封面呢，你抓紧想一个，有好的马上发过来，赶紧的！”我的天呐，这叫一个急啊。山路颠簸，我忽然就有了，马上抓手机。刚一发出，迪兄那边的回复就过来了：“好！！！”快得让我难以置信，这即后来颇受大家好评的书名：《花自飘零》。

日子在不知不觉中流淌。当初参加第一届红塔山笔会的人，陆续有人谢世了，先是1995年冯牧走了，高洪波领着迪兄和我编辑怀念冯牧的文集《远行的冯牧》；其后是1997年汪老去世，再后边是陆星儿、凌力、李瑛。岁月远去，慢慢地我听到周边有人把迪兄称为“迪老”了。我知道，已经到了该我等“讲古”的时间了。好像是从丹东开始，李迪开始了属于他自己的着装标配：永远的白裤红衣。白是乳白，红是鲜红，最正的那种红，极吻合迪兄热情似火的性格。脸上还是墨镜。虽然他自称“红衣老头儿”，却是另一种潇洒。

进入“红衣时代”的迪兄看上去更自信和放达，人变得更加乐呵，笑声更加敞亮，人也慈眉善目的，虽然走路有点儿碎步，腰有点儿哈，但精神头特别足，吃得香，睡得着，餐桌上但凡有汤，永远是他笑哈哈地最后包圆，乐以“汤王”自娱。实在累了，随意找一个旮旯就能来一觉。更有一绝，迪兄俯卧撑一气能做七八十个！不是亲见，我都不敢相信。

进入微信时代，我和迪兄的电话少了，但平常的联络和分享更密了，彼此有什么好玩的段子，或者有了什么感受，无论荤素高低，嬉笑怒骂，不用思量，第一个转发的永远是迪兄，因为不会有任何误读的顾忌，不会担心他看不懂、跟不上，而迪兄的回复也永远是最快、最精准、最给力的，带着他鲜明的情感倾向。无论是什么话题，但凡经过了我俩的同频共振，那种认知就会更加酣畅，情感的波澜也会双倍激荡。

迪兄属鼠，天性灵动勤奋，做事情用心而投入，操心劳碌。有了微信，迪兄跟这个世界联系更紧密了。迪兄发微信的样子很可爱，他用五笔输入，拇指用力而快速地按键，状似发电报，迅捷而投入，脸上适时配以相应的表情，嘴里还念念叨叨。显然，他在借助小小的手机，将他火一般的激情，传递到无边的远方，紧密地跟这个世界交换着信息，拉近着他与朋友和读者的距离。最近几年，喜爱他作品的朋友越来越多，邀约他去各地采风创作、讲课的机会也越来越多。勤奋的红衣李迪，明显地加快了他的步伐，仗着身体好，他不辞劳苦，东奔西走，常常在微信朋友圈里快乐地分享他的行踪和感受，开口一句必是：我的好朋友们……

2016 年 5 月，根据他的短篇报告文学《004 号水井房》改编的电影《水滴之梦》首映，迪兄把我们这些好朋友都叫去了。好久没有看国内的电影了，但这部情节简单的片子，硬是看得我落了泪。影片结束，全场观众起立，长时间鼓掌，既是为导演、演员，但其实更是为影片中弥漫着的来自迪兄浓浓的人文情怀而感动。

迪兄越来越火了。

他的一系列纪实作品和小说陆续推出，如《警官王快乐》、《铁军 · 亲人》、《社区民警是怎样炼成的》、《英雄时代——深圳警察故事》、《加油站的故事》、《黑案》、《新华书店》、《宣传队》、《永和人家的故事》，等等。

迪兄进入了他创作的巅峰时期。

这是独属于他的“李迪现象”——深入生活，带来创作的丰收。

迪兄在谈自己创作经验的创作谈里说：“生活是一口井。找到井，有水喝。”大白话，也是实话，是他这么多年深入生活和创作的心得。

2019 年 7 月 27 日，迪兄从山西永和发来微信：“伟座（年岁渐长，尤其 2014 年我到《中国作家》后，迪兄即以此昵称叫我），周末快乐！（三个拥抱表情）我给你来个永和叫卖！”（接着是两个迪兄学当地人叫卖馍馍和油糕的语音）。从迪兄意趣盎然的声音里，你能感受到迪兄的充实和快乐。

我回：“哈哈哈！天儿热，想到此刻黄河水边的迪兄，依然如此好兴致的样子，禁不住哈哈大笑，消去身上许多的暑热。”

迪兄回我六个拥抱、六个龇牙。

我又回：想起一句老话——革命者永远是年轻！（大拇指、鲜花）

2019 年 10 月 16 日的《人民日报》上刊发了迪兄写的《生活无穷尽，故事写不完》。他在文章里说：“永和的路还没有走完，中国作家协会与国务院扶贫办共同开展的‘脱贫攻坚题材报告文学创作工程’，又向我发出召唤，下一个目标：十八洞村！”此时的迪兄，兴头正好，壮志满怀，仿佛有使不完的劲儿。我在《他在大海打鱼忙》的文中为他喝彩：“如果说生活是一片海，迪兄就是那驾船远航的渔民，清波碧浪风光好，他在海上打鱼忙。”

对于即将迎来七十二岁本命年的迪兄来说，一切仿佛刚刚开始。是的，后边的岁月里，还有好多好多的题材在等着他去发掘、书写，还有好多好多地方的风景、美食在等着他去领略，还有好多好多新的友情等着他去拥抱，他还有好多好多温暖人心、让人落泪或者捧腹大笑的作品要奉献给他的读者和朋友们。

但命运之手让这一切都停止了。

2019 年 11 月 22 日早上 7：30，迪兄从南宁发来短信，说他在南宁讲课，是从十八洞村直飞过来的。又说十八洞村他已经采访完了，回京后马上开始写，十八个故事，力争写好。我很欣赏他这种结构文章的思路："十八洞，十八个故事，太棒了！"迪兄回信："再谢我伟座！我总是从你这里得到力量和鼓舞！"

12月9日夜里11点多，迪兄短信："伟座，我腰椎间盘突发，临时退了海南论坛的机票。在家静养。"我觉得他可能是太累了，劝他好好休息。迪兄从2018年起，为写作《加油站的故事》，以七十高龄连续行走四川、青海、西藏等边疆九省区，从夏始，至秋冬。刚完事，他又马不停蹄地行走在九曲十八弯的黄河边，走进了山西永和，之后五下永和。还没来得及从永和人家的故事中完全抽身，他又踏上了十八洞村脱贫攻坚的故事创作了。他一定是累着了。

19日迪兄又短信告我："十多天了，一直在床平躺。腰疼。查了片子。右侧水肿。椎骨无问题。只能躺着休息。有明显好转。"至此，我也并没有感到有何异样。新冠疫情来了，各自居家不出，我们一直没断了短信聊天。大年初一，我们相互拜年，我知道庚子年是他的本命年，祝他本命年吉祥顺意，他告诉我，已经从里到外都换了红衣服了。

4月4号，他来短信："十八洞村故事首篇。老友得闲批评！"随后发来那篇《就是悬崖我也要跳》。

13号他发来一段二百人合唱阿卡贝拉的视频《你鼓舞了我》，告诉我说：我几乎听一遍，流泪一次。管不住眼泪。我则回发给他一个意大利歌手、音乐家法奇内蒂新近创作的抗疫歌曲《你会重生，我也一样》，并说，在当前全球抗疫的背景下，这首歌有一种宽广的人性光芒！迪兄回："边哭边听，哭了再听！"我心里有点儿诧异，今日的迪兄为何如此脆弱啊？我回他：岁月愈老，心却愈柔软。迪兄发来五个"拥抱"。

这之后的日子，迪兄又不断给我发来他陆续写出的十八洞的故事新篇章，我们依旧顺着时间的热点扯着闲篇。

5月20号下午，他突然短信："伟座，我住301了！终于带出其他病。住院主治急性肾炎。这次湘西采访身体受伤严重！但伟座，你放心！有你的爱，有301，我会好起来的！”接着又补一句：“《中国作家》如果有创作计划，你一定给我留一亩二分地啊！”我一下子就有些着急，回他：“怎么一下子就上了急症！这几个月出来这么多毛病。一直在心里说迪兄永远不老的！心疼我的迪兄！”

随后他发来三段语音：

伟座，是这样的，因为采访，（天气）高寒，阴雨连绵，最后我（因为）受寒，得了这个腰椎间盘突出滑脱，最后呢，在医生的劝说下躺了五个月，腰终于躺好一些了，但是呢，你看在床上躺五个月，哪还有胃口吃饭呢。吃什么也不香，看见什么也不想吃，这样的话呢，就引起了强烈的供血不足，人整个瘦下来了。所以呢，血液对肾，对心（脏），供血都不足了，所以呢，就带出了急性肾炎啊。这是一个最严重的病，如果不把它及时治好，成了慢性的，那，整个人的生活质量就彻底没有了，也失去尊严了。每天或者每个月都要去做透析或者等待换肾，那人活着还有什么意思啊？谢谢你心疼我，我的伟座，我知道你会心疼我。

迪兄说话的声音有点儿弱，语气悲戚，拖腔里有极力压抑的啜泣。

我这才知道，原来迪兄卧床休息的这几个月，绝不是他在微信里表现得那么轻松。

迪兄的身体出问题了。

然而我相信一切都会好起来的，迪兄是多么坚强的人啊，当年他因为眼疾，曾经往眼睛里注射过药水，我听他说的时候都心里发紧，他却云淡风轻地说没事，呵呵。我的迪兄什么风浪没见过，这一次他也一定能闯过去。我劝他好好治病，有事情随时联系我。

5月21日下午15：20，迪兄又发来一段语音：“伟座，伟座，我的病情最终有了诊断，是我的心脏出了问题，有一个瓣膜坏了，需要上手术换一个瓣膜，所以我的病情实际上是加重了。但是相信301医院，相信现代医学科学。我现在已经从内科转到外科，随时准备做手术。有你的心疼，一定手术成功。”

我赶紧给他回，极力宽慰他：“黑暗时刻，迪兄要坚强勇敢，相信自己，相信 301（这对他们来说是一个小小不言的手术）。北京刚才在下雷阵雨，天黑成了夜晚。但一切都会好起来的，就像此刻暴风雨过后的北京，更加清新安详美好！加油，我的迪兄！”

迪兄回：“我的伟座！永远的伟！”

24 号中午 12：35 分，迪兄发来他在 301 医院的一张照片，他在病床边坐着，穿着病号服，左手在挂吊瓶，右手撑着椅子的扶手，人瘦多了，是我从来没见过的那种孱弱的样子，但眼睛还是很有精神的，眼神澄明、祥和地看着我，仿佛有一种异乎寻常的超然。我知道，迪兄是要强的，什么时候他都会把自己收拾得利利落落的，哪怕在病中他都不允许自己形象邋遢。看到了他的样子，我倒觉得放心了许多。

我安慰他：“瘦多了，但精神头儿还不错，省得减肥了。”

迪兄发来语音，我点开贴近了听，耳边传来迪兄有点儿含混不清、却如宣誓般短促而铿锵的声音：“面对死亡，视死如归！”

我有点儿心惊，怪他言重了，便故作轻松地回他：“别喊口号了，哪跟哪儿啊！”

迪兄发来五块“西瓜”、五个“呲牙”。

后边我再说什么，他都笑而不语，只是一长串的“握手”和“爱心”。

我没想到，这短短的八个字，竟是他留给我的最后的声音！

这之后，我给他发短信就一直没有他的回复。我猜他一定是开始手术了。或者，手术后不方便用手机了。我知道魏老师这段时间一定特别忙乱，我不愿打搅她，更确切地说，我是不敢打这个电话，我宁愿默默地在心里祈祷，但愿一切都会过去，迪兄健康归来。我在心心念念的等待中时不时地给李迪的手机发短信，问他怎么样了，一切都好吧？

6 月 16 号晚上 7 点，终于李迪的手机给我短信了，是魏老师发来的：“高伟您好！李迪手术很成功。术后一关一关过，前天药物过敏，全身肿胀休克抢救，现在还在病危之中，关键这几天能否救过来。但是大夫说救过来的几率很小！”

魏老师的这后两句话像子弹一样击中了我。我的天！李迪救过来的几率很小?！我的心一下子沉到底，心跳加速，头皮发麻。怎么会，怎么会这样！我立时急切地想去医院探望，但小魏说疫情期间不让进，看不到。连她也没看到！

祈愿瞬间成空。命运之神仿佛突然翻脸，一下子偷换了迪兄的生死牌。残酷的气息扑面而来。

人欲哭，却无泪。心沉重得透不过气来。

20日晚，魏老师发来15段语音，告知李迪病情有转机。

25日，端午节。晚上八点多，魏老师来短信，说李迪的过敏消退，而且跟他说话也有反应了，说他明显点点头，随后又睡去了。我反复看着短信，心里说：迪兄啊，你可吓坏我们了，你快点儿满血归来吧，朋友们要为你庆祝劫后余生，开怀畅饮一场，不醉不归啊！

就在朋友们为李迪的转机一片欢欣之时，命运之神又突然变脸，迪兄的病情急转直下。一直在上的抗生素已经对他不起作用了。医院动员家人不再做无谓的抢救了。6月29日上午9：43分，突接魏老师短信：高伟，李迪现在正在停止心跳，具体时间待定。我一下子懵了，不敢相信这是真的，久久地面对这条短信，写不了一个字。只有无尽的绝望铺满屏幕。

朋友圈里一片伤痛。李迪去世的讣告已经赫然在眼。微信群里铺天盖地的哀悼从四边八方迅速地奔涌而来。一上午手机里就被无数条朋友们的短信塞满了。直到这个时候，我还沉浸在巨大的震惊中缓不过来。大脑一片空白，一个声音嗡嗡作响：迪兄走了！迪兄走了！那么活生生的一个人，那么健朗乐观的一个人，他怎么会走呢?！

7月1号，是李迪火化的日子，出殡时间定在早晨6：30。我5点钟出门，打车去301医院。因为疫情的缘故，301医院不允许搞遗体告别仪式，一切从简。因此许多想来送别的朋友们都来不了。我跟魏老师说，无论怎样，我必须去送李迪，不然，我不会相信他真的走了！

早晨5点多的北京，明亮而安静。因为要早起，我几乎一夜无眠，脑袋既混乱又清醒。坐在急驰的出租车上，往日许多和迪兄一起赶早出差的情景浮现在眼前。这些年我们曾一起走过内蒙古八千里边防线，走过云南、贵州、四川，还有其他地方的山山水水。每次一起出差，无论是坐高铁还是飞机，永远是迪兄先到，永远是他早早地就开始频繁招呼："到哪儿啦？呵呵，没事儿，等你！"此刻，我又在赶往与迪兄见面的路上，但这是一场怎样的相见啊！音容宛在，但前方再也没有笑意吟吟的迪兄在呼唤我了。多么希望好玩爱闹的迪兄能够笑眯眯地坐起来，说一句"逗你玩"，然后哈哈大笑地重回朋友们的怀抱啊。但现实残忍得不敢直视，死亡把过去所有一起走过的日子，就此成为凭吊的旧时光，此刻的迪兄与我已经阴阳相隔，留下永远冰冷的沉默。心中伤痛，悲从中来，眼泪模糊了我的镜片……

是夜，月色格外清亮，我感到一种四下空旷的寂寥，辗转难眠。我悲凉地写道：今夜再无李迪与我们同在！

失魂落魄的空落笼罩着我，我在巨大的震惊和伤痛之中透不过气来。真正的好朋友，就是这样：他活着的时候，你并不觉得他的存在，就像空气，他就在那里，随时与你呼吸与共。而当他离去，你就会觉出他在你生活中的位置，你的前面出现一个巨大的黑洞。没想到从来给朋友们以热情和快乐的迪兄，却以如此悲苦的结局遽然离去！我的世界一下子空了。而我知道，更深的悲痛会在今后的某一个瞬间，从我心里以为平复了的伤口涌出来。

傍晚的时候，小迪来短信，说要在家中设灵堂，让我想一句挽联写上去。我说一句什么？我该说什么，我能说什么？迪兄啊，不是要一起快乐终老的吗，怎么这么快就轮到给你写挽联了呢，这太魔幻、太不真实了吧！千言万语，只作一句长叹罢："兄去后，此生悲喜再与何人诉说！"这一句不像挽联的挽联，正是我此刻泣血的哭号，锥心之痛，夫更何言！

李迪是生活的强者，永远乐观积极，从不轻易向困难示弱，哪怕在好朋友面前也只愿意展现他潇洒快乐的一面。我是在后来魏老师的哭诉中，才知道了他是如何艰难度过生命中最后的时光的。那正是我们因为疫情宅居在家、我和迪兄短信里扯着闲篇儿的那几个月。

其实那时迪兄已经因为腰痛卧床太久，身体状态很不好了。但他惦记着《十八洞村的十八个故事》的交稿进度，日夜兼程地看东西、写稿子。每天要由魏老师艰难地扶起来，蹒跚地挪到电脑桌前。看他在床上读东西不方便，魏老师便在床上给他支了一个可以放书或者手机的架子，他看累了，睡一会儿，醒来又看。“从来没见过他写得这么艰难。”魏老师说，老李，咱不写了，太难了！李迪急恼地说，你不懂，6月份就要出书了，咱答应了，就得讲信用，咱们做人不能言而无信。到了5月，临近住院之前，他的体力已然支撑不下去了，他依然不管不顾在竭尽全力地润色、改稿，当我听到李迪因为自己数错了篇数、着急时间来不及而哭了的时候，我的眼泪一下子就流出来了。迪兄，大难临头，在生与死，保全性命与兑现承诺之间，你竟毅然作出了把危险留给自己的选择，就像那篇文章的题目《就是悬崖我也要跳》！当你在电脑桌前坐不住、用枕头顶着自己坚持写下去的时候，已经置自己的生死于度外了吗？你我相识几十年，我真的敢说完全了解你吗？迪兄啊！

现在想来，迪兄入院之后在微信上留给我的那些话和“表情”，其实就是在跟我做最后的告别。而最让我难过的是，我居然事先一点儿没有嗅到危险的征兆，没有发觉死神已经悄悄地来到他的身边想要带走他。我甚至好久没有看到他了，也忘了跟他通电话，虽然我们同处一个城市，虽然我们一直在微信里“说话”。我总以为那是迪兄必然会度过的一场劫难而已，而他必定会重回那个健壮和充满活力的红衣李迪。我们还有许许多多的时光要一起度过。

我多么怀念我们曾一起哈哈大笑的日子啊！想到迪兄乐不可支时笑得流下口水的样子，我就眼含热泪地微笑。

李迪远行，形去而影在。微风拂来，他的音容笑貌栩栩如生，如在眼前。

静谧的夏夜天空，我看见一颗明亮的星星隐约闪烁。

是你吗，迪兄，到哪儿了？

迟交给迪兄的“文债”

张亚丽[①]

初见迪兄是在一次晚宴上。刚到楼下，就见到一位红衣墨镜的老者一团火地迎来，亲热劲儿宛如自家大哥，一下子消除了我在宾客多的饭局中惯常的紧张感，自在快乐如赴家宴。这场“家宴”来宾基本上是曾任或现任京城各报刊社的编辑们，老中青俱有，欢乐的大家建了个群，推举迪兄为群主。因为“家宴”以人人爱吃的皮薄馅大的包子为主，我们微信群即取名“包子帮”。

迪兄是一个热心负责的群主，是群里的灵魂人物，群里人的大小事他都操心备至。群里不管

① 张亚丽，作家出版社总编辑。

何时、不管何事，不管谁发言，都能及时得到他热情幽默的回应，只要他能帮上忙的，他一定百分百地热情去帮。他喜欢发“相亲相爱一家人”那个表情图，一群小朋友手拉手快乐地转圈跳舞，让我乐而忘忧，感到真的置身于温暖的大家庭之中。记得某冬日周末的一次聚会，路盲又爱走神的我晃晃悠悠从京东开到京西，花了两个小时，汽油没了，手机电池也快没电了，路边停车还被贴了罚单……走到楼下，仍是迪兄宽厚热情的微笑，他一路问询、叮嘱、指挥，饭后怕我找不到附近的加油站，亲自带我去，劝都劝不住。

而我和迪兄交集最多的是关于猫和花。群里不少人爱猫爱狗，迪兄尤爱猫，除养了几只家猫，小院里还管着几只流浪猫，经常发或逗趣或感人的照片到群里。我则从小爱猫，见猫忘忧，但自从上学离家后就再没机会养。前几年终于收了一只像黑白花奶牛的小猫，取名张小咪，它真的就如聪明的孩子一样可爱，善解人意。但有一天，调皮好奇的张小咪趁人不注意溜出去了，等天黑还没回来，我开始着急，发群里求救。各位亲们各种分析各种主意，尤其迪兄以其多年猫奴的经验坚定地判断——“张小咪一定会回来!”给了我莫大的信心和安慰。果然第二天一早，小小的身影已然蹲在门口，灰头土脸的，看样子一夜又冷又饿，受了不少委屈。得知消息的迪兄马上细心地嘱咐我，千万不要训斥，要抱抱，给点儿好吃的安抚安抚。啊？犯了错还给这待遇？“是的，一定不能打骂，要让它感到家的温暖!”好吧，我相信迪兄。所以，在爱心满满的迪兄的庇护下，张小咪在家里更是无忧无虑，快乐无比。

迪兄还是种花能手，经常传授园艺经验，二月兰、鸢尾花、紫罗兰……尤其爱牡丹，几次下洛阳采访牡丹种植能手小毛，文章登上了《人民日报》，影响很大。每到4月看到迪兄小院的牡丹美色，惹得我也想种几棵。热心的迪兄马上回应，不顾我多次阻拦，一定要亲自跑到洛阳帮我挑选。清早高铁去，傍晚高铁回，如何种植，注意事项，细细叮咛……本说好今年4月花开，迪兄带领包亲们过来赏花饮酒，不想整个冬春迪兄都因腰疾卧床。5月我整理书架，请司机送给爱书的迪兄一箱文学图书并治疗腰疾的护腰药物等，司机回来说迪兄已能下地走路，我很是欣慰，以为随着天气转暖，迪兄的病终于要好起来了。可是5月底却传来迪兄住进301医院的消息，不是因为纠缠不休的腰疾，而是因为严重的心脏问题。手术前的一天晚上，迪兄突然打电话给我，问有两棵牡丹没有开花的事，我当时很奇怪，因为4月迪兄已经向小毛问清楚了原因，并将对话截图转给了我，怎么现在突然又问起了这个？我连忙把截图又转回他，并请他少操心少说话，包帮的亲们都在等着他早日康复再欢聚呢。结果后面就再没有收到他的回应，这可不是他的风格。后来我了解到，术前他给很多朋友打了电话，大大小小的事问了个遍。他一定有所预感，靠谱守约负责任的迪兄还有多少世间事放不下啊！我窗前这珍贵的牡丹花苗，我该如何去面对你啊！

迪兄6月1日手术，7月1日告别，都是贴合迪兄性情的大日子。其间包亲们每天心情大起大落，如同过山车。先是手术很成功，后是发生感染、救治无望、准备后事，再是有一线希望、一天天转机，一天一个样，大家每天祈祷，翘首盼望更好的消息，相信奇迹一定会发生。是呀，迪兄这样顽强的生命力，历经坎坷却越活越坚定、越活越红火的作家本就是创造奇迹的！这些年他完成了多少年轻作家都没能力没体力完成的大作呀，谁都不相信活力四射、正在创作顶峰的迪兄真的会撒手离开这他无限热爱的文学和生活。记得包亲鑫兄曾说："我真希望以后的日子里，我们能和他一起讲起大家为他写讣告的事，那他和大家该会多开心。"这个愿景让我多么地期待啊！

可是，迪兄终是不回了……

铁凝主席深情撰文追思他，称赞道：李迪是一位无愧于时代和人民的作家。我们包子帮的十几位作家、编辑哀送的挽联上写的是：红迪帅迪亲迪，迪兄迪老迪亲，你永远活在我们心中！

我是一个手特别懒的人，许多事情、想法都是随风而散。记得前年迪兄要为包子帮主编一本散文集，让大家写一写关于编辑的故事。群里发号召后，本都是写作高手的包亲们很快集齐了稿子，只剩三两个落后分子，其中便有我。迪兄拿出长兄的威仪几番电话“严令”，而我懒散惯了，终于还是辜负了迪兄，没能如他愿。如今迪兄西去，包亲大雨兄、国强兄辛苦操持，发起编辑《怀念李迪》文集事宜，我一定要表达心意，写一点儿不成文的句子。善良快乐的迪兄，会笑纳我这个又懒又笨的包亲迟迟交上的“文债”吧。

迪兄安息！

红衣李迪，追梦文学而去

颜慧[1]

转眼李迪老师走了已有半年多，可打开电脑写他，依然觉得千言万语千头万绪不知从何说起。

与李迪年龄相差较多，当算忘年交吧。不管什么时候见到，他总是精神抖擞，比年轻人都有活力，有次干脆跟着《北京日报》的李培禹老师称呼他迪兄，李迪听了哈哈大笑说以后就这么叫吧，把我叫年轻了。于是就这么叫了下来。李迪喜欢着红衣，夏天红 T 恤、红衬衣，冬天红棉袄、红羽绒，眼睛因受虹膜炎困扰而戴棕色眼镜，远远走来像团火。长久以来，这种穿戴已成

① 颜慧，作家出版社副总编辑。

为迪兄的风格与标志，所以我们有时也会戏称他为红迪或红衣少年。

李迪给人的感觉是永远对生活充满浓烈的爱，对朋友热情温暖，不管什么场合，只要他在，保准老远就能听到他的洪钟大嗓门儿和中气十足的爽朗笑声。无论对人还是对小动物，他都是菩萨心肠；他悲天悯人又爱憎分明，痛恨世间一切丑恶丑陋，叹世上一切不平不公。

他喜欢小动物，尤爱猫。他家有个小院，院里搭了猫窝，常年盘踞着十几只曾经的流浪猫。每只他都能叫上名字，每只来龙去脉都能讲个精彩故事。不仅如此，他和同样菩萨心肠的老伴魏老师还喂着小区里其他流浪猫，我们很多话题都因此而起。我养的第一只猫是只快饿死的小流浪猫，捡回时也就两三个月大，根本不知怎么处置，全靠迪兄遥控指导。

记得 2003 年“非典”，有谣传说猫狗会传染，于是很多宠物被扔掉，甚至被人狠心从高楼抛下。有次他打电话时提到那些无辜被“处理”的猫狗，泣不成声。他说，那时给流浪猫放食加水都被人恶语相向，只能夜里偷偷去喂，为什么要那么狠，这世界不光是人类的呀……

迪兄不只在生活中非常感性和情绪化，写作时更是如此。为了笔下人物的命运，写到情到深处，有时兴奋不已，有时默默流泪甚至号啕大哭。

深入生活，打出深井

2009 年 11 月，李迪参加了中国作协、公安部监所管理局组织的“中国作家走进公安监管场所”采访活动，那是新中国成立以来第一次组织作家走进公安监管场所，丹东看守所是活动的第二站。彼时我还在《文艺报》工作，因对他的采访真正跟他熟悉起来，更被这个红衣老汉对写作的热爱、坚守与执着深深打动。

初到丹东看守所，李迪原本打算写出一个有关罪与罚的小说。

在看守所这个特殊场所，一幕幕鲜为人知的生离死别、爱恨情仇不断上演，可说是写作的绝好素材。经过一段时间深入生活，他被那些波澜起伏的故事吸引，更被干警们长年累月的生命透支及人性光辉感动，他决心以报告文学方式真实记录下所见所想。此后两年多，年过花甲的李迪先后七赴丹东体验生活。

为了真正深入体验干警们与在押人员的真实生活，李迪申请在看守所住下来，小屋隔壁当真睡着犯人，屋外风光同样被铁窗分割。那里破旧、漏雨、阴暗、潮湿，他每天跟服刑人员共用脸池、便所，一日三餐乐乐呵呵混在警察堆里，他们吃什么他就吃什么。为收集素材，他抓紧一切机会跟警察们交谈：在饭桌和饭后小遛，在号筒值班室和夜班睡觉的小屋，在提审室和 138 米长的巡视道上，在犯人的病房和押着嫌犯外出的警车中……甚至不放过干警们在水房洗衣服的机会，他们聊什么他也跟着“瞎掺和”。看守所条件差，一开始大家认为李迪肯定坚持不了几天，没想到他与看守所民警同吃同住同值班七个多月，两个春节和一个“五一”都在看守所度过。慢慢地，看守所干警们从心里接纳了他，称呼从“李作家”、“李老师”变成“老李”、“李老汉”。每天不用他要求，就会有警察主动说：“老李，我今晚值班，你来吧，咱俩敞开聊。”

住在看守所，不但拉近了与警察的距离，跟在押人员谈话也方便。每天早上 8 点，干警们一上班便能看见李迪站在门口，催着他们提嫌犯谈话。他或与嫌犯在办公室单聊，或走进监号席地而坐，或放风时和他们一起晒太阳。白天谈，晚上也谈。在押人员看李迪每天跟他们在一起，谁也不把他当外人，每人都有说不完的悔诉不尽的悲，割不断的情流不干的泪。李迪倾听，也跟着落泪，这其中有多少警世故事啊！有时谈话到深夜，李迪一个人缩着脖子回小屋，路过带电网的高墙，居高临下的哨兵会突然拿探照灯照他。守卫看守所的武警跟警察是两个部门，不认识李迪。他忙喊：别开枪，我是好人！时间长了，武警们也认识了这个常常勾腰走夜路的老头儿。夜里他们还是打探照灯，不是照李迪，而是给他照亮前方的路。

在丹东看守所期间，李迪积累了五大本文字、几百张照片及大量采访录音。采访创作过程中，他帮看守所写通讯、做文学培训，和服刑人员促膝谈心，分担他们的苦恼与忧愁，给予他们应有的尊重。时间长了，大家认可李迪这个朋友，抢着帮他洗衣服，在他离开时送他到最后一道大门……一个又一个不眠之夜，李迪最终完成了近 30 万字的报告文学《丹东看守所的故事》。

聊天聊出的故事

2012 年初秋，应新疆的塔里木油田邀请，我和李迪、张策、李培禹、胡月、萧立军、朱竞等友人组成小型作家采风团，在新疆作家李佩红的陪同下去南疆采风。一路上欢声笑语不断，我也见识了李迪老师时刻以一个作家的敏感敏锐，对生活观察的细致入微与独到深刻。他喜欢跟人聊天，不管熟悉还是陌生，不管对方能说会道还是羞怯内向，他都能用自己的善解人意和真挚诚恳让人产生信任，让场面轻松起来。他的很多写作题材就是在这种跟人聊天中产生的，比如他在小区附近一个小理发店理发，跟老板娘聊天时，对她的人生经历唏嘘感慨，在经得同意后，进行了长达一年多的跟踪采访，最终写下长篇小说《我的眼泪为谁飞》。作品从女主人公陆菊儿的个人视角出发，以十足的京腔京韵京味儿，讲述了一个敢爱敢恨、爽直善良的北京大妞半个世纪的风雨人生路。主人公的命运高开低走，却始终清醒自持、奋起勃发，从不甘愿随波逐流。作品叩击人的心灵，引发出很多关于情感与人性、困厄与奋斗、时代与抉择的人生思考。

在写《十八洞村的十八个故事》时，他连续几天去找独居山顶，从不接受任何采访也极少跟人说话的杨进昌。见到他，杨进昌很不客气地问你是谁，你想干什么？李迪没有回答是作家，是来写十八洞村的，而是说，我以前是当兵的，当过八年兵。果然，一下拉近了跟杨进昌的距离。杨进昌说，没想到啊，我才当了不到五年，才是你的一半。话匣子就此打开，于是有了那篇《一个淡定的电影故事原型》。

在南疆横穿塔克拉玛干沙漠途中休息时，李迪看到一只白色小哈巴狗，跟着小狗见到了它的主人——多年坚守在沙漠，守护004号滴灌水井和流动公路的农民工邓师傅夫妇。我们都在欣赏沙漠风景看胡杨林的时候，李迪在邓师傅家坐下来和他们聊家常，听他们讲在沙漠的点点滴滴……后来他告诉我们，那只白色的小狗是邓师傅夫妇收养的流浪狗，取名“小沙漠”。小沙漠非常懂事通人性，邓师傅夫妇把它当孩子看待，在孤寂隔绝的生活中给了他们极大的慰藉。聊天时，小沙漠一直舔着李迪的手，走的时候他对小沙漠说，你一定是馋了想吃肉，下次再来一定要给你带火腿肠吃。

一个月后，我接到李迪老师的电话，他用惯常的大嗓门儿兴奋地说，你猜我在哪儿？不等我回答，他说，我又到南疆来了，我给小沙漠带了一大箱火腿肠！就这样，李迪几度深入塔克拉玛干，将邓师傅夫妇和小沙漠的故事写成报告文学《004号水井房》。刚一收笔他就兴冲冲地打来电话：“‘天还不亮，小沙漠就叫醒了大沙漠，也叫醒了邓师傅。’你听听我这篇开头怎么样，好不好?!”好，真好！我由衷地回答。电话那头，他爽朗地笑了。他声音低下来又说，不过有件事还是要告诉你，其实小沙漠丢了，就在咱们那次走后不久，几个旅游的人把小沙漠偷走了。你肯定会难过，所以上次没告诉你，不过我在文章结尾写到了，你在报纸上会看到。

这就是李迪，我知道他更难过，为邓师傅夫妇，也为小沙漠的命运。如果不是将小沙漠的事情写了出来，他可能会一直让我以为小沙漠依然跟着老邓夫妇，天不亮就叫醒大沙漠，过着无忧无虑的幸福生活。

《004号水井房》发表在《北京日报》，作品生动鲜活，将邓师傅一家坚守沙漠的故事写得感人至深，获得第23届中国新闻奖报纸副刊作品评选金奖，后来又被改编拍摄成电影《极致水滴》。

不能割舍的警察情结

李迪的成名作当属1984年《啄木鸟》首发的《傍晚敲门的女

人》。小说以第一人称的叙述方式，描写了一个侦破杀人凶案的故事，问世后在国内产生极大影响，并陆续在俄罗斯、法国、韩国翻译出版，开创了中国推理小说走向世界之先河。或许从那时起，李迪就跟警察、跟警察题材结下了不解之缘。继七上丹东写就《丹东看守所的故事》后，李迪又六访无锡、四下扬州、三下深圳，连续写了《警官王快乐》、《社区民警是怎样炼成的》、《英雄时代——深圳警察故事》，以及《听李迪讲中国警察故事》等作品，都是讲述基层警察的故事，既有社区民警、刑警、狱警，也有缉毒警、法医等。这些一心为民的警察形象在李迪笔下形神毕现，个性鲜活、呼之欲出，写出了他们的爱与忠诚、牺牲与拼搏，读来有筋骨、有温暖、有新意、有深度。其中，《听李迪讲中国警察故事》被列入国家2016年主题出版重点出版物。

李迪对警察有着深深的热爱和情结，他是全国公安文联的特邀签约作家，更把自己当成不在册的警察一员。有次我们在中国人民公安大学参加活动，他兴奋地塞给我个小袋子，打开一看，里面是有警徽的钱包、证件夹和雨伞。他说，多好啊，没想到这里小卖部卖这些，这份你拿着。我笑着说，是卖给这里学员的吧，您这是有多爱警察啊！后来他一直在用那个钱包和证件夹。

我们在南疆采风时，一路人迹罕至，却在一检查站附近遭遇不明状况的大塞车。在毒辣辣的太阳地儿等了好一阵，大家开始有些烦躁。李迪说，我去前面打探一下。他从兜里拿出警徽证件夹，露出小狡黠一笑说，我有这个，我是警察，给他们一亮就会告诉我。同车的女作家胡月忙不迭说，迪老，这可不行，您那是假的。说着，胡月拿出自己的警官证说，我这儿有真的，我陪您去。我们都哈哈大笑，李迪有点儿不好意思地说，我总把自己当真的了。

要说李迪有什么最热爱的，那就是文学，是写作。为了这份热爱，他常年奔波在祖国各地，很多地方条件都非常艰苦，日复一日采访、写作，写作、采访……每部作品都像他的孩子一样，都饱含他最浓郁、最化解不开的激情、真情、深情。

随着通信方式日渐便捷，更加没有了时间空间的限制。在李迪的号召下，十几个圈中好友还组成微信群“包子帮”，常常线上线下一起天文地理文学时政天马行空。李迪微信用得非常娴熟，每每出去采访，都爱发来各种图片文字视频，分享采访趣事。有时发张图片说，今天早餐有大包子。我回复流口水的表情包，他立刻回复说馋了吧。其实他才是真吃货，胃口极好，不挑食且饭量大，边吃边赞不绝口，很有感染力，如果聚会，常会有人劝他少吃点儿。能吃也是我一直认为他身体底子好，身体不会出问题的重要原因。他发微信很少用语音，说是怕我们在开会不方便，打字极快，甚至比自认为够快的我还快。

就这样，仅在2018年到2019年两年，他就走遍了新疆、西藏、青海、内蒙古、黑龙江等地，采访了百位坚守在最偏远地区的加油站工人，在《加油站的故事》中，用质朴的文字展现了他们鲜为人知的感人经历，以及他们的平凡与伟大，坚韧与奋斗。紧接着又五去山西永和，每天用双脚丈量着只有一条马路的小县城，收获了《永和人家的故事》。记得其中有个快递冯姐的故事，冯姐丈夫出轨，单身带个孩子，可怜但有志气。采访时，冯姐从头哭到尾，李迪也一直陪着流泪。写完后他把故事发给我，说写完后都不敢再看，一看就想哭。书中，在诸如槐花饼、大红枣、粉条、驴肉等透着浓浓烟火气的词语后面，是卓有力量的生活现场，是永和那些善良的人们用勤劳智慧走出的康庄大道。

采访回来，李迪买了几大箱衣物，和魏老师一起拉到邮局，寄给他采访的永和县打石腰乡辛舍沟村的村民。当地村民写来感谢信：“是你们给我们偏僻的小山村送来了温暖，给予我们物质上的支持以及精神上的鼓励；是你们把党和政府对脱贫攻坚事业的支持和对贫困老百姓的关心传递给我们；是你们把中华民族的美德传递给我们，使我们从内心深处感受到了社会的温暖。我们用语言难以表达对你们的感激之情！”

十八洞村的十八个故事，为文学鞠躬尽瘁

2019年9月底，中国作协召开“脱贫攻坚题材报告文学创作工程座谈会”，已过古稀之年的李迪老师与会，他决定去精准扶贫最前线，通过自己的眼睛、自己的笔，记录十八洞村这个精准扶贫的首倡之地从群众生活长期徘徊在贫困线以下，到如今整村脱贫致富奔小康的今昔两重天的时代变迁；通过书写、剖析十八洞村这个精准扶贫的“村级样本”，探寻、解析精准扶贫的“脱贫密码”。

会后我给他发了个微信：十八洞村放在作家社出吧，我们预定了。李迪当即回电话，大着嗓门儿说，哈哈哈，正有此意，咱俩想到一起了。他说，十八洞村在扶贫攻坚中有着非同寻常的意义，2013年，习近平总书记来到这里考察时，首次提出“精准扶贫”。七年来，在精准扶贫方针指引下，十八洞村发生了怎样的变化？虽然已经有很多人在写，但自己还是想实地去看一看这个脱贫攻坚典型，一定能写出跟别人不一样的十八洞村。对写作，他一向充满自信。就这样，他从山西永和刚刚回京就马不停蹄赶去湘西采访，住在十八洞村梨子寨一个苗族姑娘开的“阿雅民宿”，每日早出晚归，翻山越岭，走村串寨，去他要采访的人家，烤火塘、喝热茶，聊家常、听故事。大多时候大家都忙，被采访的人都不是闲人，很难约好。“今天约不好就明天，明天约不好就后天，白天不行就晚上……”从他发来的照片或视频，能感觉到他已完全沉浸其中，正如他在《十八洞村的十八个故事》开篇写道的：“行走在青山绿水间，伴随着轻风细雨，我时时被大山里精准扶贫、自强不息的故事所感动。”

11月22日，他结束采访回京，安顿好后发来微信：十八洞村采访十九个人，有个板凳队员。我回复：劳模，超额完成任务。

回来不久，李迪老师就因腰疼卧床不起。接下来两个月我特别忙，一个活动接一个，又几度因过敏出现严重应激反应，原本约好找机会去看他，结果一拖再拖，心里觉得反正他身体好，很快就会

跟以前一样活蹦乱跳，没有什么扛不过去的。后来才知道他为了不让朋友们担心，报喜不报忧，总说没什么大不了的，小毛病很快就好。原本约好春节前后去看他和魏老师，不曾想到，接下来会迎来如此魔幻的2020年，因疫情各小区封闭，就更没办法见面了。直到现在我都后悔不已，为什么没在疫情前去看看他。

漫长的疫情，他发来的微信更多了，除了说可爱的小孙子，很多是关于疫情的信息，我们一起或悲伤或慨叹。有天我顺手问了一句，您怎么有那么多消息？他打来电话哈哈大笑，我朋友多啊，你知道我朋友圈有多少人吗，三教九流无所不包，我采访过那么多人，都成了我的朋友！当然，更多还是讨论他的采访及书稿。他为十八洞村脱贫欢欣鼓舞，也为当地只有一所学校、一个老师几度落泪。他告诉我，整个十八洞村小学只有小蒲老师一名教师，他要负责教一年级、二年级和学前班三个年级二十多个学生，还要负责孩子们每天的中饭，辛苦程度可想而知。李迪发来十八洞村小学的孩子们饭后刷碗的视频，含泪说，你看，孩子们多可爱，小蒲老师多不容易，都富裕了，应该更重视教育啊。李迪给这个故事起名为《开满鲜花的十八洞村小学》，一语双关，表达了他对当地教育的美好愿景。他甚至在这个故事后面直接附上了小蒲老师写的《试谈如何提高农村教学点的教学质量》，貌似和全书“不太搭界”，但希望“我的转发能让哪位领导看到了，引起思考和采纳”。这既是他对农村教育的殷切之情，更是出于对十八洞村化解不开的爱。

3月初，李迪打电话说庆幸去年底就去了十八洞村，太明智了，一点儿没拖沓地完成了采访任务，素材到手，就剩写作了。如果准备春暖花开再下生活，就赶上疫情了。采访素材已全部打印整理成文字，写起来就快了，腰略好了些，只等再好点儿就能坐起来写了。

3月中旬他开始想要恢复写作，微信说人躺虚了，动不动就累，但是可以走500步，中午出后门在小院里晒会儿太阳，看看牡丹和猫，有大进步！月底又说，这两天扶轮椅在院里小走，然后坐下晒太阳，这个有意坐下就是为了伏案打前站。他还发来小孙子的照片和小院里牡丹发出花苞的照片。他知道我也种牡丹，叮嘱说，现在浇一次透水，等到开花期间千万别浇水。

4 月的北京草长莺飞，李迪老师家小院的牡丹也陆续开放，我们热烈讨论着他发来的牡丹花照片，讨论着为什么我的花一朵也没开过。他开玩笑说，没花，你就站地里。我们都大笑。后来他请教了小毛，告诉我是种植季节不对，春天种牡丹，到老不开花。小毛是洛阳花农，擅种牡丹，跟李迪因牡丹结缘，后来李迪以小毛为主人公写了篇文章《牡丹花开》发表在《人民日报》，小毛顿时在当地成了名人。他说小毛让我在 9 月 15 日那天把花从地里挖出再重新栽下。9 月 15 日，你肯定记不住，我替你记着，9 月 15 日准时提醒你移栽，我再给你挑几株颜色好看的，十月栽下，明年四月保准开花。

这期间，李迪陆续完成了十八洞村多篇故事的写作，并托付“包子帮”好友、群众出版社的副总编李国强帮着校对定稿。其中，《黄桃金灿灿》、《让我在山上把眼泪哭干》、《就是悬崖我也要跳》、《腾飞的十八洞村》等系列作品陆续刊发在《文艺报》、《中国艺术报》、《人民日报》等报刊上，读者通过一个个鲜活的人物、一个个生动的故事，看到了十八洞村的“前世今生”，感受到苗族群众脱贫后的喜悦和变化，以及脱贫后的十八洞村村民对我们党充满了朴实真挚的感恩，对未来致富奔小康的前景充满了美好憧憬和强烈期盼，更难能可贵的是，看到了十八洞村走出的是一条可复制、可推广的精准扶贫之路。

他发来的《金兰蜜》里，写主人公龙先兰和他的媳妇吴满金，“龙先兰是个帅哥。国字脸，大眼睛。吴满金是个美女，圆月脸，眼睛大”。这是典型的李迪式的语言。他的写作文如其人，因为平时讲话就是这样喜用短句，活泼俏皮幽默生动。在十八洞村的故事中，这些幽默风趣随处可见，丝毫看不出他写作时正在忍受病痛的折磨。

他甚至还让人递来一箱杧果，说是在广西采访时觉得特别好吃，一定让我这个吃货尝尝，并不厌其烦地告诉我，杧果和苹果放在一起熟得更快也更甜。我一直错误地以为，这一切都表明他在一路向好，疫情后就能跟大家聚餐了。

5 月 18 日，李迪老师突然发来一张住院单，说腰疼引发多种疾病要住院，还特意强调了书没问题，能如期完成。我大吃一惊打去电话，他语气少有的沮丧低沉，说心脏有问题要动手术换瓣膜。我安慰他，常规小手术，301 又是最好的医院，肯定没问题，安心养病别想着十八洞村了，好了再写。他说，我毕竟是 71 岁的老人了。这是第一次听他说自己老。我愣了一下，眼泪出来，嘴上开着玩笑，放宽心，您比我还能吃，我们等着您痊愈张罗吃大餐呢。后来得知，他是在湘西采访时，多日阴冷的环境患上感冒并染上一种罕见病菌，其间因疫情原因，病情一再拖延，最终心脏受损。

5 月 26 日，李迪发来手术前在医院的照片，人已瘦得脱相了。他发的语音听起来非常虚弱："书稿已经交齐了，你放心吧！这是我最大的心事，也是我最大的心愿，终于了结了，在我手术之前。没有辜负中国作协，没有辜负你和出版社对我的期待！"看到他发来的是语音，我特别难过，他身体实在太弱了，已无力打字。但接着他就发来两行字：十月依旧，四月见花。他还在惦记着我的牡丹。

"一本书，十八个故事，《人民日报》选发三个故事。《文艺报》、《文学报》、《中国艺术报》分别选发三个，其中，《中国艺术报》选发的上了《学习强国》。应该说，这是一本成功的书。没有辜负大家的期望"。这是 5 月 27 日手术前夕他给我发来的最后一个微信，我想，这也是他对一生钟爱的文学事业的最后心愿，这部作品是他用生命成就的。这期间中国作协领导对《十八洞村的十八个故事》的出版高度重视，这本书作为作家社"脱贫攻坚题材报告文学创作工程"系列作品之一，被列为中宣部 2020 年主题出版重点出版物，又特别出版了精装版。

李迪手术因疫情无法探视，好友们每天都在微信群"包子帮"里听李培禹老师给我们讲他的身体状况。手术非常成功，但身体太虚弱引发各种并发症，而各种互斥的并发症让治疗手段面临诸多挑战。这期间，我们每天都在互相打气，都揪着心，都像坐过山车一样听培禹老师第一时间转达李迪时好时坏、大多时候是坏的消息。我始终盲目乐观地坚信他一定会好起来，他生命力那么强，有那么多好朋友在替他祈祷，如果世界上有奇迹，就该是为他这样的好人准备着的。尽管后来几次下病危通知，也许是心里不想接受，我还是隔三岔五发微信给他讲书的进展，跟他说，迪兄，别忘了牡丹之约。

然而现实残酷，奇迹并未如愿出现，2020 年 6 月 29 日 9 时 38 分，李迪因病医治无效离世。培禹老师在群里发出这个消息，我仍不愿相信红衣李迪就这么走了，也长时间不能写下任何纪念他的文字。有时看到有意思的微信，甚至下意识地还想着转发给他。

那段时间过得特别快，到了 9 月 15 日黄昏，我一个人在院里，看着那些牡丹花，想到李迪老师说会在这天提醒我移栽，不禁潸然泪下。许久，准备移栽的铁锹终究没落下去。9 月 15 日，我记住了，迪兄怎么就食言了！明年四月，牡丹花会不会开？

后来和董宏君、朱竞等诸好友说起李迪，大家都是同样感受，就像他喜欢的红色一样，他总是带来活力和温暖，好像从不会跟疾病、死亡这样冰冷的词汇联系在一起。铁凝主席评价李迪“是一个时代的记录者，是人民的歌者”，的确如此。他是为了最热爱的文学和写作追梦而去，心里当是少些遗憾的吧。

想起电影《寻梦环游记》里的一句话：也许我们无力阻挡时间的流逝，我们也必将与家人与爱人生死相隔。但死并非生的对立面，而是作为生的一部分永存。人类的记忆，便是对灵魂的延续。李迪留下那么多优秀的作品，当是他在这个世界最好的延续方式。

见字如面！迪兄，我们都很想念你！

难忘迪兄二三事

李朝全[1]

李迪兄，这位可亲可敬亦师亦友的前辈走了，令人痛惜！

在所有朋友的印象中，他和同样已过古稀的作家蒋巍一样，喜欢穿红色。或许，上了年纪的人都喜红，红色喜庆，热情，也像他们俩的性格。

每次见到李迪，或是同他微信交流，他永远都是那么谦逊，热情，开朗。这是一位练达、通透之人，始终像一团扑不灭的火焰。给人的感觉，他遇到每个人，总是要热情地扑上去，热烈地久久地拥抱，紧紧地握住对方的双手，并且久

① 李朝全，中国作家协会创研部副主任。

久不肯松开。他是一团火，他是个太阳，无须外来的光亮，他自带的光亮和热量总是能照亮和温暖他身边周遭很大一片空间。他喜欢热闹，有他在的场合，从来不必担心冷场，不必担心会有尴尬、为难或困窘。他是热情的，又是诙谐幽默的。

他似乎永远年轻，因为他总是“没大没小”。平时，他经常把新近发表的作品转发给我。每次当我肯定和赞美他的成绩时，他总是说，“贤弟”我这是在鼓励他，我的鼓励永远是他前进的动力。而且，无论是当面还是在微信上，他对我都只用一个称呼“贤弟”。这，或许是因为我们都姓李吧。尽管我比他小差不多二十岁，但他显然是把我当作可信任的兄弟看待。

斯人已逝。现在回头重读他和我的微信对话，感觉他确实酷爱文学，确实很在乎我这个“贤弟”对其作品的看法和评价。事实上，他的作品不断地被改编成影视，在受访对象和普通读者那里一直都拥有很好的口碑。这一切，便足以证明他的作品的影响力和成就了，根本无须像我这样的专业读者“锦上添花”置喙肯定赞美。

从 2009 年采访撰写《丹东看守所的故事》始，李迪便被树为中国作家深入生活的典型。为了写好丹东看守所的故事，他七赴丹东，甚至有两年的春节都是在看守所度过的。为了近距离地接触和采访关押在看守所的嫌犯，他主动要求住在看守所里，就住在审讯室隔壁，与嫌犯的“牢房”几乎是紧挨着，这样他就可以随时找嫌犯和看守所的管教来采访交流。有一次采访结束时已近深夜，当他在看守所院内背着手，微驼着背，慢慢踱回宿舍时，高墙之上的哨兵用探照灯照射向他，李迪赶紧大声喊道：“别开枪！我是好人！”哨兵得知这是来看守所采访的作家后，每天深夜，当李迪踱回宿舍时，都用探照灯照亮他脚下的路。

以后，中国作协有关部门和各大媒体在寻找深入生活采访创作的作家代表时，总要把李迪推出来。还有一位突出的作家代表是三年前已去世的胡冬林。他为了撰写森林和人类的野生动物朋友，竟然长期住在森林里自己搭建的一间草房子，与动物打交道的频次甚至超过了和人打交道，几乎变成了一个“野人”。在他去世后，其妹胡夏林整理出版了胡冬林留下的《山林笔记》共70余万字。

后来，李迪应公安部门邀请，采访了江苏扬州、徐州、无锡，浙江湖州和深圳等地的公安干警，撰写了一系列的警察故事，产生了很大反响。他又参与了对沙漠公路守护者、加油站员工、山西永和脱贫工作的采访，去年9月起，应邀参加中国作协脱贫攻坚题材报告文学创作工程，负责采访湘西十八洞村。

应该说，这项任务颇具挑战性。因为在此之前，已有多位作家采写过十八洞村的故事而且产生了较大反响，要写出新意写出彩来殊为不易。

在作协举行的动员会上，我对他说："您这是老将出马，我们完全信任您!"

——这句简单的话，竟然给了他很大的激励。他几次三番对我表示：绝不会辜负贤弟的期望！让我感佩至今。

有一次，李迪将自己的采访创作思路告诉我，希望听听我的意见。我回复：写什么怎么写完全由您自己决定，您只要写出自己最满意的作品就可以了。

去年11月，李迪开始前往十八洞村采访。湖南省作协给了他很大的帮助，派专人陪同并注意照料他。王跃文、纪红建、贺秋菊等都付出了辛劳。山区寒凉，李迪后来说，他在湘西时受了寒腰疼犯了。后遵医嘱他静养了两个月。然而，他的心里一直惦记着作协的这项创作工程，始终心心念念耿耿于怀。他对夫人魏老师说：这是国家的创作工程，全国一共才遴选了25位作家——自豪之情和责任之心溢于言表。

今年3月至5月，他强忍着身体的病痛与不适，硬是在病榻上写完了《十八洞村的十八个故事》。到了最后四个故事，甚至是请的速记帮他记录整理的。最终的完成稿是中国人民公安出版社副总编辑李国强帮他整理校对的。或许，这部书稿还会有一些不够完美的地方，但是，它的确是李迪的心血之作、生命之作，是他用生命的最后精力吐出的最后一根丝，发出的最后一点光和热！——这部书，连同他此前刚刚完稿的《永和人家的故事》，如今竟然成了他的绝笔之作！怎不令人扼腕感喟唏嘘不已！

在采写十八洞村过程中，李迪偶尔也给我发来微信。我一再叮嘱他要保重身体，别太累着了。后来得知他受寒生病，更是再三劝慰他注意休养，不要着急，身体最要紧。

5月下旬的一天，他在微信上留言告诉我："贤弟，我终于完成了作协的任务，我生病了，要去住院了。"

我很吃惊，但是以为他这一定只是作家和老年人常见的一些毛病，应该很快就能治愈出院。我鼓励他说：您一直那么乐观开朗，相信您一定能战胜疾病。

因为此时仍处于疫情时期，前往医院探望有着诸多不便，我一直也未能去看望他。

直到6月初，在今年我参加的第一个作品研讨会上，忽然有一位作家告知李迪病危，颇为震惊。后来了解到，那时他已进了重症监护室。他在湘西采访时受了寒腰椎间盘突出犯了，后来听说又感染了一种不常见的细菌，这种细菌侵入心脏导致两个心脏瓣膜受损。开始时，医生认为他是急性肾损伤，就让他住到肾病病房，后来发现他最主要的病是在心脏方面，于是便转入了心外科病房。

随后，医院给他做了心脏手术。手术很成功。然而，接着便发生了继发感染。又给他服用抗感染的药，不料却又出现了全身过敏，身上起了一片又一片的红斑。在6月中旬时又报了一次病危。医生说，主要看这几天，如果能够度过去或许就能转危为安。

亲友们都在静静地等待，期盼着奇迹出现。

过了几天，病情确实出现了转机。医生给他服用激素以控制过敏。过敏症状果然好转，原先气管插的管被顺利拔掉了。家人也被允许短暂地进去看他，他们大声地告诉他：《十八洞村的十八个故事》入选了中宣部重点主题出版物，作协领导和许多亲友都惦记着他，祝福他早日康复。苏醒过来的李迪，艰难地却是最后一次点了点头。

就在我们大家都在为李迪暗暗庆幸祝福之时，病情竟又出现了反复。医生说"是药三分毒"，按下葫芦浮起瓢，可能是因为激素的大量使用，又使得细菌的耐药性被激发，结果合用三种抗生素都控制不住感染，细菌再次侵入了他刚刚修复的心脏瓣膜……

李迪，这位热爱生活，热爱文学，热爱亲友，始终乐观而且坚强的人，终于在6月29日上午驾鹤远行！

在抢救李迪的过程中，他的家属竭尽了全力。6月初他家人告诉我，6月前已花去医疗费五六十万元，这天医院又通知再交十万元。魏老师说，她和儿子都铁定心思，要不惜代价抢救他！

我当即将有关情况禀告作协领导。经领导同意，中国作协提前付清了李迪所承担的脱贫攻坚报告文学项目的后期资助款项。作家出版社也提前支付了该书的部分稿酬。《文艺报》则为李迪已发表的作品支付了最高标准的稿酬。

后来听说，亲友们筹措了二十万元来帮助李迪家人。众人拾柴，都只为了挽留住这位可亲可敬亦师亦友作家的生命。

然而，最终，李迪还是远行了，只把音容笑貌永远地印刻在了每一位亲友的心中。

他来过，生龙活虎、生动活泼地活过，演了一出精彩的人生大戏，然后，默默地谢幕，安静地离开。

从此，再无人呼我“贤弟”！

悲乎痛哉！

迪爷，你把一团火留在了人间

徐可[1]

6月29日，迪爷走了。

得知这个消息，我大吃一惊。就在前几天，我才听说他病重住院，做了手术，现在已有好转，转到普通病房了。当时我也是吃了一惊。迪爷一向风风火火，精力十足，怎么突然就病了呢？不过我想，以迪爷的身体，肯定无大碍。现在不便打扰，等再过几天，他基本康复了，再去看他不迟。谁料想他这么快就走了。

迪爷姓李，单名一个“迪”字，写作圈内的一个老大哥。我忘了最初是怎么称呼他了，应该是客客气气的“李老师”吧？但很快，我就叫他

---

① 徐可，鲁迅文学院常务副院长。

"迪爷"了。我不知道别人怎么叫他，但我喜欢这么叫。原因如下：一、老师固然是尊称，但也显得生分。生分，所以客气；客气又产生距离。而李迪是那种让人没法儿产生距离感的人。二、李迪是北京人。北京人身处天子脚下，天生就有爷的范儿。这种范儿不是摆谱儿，拿腔作调，装腔作势，而是见多识广，敢作敢当，让人打心眼儿里佩服又愿意亲近的那股劲儿。写到这儿，我想起近日热议的"52 岁的西城大爷"和"56 岁的何先生"。如果我没猜错的话，那位西城大爷一准儿就是老北京，所以 52 岁就成了大爷。而 56 岁的何先生八成是新北京人，也许到老都被人客客气气地称为"先生"，而成不了大爷。区别就在这里，而与年龄、资历、职业无关。

李迪就是一位地地道道的北京大爷。我认识他的时候，他也六十好几了。这个年龄说老不老，当然也不算年轻，完全有资格在年轻人面前德高望重沉稳大气谆谆教诲和蔼慈祥了。可李迪不。他可能没有意识到自己已经这么"老"了，应该把握分寸注意形象，说话要慢条斯理语重心长，他却激情四射高谈阔论哈哈大笑语惊四座。很快，初次见面的拘谨就没有了，你感觉在听一位邻家大爷侃大山。北京人都爱侃，不侃不是北京人，不是北京爷。李迪天生就爱结交朋友，他也有这种本事，自来熟，很快就不由自主地把一个陌生人发展为他的密友。他走后这几天，我看到很多朋友在怀念他，可见他的朋友圈有多大。

迪爷为人热情似火，激情奔放。他喜穿红衣，大红的衣服，像一团烈火。他的微信头像就是他身着红衣戴着墨镜的照片儿，他就像一个火力十足的小伙子，哪有一点儿六旬"老汉"的样子。他精力旺盛，创作极其勤奋，他的朋友圈更新的频率极高，几乎每隔几天就推出一篇新作，有时甚至连续发表。而每次发圈时，他必定高呼一声："我的好朋友们!"虽然隔着屏幕，都能感受到他火一般的热情。我平时不怎么看朋友圈，他去世后，我翻看他的朋友圈，发文密度之高让人吃惊。他知道我忙，怕我错过他的朋友圈，经常特意把他的文章发给我看。我看了，有时叫声好，有时点个赞，更多的时候也没顾上看，甚至忘了回复。他也不以为忤，继续源源不断地给我发，兴致一点儿不减。

迪爷为人疾恶如仇，路见不平一声吼，地球也要抖三抖。大概是 2018 年吧——前两年换了手机，查不着当时的微信记录了——有一次，迪爷问我：某出版社采用你的作品，征得你同意了吗？付你稿费了吗？我说没有，没有。迪爷很气愤地说，这家出版社真可恶。他们未经许可，长期大量盗用我们的作品，从来没有支付过一分钱稿费。这次我们要维权。

迪爷告诉我，他已联合了六位作家，并且请一位律师朋友代理，向出版社索赔。采取的方法是先礼后兵，先由律师朋友代表我们与出版社交涉，如能和解则皆大欢喜，如谈不成则付诸法律。说实话，对这件事情，我心里是有点儿犹豫的。首先，我比较“佛系”，怕麻烦，多一事不如少一事。这些年，我的不少文章被盗用，我都懒得管，只当是人家义务帮我扩大影响，没收我宣传费就算不错了。其实还是怕麻烦，知道打不胜打，防不胜防，干脆不去理他。另外，我也知道，有的出版社因为个别作家的后人索价太高，难以承受，而不再选用该作家的作品。作家的作品是要传播、要传承的。长此以往，最终受损的还是作家，还有一代一代的读者。作家与出版社之间要形成一种和谐的合作关系。我犹豫的第二个原因，是我与这家出版社有特殊的因缘。二十多年前，我的第一本书就是这家出版社出的。我与这家出版社的老社长以及其他人员保持着多年的友谊，我当年的责任编辑至今还是我的好友。虽然这位老社长已退休多年，我与出版社也早无联系，但我对它还是有感情的，我不愿与它对簿公堂。

我把我的顾虑对迪爷说了。迪爷说，这件事儿你就不用管了，不能助长这种坏风气。你写一个授权书发给我，我和律师来处理。后来，就是迪爷代表我们六位作家，和律师一起处理这个案子。虽然我没有参与，不知道详细情况，但迪爷经常向我通报进展情况，我知道过程是很曲折的。与出版社没有谈拢，终于还是走上了法庭。经过艰难努力，总算胜诉了，出版社公开赔礼道歉，并赔偿相关损失。虽然离迪爷当初的目标还有不小的距离。

这个案件很多媒体都做了报道，并成为2018年作家维权的一个经典案例，影响很大。迪爷在中间奔走呼号，出了不少力，受了不少累，承受了很大压力，但他一句怨言都没有，相反还觉得亏欠朋友的。迪爷的热心，于此可见一斑。

前面说过，迪爷每有新作便发我分享。我现用手机上的微信，与迪爷的对话，最早只能查到2019年2月11日，最后截至2020年1月17日。这些微信让我回想起与迪爷交往的一些往事。2019年2月11日晚上19点35分，迪爷给我发来一个链接，是他当天发表在《人民日报》上的报告文学《阿拉山口的油站》。我看了，很好奇："您怎么会专门采访加油站呢?"这一问，迪爷打开了话匣子。原来他是受中石油委托，写加油站的故事。跑了九个省区，包括最艰苦的青海、西藏、内蒙古和新疆等。采访了163位加油员。拟写40篇，最后结集出版。之后又发来一篇《004号水井房》。我看了，由衷敬佩："辛苦您了！保重身体啊！"

2月15日下午14点23分，迪爷发来微信："哎哟喂!!!""我的徐总（当时我任《文艺报》副总编辑）!"后面是四个拥抱的表情。典型的"迪爷风格"。猛然看这段话，不知所云，有点儿莫名其妙。但从后面对话中，我还原出了当时对话的背景：当天我签发大样的时候，看到迪爷的一篇文章。文中大概是提到谁"已经71了"。我觉得，口头语说"我已经七十一了"，是没问题的。但是作为书面语言，写成"我71了"就不规范了。应该加个"岁"字，改成"我已经71岁了"。或者就用汉字，改为"我已经七十一了"。迪爷从善如流，很痛快地接受了我的意见。至于前面很突兀的一句感叹，我猜想，肯定是我为了省事、明白，直接把大样拍了照片发给他看。事后为了清理手机空间，把图片删了。到了2月18日，迪爷告知，已经收到样报了。晚上又发来一条链接，正是他在《文艺报》发表的报告文学《话说刘老三》。文中有一段对话："李老师，我今年五十九，长得有点儿急，听说您都七十多了，是吗?我说是，已经吃七十一的饭了。"果然如此。有意思的是，我叫他"迪爷"，他后来也跟着叫我"徐爷"。

迪爷给我发的最后一条微信，是2020年1月17日下午16点13分发来的。是一个财神爷的表情包，上书“小年快乐”四个字。那天是农历腊月二十三，民间谓之“小年”。不知为何，这条微信我竟没有回复。现在想回复，迪爷已经收不到了。

迪爷，一路走好。你把笑声带到了天堂，却把一团火留在了人间。

（原载《中国青年作家报》2020年7月14日）

听李迪说“哎哟喂”

黄传会[1]

“哎哟喂，在干什么呢?”

“正在哎哟喂呢!”

“哎哟喂得怎么样了?”

“还挺顺，继续哎哟喂呀……”

接着，电话里便传来李迪爽朗的笑声。

李迪的作品里喜欢用“哎哟喂”，表示愉快、惊奇、感叹……所以，有时候通电话，我经常用“哎哟喂”与他调侃一番。

近几年，因为报告文学我与李迪走到了一起。他每有新作发表，都要第一时间与我分享，我们交谈最多的是报告文学。

① 黄传会，原海军政治部创作室主任，中国报告文学学会副会长。

元旦前，与他通电话：“哎哟喂，在哪儿呢?”

“我在十八洞采访呢。”

我知道他领受了创作湘西十八洞村精准脱贫的报告文学，但没想到天寒地冻的这个时候他会跑去十八洞村采访。

“采访还顺利吗?”

“非常顺利，我整天走村串寨，这里发生的巨变，这里的每个人物，这里的每件事情都让我感动、激动……”

他给我讲了几位村民的命运，说着说着，居然在电话那头号啕大哭，我一下子被深深地触动了。平日里，与作家朋友交谈采访感受，热泪盈眶者有，激情澎湃者有，然而，为人物命运号啕大哭者，仅李迪也。

春节后，忽然接到李迪电话：“这回坏了。”

我一惊：“出什么事了?”

“腰动不了了，每天得躺着。”

“怎么突然就出问题了?”

“可能是年前去十八洞采访，在山上住了小半个月，阴雨加上阴冷，腰受寒了。”那段日子，我们三天两头通电话，他心里起急，说：“这可怎么办?再这样躺着，任务就完不成了。”后来情况慢慢好转，他告诉我，可以起来了，在屋里走走，然后坐下来写个十几分钟半个小时。

这回写十八洞，书名依然简单明了：《十八洞村的十八个故事》。隔几天，他会兴奋地告诉我：又完成两个故事了，只剩下八个故事了、五个故事了、三个故事了……我为他高兴，同时也提醒他：一把年纪了，得悠着点儿。

5月24日，忽然接到李迪发来的短信，说是入住301医院，准备动心脏手术。哎哟喂，一直生龙活虎、激情四射的“红衣少男”，怎么说动手术就动手术?

接下来便是波起浪涌、惊心动魄。手术成功了，却又感染了，体温刚刚降下，却又入重症监护室……我只能暗中为他鼓劲：李迪兄，写报告文学的都是硬汉子，你可要挺住啊，千万！千万！

那夜，突然传来李迪病危的消息，赶紧询问他的挚友，挚友说：看来已无回天之力，我们正在为他准备讣告……

此时，窗外电闪雷鸣，一场雷暴正在袭击京城大地。我也快崩溃了！

我打开电脑，敲出了《忆李迪》这个题目。文友一场，必须写点儿什么。刚开了个头，却又打住了。尽管李迪凶多吉少，但要是能起死回生，我这岂不是大不敬吗？我祈盼他能起死回生，期待奇迹在李迪的生命中出现，渴望早日再听到一声“哎哟喂”……

然而，奇迹没有出现，像一座大山轰然倒下似的，李迪还是走了。

李迪走了，他是为报告文学累倒的。

李迪走了，再也听不到他说“哎哟喂”了！

两年前，在公安出版社参加李迪的《英雄时代——深圳警察故事》研讨会，那天，他穿着一件红色衬衫，精神焕发。我说：“看见李迪大哥穿红色衬衫，像是一面旗帜在我的眼前飘拂，你是我们报告文学队伍中的一面旗帜啊！”李迪说：“茫茫人海，我怕被淹没了，所以我穿红袄白裤，打扮得鲜亮一些，让大家记住我。其实，我这是自卑啊！”众人大笑。不，不是自卑，李迪兄啊，你这是自信！

在李迪的身上，我看到了一位优秀报告文学作家的特质。他爱国忧民，对于中华民族、对于我们的祖国、对于人民大众，始终怀着深厚的情感。他曾经对我深切地说：“我就是一生一世都要为人民写作。”他与时俱进，与时代同频共振，他说：“我们遇到了一个最好的时代——中华民族的伟大复兴，这是千载难逢的时代，是报告文学作家之所幸。”他对生活充满着火一般的热情，为了写出时代的颂歌，曾七上丹东、六下无锡、三季走过九省、数月往返永和、走遍十八洞村村寨寨。他的每一部作品，都是用双脚走出来的，是用自己的心血凝结成的。

李迪原先写小说，但近年来，他将所有的精力全部放在报告文学上，呕心沥血，披肝沥胆。他对报告文学这个独特的文体有着自己独到的思考、见解，并用自己的作品实践之。

报刊上经常有关于“散文”、“纪实文学”、“非虚构”、“报告文学”之间的争论。李迪说，我们不必去给报告文学下个什么定义，报告文学必须是真实的无可争辩，关键的是报告文学还必须是“文学”的。

他对一些报告文学作品的“假大空”、急功近利和图解政治口号表示担忧。他说：“报告文学没有文学性，就没有存在的必要。”报告文学没有文学性，必将遭诟病，这种文体也必然被式微。他还说：现在每年出版的报告文学铺天盖地，但真正有文学品位的，真正耐读的，称得上是真正意义的“报告文学”却凤毛麟角。

李迪亲力亲为，以自己的创作实践来弘扬、倡导、呼吁、推广报告文学的文学性。

我理解，李迪对报告文学文学性的追求，主要体现在以下三个方面：

一是讲好故事。有人说：写小说就是讲好故事。其实，报告文学也是如此。好的报告文学也是讲好故事。李迪这几年的作品都是在讲故事，《丹东看守所的故事》、《听李迪讲中国警察故事》、《英雄时代——深圳警察故事》、《加油站的故事》、《永和人家的故事》、《十八洞村的十八个故事》等，李迪说：“我的书名都叫故事，这不是图省事，我就是个讲故事的，讲好故事是作家一辈子的事。”

西部某省邀请他去写精准扶贫，希望他能写出厚重的大部头。他未置可否，却一头扎进一个贫困村里，最后写出了窦老汉从种麦子到种玉米，再换种核桃，由于观念的变化，终于摘下了世世代代戴在头上的贫困帽子的故事。一个小人物，一个小故事，却被李迪叙说得一波三折，环环相扣。《三十里那个干沟沟九十九道坎儿》一经发表，赞声如潮。

李迪外出采访，一听到故事就不走了。2012 年他去新疆塔里木油田，在穿越大沙漠时，被路旁一座不起眼的水井房吸引住了。一位农民工和他妻子在这条“流动公路”上守护了十余年的故事，深深地打动了他。他不仅留了下来，后来还去了两次，写出了脍炙人口的

《004号水井房》。2019年，李迪随团去山西永和县采访，走着走着，他不走了，他被永和人民脱贫攻坚的壮举所感染。他留了下来，“深扎”于大山与乡亲们之中，奉献出了《永和人家的故事》。

李迪是位讲故事高手，这些故事来自于生活。丰富多彩的生活，是他取之不尽用之不竭的故事“矿藏”。一些在常人看来平淡无奇的事儿，他却能用独特的视角，精彩的语言，写出生动的故事来，让你读得欲罢不能。

二是写活人物。李迪报告文学人物个个栩栩如生、活灵活现。他写过的警察起码有上百个，但每个警察都有个性，绝无雷同。那是他从采访过的几百个警察中挑选出来的精英——既然是精英，必定有个性。他写《加油站的故事》，采访了73个加油站、163个加油员，最后选出40个人的故事。

“奔走在加油机之间是你的常态；‘您好，欢迎光临！’是你每日不离的话语；轮换吃饭是你工间惟一的休息；打扫卫生是你收工的必修课。”短短数语，一位加油员的形象已跃然纸上。

李迪去永和采访，路过街角，看见一位修车人，凭他的直觉，这一定是位退伍军人，一问，果不其然。三天下来，两人成了朋友。每次经过街口，李迪总要问询几句，当得知今儿个生意不错，李迪高兴；当听说一天只来了一两个修车的，李迪沮丧。买来一包当地的小吃“干个烂”，悄悄地放在他的工具箱旁。《老李修车》写得情真意切，悲天悯人。李迪已经将老李当作自己的战友和亲人。

李迪写作时，不喜欢有人打扰他。妻子魏老师经常听见他在书房里有时候笑有时候哭。魏老师怕他伤身体，在屋外劝他：“老李啊，你不能太激动，这样会伤身体的……”李迪是用自己全部的情感在写作，用自己的生命在写作，所以才能写活了人物。

李迪笔下的人物都是小人物，都是芸芸众生。为什么他总是在关注着他们，因为他们总能触碰到人性最柔软的部分……

三是语言精彩。李迪说：“语言是报告文学作家的基本功，没有好语言，写不出好作品。”他在给鲁院学员讲课时说：文章的第一句话，一定是短句，要有悬念、包袱，能吸引着读者往下读。

“这道坎儿，他不止一次踩过。”“我明天就要搬家了，连人带狗。”“你没听错，是巴掌的掌。呵呵，一个巴掌拍不响。”“捅破天花板？好吓人!”这些都是李迪作品的第一句话，吸引你非读下去不可。

李迪作品的语言生动、鲜活，很少用形容词、定语，极少虚话、套话、“新华体”，短句多，少用甚至不用长句子。他作品中的人物对话，完全是人物自身说出来的，警察像警察、农民工像农民工、加油员像加油员，而不是作家“自造的”。这得益于他贴近生活，观察仔细，打磨用心。

李迪还常常借用一些网络语言、百姓口语，如“哇塞”、“哎哟喂”、“屁股冒烟儿，溜了”、“人还没说话，哗啦啦，一笸箩红枣就倒在炕上了”等。

李迪在初夏时节走了。

我想用八个字来形容李迪：“热烈似火，灵敏如鹿”。李迪对生命的态度和他的生命状态，永远“热烈似火”；“灵敏如鹿”是说李迪的笔下功夫，似鹿般灵巧敏捷，鲜活生动。

尽管再也听不到李迪说“哎哟喂”了，但我们每一个报告文学作家还得继续“哎哟喂”，永远“哎哟喂”……

（原载《文艺报》2020年9月21日）

李迪这个人

魏人[1]

认识李迪有三十六年了。他长我四岁，我称他：迪兄。

我们都是以写字为生的主儿。惺惺相惜。君子之交。

他在《啄木鸟》杂志发表著名的小说《傍晚敲门的女人》后一年，我调到《啄木鸟》编辑部。与李迪见过几面。他中等个儿，黑发微卷，皮肤白皙，眼睛明亮，额头宽阔。总是穿一件花格衬衫，领口都系严。总是人在楼下，声音已传到楼上：老李（老李是编辑部主任李庆宇），我来了。编辑部的同事都欢呼雀跃。我问他们为

① 魏人，金盾影视中心原艺术总监，著名作家。

何如此。他们说，饭辙来了。李迪这个人每次来都请大家吃饭，不是什么大饭店而是单位附近的小饭馆，几个家常菜加上听他讲创作体会，总是让我期待下一次。许久他都不来了。忍不住问老李，李迪怎么不来了。我还想做他新作的责编呢。老李长吁：李迪去日本了。

再见李迪这个人是20世纪90年代后期，那天他依旧是在楼下喊，声言沙哑，不过喊的不是老李而是老陈。老李已经调走了。老陈是编辑部的新主任。大家闻声而动，见到李迪一脸沧桑，眼角全是皱纹，戴着墨镜。依旧是单位边上的小饭馆，几个家常菜加上叫他讲留学经历。才知道在日本不是那么顺利而且患上眼疾，这次是回国治病。至于写作也就中断了。后来我也换了单位，听说李迪去了云南昆明定居。他曾在云南当兵并开始文学创作，对那块土地有很深的感情。再后来就各忙各的，很久没有往来，只有零碎的消息：李迪广场舞跳得不错。

文友相聚偶尔谈起李迪，感叹如果这个人坚持创作，不去日本，定会有很多新作品问世。可惜了……李迪像一朵云，在蓝天上飘忽不定，何时化成雨回归创作大地？

时光荏苒。有一天我在山东拍片接到李迪电话，声音洪亮。他告诉我有事找我。在北京他家附近的小面馆和他见面。这次他穿一件宽松红衬衫白裤子，飘逸。眼角的皱纹浅了，红红的脸庞笑意盈盈。他说知道你山西人就选了这家刀削面馆。面上来了，香味扑鼻。我却想知道他这些年的经历，没有马上吃。他却说，先吃先吃。民以食为天。饭后，他说咱们人吃饭了，我那些猫还饿着呢。我陪他去买猫粮，他买了一麻袋猫粮。见我惊诧，笑道：这点儿只够那些宝贝三天的量。

在李迪家见到他的宝贝们，是几十只形色各异的猫——流浪猫。当年因为昆明海拔高，对他的心脏不好，就又回北京了。这些猫都是他在大街上捡的，如今日子惬意。他告诉我这些的同时给我沏了杯茶。知道你来，昨天特意去张一元买的茉莉花茶，够味吧。我呷了一口，满口盈香。正要赞美，他说，不用客气。说着从书柜拿出一本书放在我面前：这是我新写的，你看看。我看了下书名：《丹东看守所的故事》。

李迪这片飘移无定的云，从北京飘到东京，从东京飘到昆明，从昆明飘到丹东。终于化作雨。润物无声。在人生蓝天里，他这个人从来没有忘记创作。人为什么要创作呢！因为各行各业的都要创作。创作是人类在地球上保持生存的唯一手段。创作的基础是什么？李迪在他的书中给予了回答：我本善良。

李迪这个人是善良的，在当今社会中做一个善良的人实属不易。很多人善良过，但在利益面前放弃了善良，与恶为伍。这些人表面光鲜亮丽，内心却丑陋无比。李迪的善良是由心而生的。我的朋友买了《丹东看守所的故事》影视版权。我去写电影剧本。我随李迪到了丹东看守所。看见了李迪在看守所体验生活的房间，潮湿阴冷。若没有一颗善良的心，怎能坚持几个春夏秋冬？在一间关押患爱滋病贩吸毒罪犯监舍，李迪带我进去和他们侃侃而谈。他用他的善良让变成鬼的人回归人的状态。

李迪去世是七十一岁。人活七十古来稀。我和他谈过生死。他说，人有生死，死不足畏。

李迪人生的最后十年，从扬州到无锡到深圳到克拉玛依到山西到湘西，一袭红衣白裤一脸善良笑意。他如何不知道自己的身体的状况？他每到一个地方，都会给我打电话：小魏，你也过来瞧瞧，这里很美，这里的人很善良……

在从事写作的人中，才华有比李迪好的，成就有比李迪大的，但比善良，李迪是最好的。如今善良的李迪去天堂大半年了，不知是否又有新作？

李迪，这个善良的人。千古！

别开枪，我是好人！

——印象李迪

朱竞[1]

“……有时候，他们戴着脚镣往我面前一坐，我就先难过起来。很多人其实本质并不坏，因为穷，因为没文化，因为不懂法等种种原因，他们进了看守所这里。我与嫌疑人谈话到了深夜，我一个人缩着脖子再回小屋。我要路过带电网的高墙，居高临下的哨兵会突然拿探照灯照我。因为他们不认识我，我急忙喊：别开枪，我是好人！时间长了，他们也认识了这个常常勾着腰走夜路的老头儿。他们还打探照灯，给我照亮前方的路……”

李迪讲这段话时，声情并茂，他几次叹息，

① 朱竞，编审，评论家。

又几次落泪。他说："这两年采访写作看守所的故事，遇到感人的事太多了。"李迪爱动感情，做事细致。他走路勾着腰，步子很小且飞快。过了耳顺之年的李迪，四季都穿大红色的衣服米白色的裤子，戴茶色的眼镜。他喜欢发短信说事儿，他的短信都是长篇。他非常有人气，朋友聚会，都让他来召集，他的独特方式让人没法儿拒绝。

确切地说，我认识作家李迪，完全与看守所有关。

2010 年春节刚过。一个飘雪的上午，编辑部来了一位戴着茶色眼镜的"红衣老头儿"。他嗓门儿洪亮，人没进来，笑声先报到了。只见他双手抱拳，一副武士的礼数：各位好啊！

只听有人问道："您从看守所出来了？"

他笑着说："出来了。过几天还得进去。"

这位就是写《丹东看守所的故事》的作家李迪。说起李迪，可谓是大名鼎鼎，20 世纪 80 年代他的中篇小说代表作《傍晚敲门的女人》，不知让多少读者有惊心动魄之感。这部小说被称为是"开创了中国推理小说走向世界之先河"的作品。几十年来李迪虽然不断地耕耘，但是叫得响的作品平平。作家跟演艺界的明星差不多，演员几天不出场，就会被观众抛弃。作家写不出好作品，也一样不受读者待见。

2011 年，李迪又"火"了，火得如他那件大红的外衣。这次是因为群众出版社出版的《丹东看守所的故事》。说源头是 2009 年底，中国作家协会、公安部监所管理局共同发起名为"中国作家走进公安监管场所"的采风活动，李迪是受邀作家之一。为了完成这次的写作任务，两年内李迪"七下丹东看守所"，有几次一待就是好几个星期。两年的春节他都是在丹东看守所与这里的管教民警及在押人员一起度过的。他想写一部真实的看守所警察的感人故事。以往，人们对"看守所"很少了解，网上有很多关于监管场所的负面新闻，也有很多误区。李迪经过两年多的采访，了解到丹东看守所的管教民警在面对在押人员时，并没有将他们当成犯人对待，而是首先将他们当成正常的人，他们与在押人员谈心，帮他们实现各自的愿望。

我有幸跟随李迪两次来到丹东看守所，我看到了李迪为写《丹东看守所的故事》体验生活时的实情实景。不来这里，实在不敢想象，我看到李迪采访写作的小屋，是在阴面，没有玻璃，灯光也很暗，室内有一张像小学生上课用的课桌，桌后有一张窄窄的单人床，因为没有阳光，屋内有一股难闻的味道。那小屋的窗帘上印着跟关押的嫌疑人穿的囚衣一样的两个字“丹看”。再看李迪住的隔壁，就睡着犯人。

我曾问李迪：“你住的这房间没有洗手间？”他笑着说：“我每天跟留在看守所服刑的这些人共用一个洗脸池和便所，这里只有凉水，冬天洗脸时真是冰凉！”我问这里也没有食堂，你怎么吃饭呢？他说一日三餐乐呵呵地混在警察堆里，他们吃什么我吃什么。我问你怎么不住到条件好一点儿的地方？他笑着说：“看守所远在郊区，山寒水冷粗茶淡饭，大酒店近在城里，冬暖夏凉生猛海鲜。我若早上来晚上走，中午还再回去睡一觉，人家要一天四趟开车接你送你。你以为你是谁？你来干啥的？这都不说，还要让人家坐在那儿傻傻地等你听你问话。你可知人家这些警察已忙得多少天都没回家……”

我还有很多问题想问，此时我只能用敬佩的目光看着他。而李迪却轻松地说着他这两年的体验，他说的最多的就是：“没有人一生下来就是坏人。”“我不是去索取的，我是去学习的，包括向嫌疑人学习，因为他们教我懂得了另类人生。”

李迪每次从看守所体验生活回来，都会来编辑部聊聊。他非常爱动感情，讲到面对嫌疑人想孩子想家、想悔过自新时情景，他就先流泪。他每次都会把写好的故事先给我们看：《等你到天亮》、《死亡的消息在锤声中传递》、《穿蓝马甲的女人》、《只为那传说中美丽的草原》、《最后一片落叶》、《风中的红雨伞》……读这些故事，谁都会被感动。李迪说：“这里一切的一切，让我深感，我所要写的人，不论是警察还是犯人，都是活生生的人。是人，就有人性。”李迪从人性化的独特视角，满怀激情地写出了这一鲜为人知的特殊环境里有血有肉的警察故事，催人泪下，引人思考。这部作品是报告文学贴近现实的重要收获。

特别是在《丹东看守所的故事》研讨会上，丹东看守所的警察们说："李老头儿，希望你常回家来看我们啊。"李迪听到这话又一次哭了。这两年来，这些警察把李迪当成他们家的一员，有些在押人员也盼着李老头儿再听他们述说。于是 2012 年春节，他第八次来到丹东看守所，与他们一起过年。

前不久，李迪为感谢这两年给他帮助的朋友，他与群众出版社的李国强老总一起开了答谢会，还为每个人精心地量身订制了一件警察 T 恤，大家非常感动。

从李迪的身上感受到，一个有良知的作家，他的责任和义务，就是要把真实呈现给读者。

从未远去的身影

赵阳[1]

趴在栅栏外往里看，已过花季的小院绿意葱茏，整洁依旧，却显得莫名的寂寥。第一次来是五年前，我读了李迪刊于《人民日报》上的美文《牡丹花开》，不由得心生向往，便带着女儿来到小院赏花。彼时，牡丹怒放，紫薇葳蕤，蜂飞蝶舞，几只猫儿懒卧花丛，一派四月天的和谐美丽。踮脚眺望花木掩映中的绿纱窗，似乎有人正在窗前伏案写作，轻呼两声“李迪老师”，无人应答。不好意思打扰沉迷写作的花园主人，只把那一园美丽春色欣赏一番便悄悄离去。这段故事后来还被李迪写进文章，刊发在《洛阳日报》

① 赵阳，解放军新闻传播中心报社文化副刊编辑室主任编辑。

上。去年夏季的一天，我在附近办事，思念着刚刚故去的李迪老师，忍不住又向小院走去。我知道那天家中无人，李迪的夫人魏老师去墓园为他选择安息之处了。眼前的小院，绿肥红瘦，阒寂无声，猫儿也不见了踪影。睹园思人，无限怅惘，不由得想起那句诗：鸟啼花落人何在，竹死桐枯凤不来。

从小院植入牡丹，到认识洛阳花农小毛，再到用爱心养活一园春色，写出满纸飘香、花光照眼的文章，引来更多爱花、赏花之人，这是典型的李迪式的故事。他所到之处，如播下种子，总能培育发酵出这样的温暖美好。

樱桃便是一颗这样的种子。2012 年我们《解放军报》长征副刊开设了一个栏目叫“士兵面孔”。老兵出身的李迪深入基层采访，带回来一串樱桃般亮眼甘甜的故事，也让那个藏于樱桃沟的深山仓库为人所知。之后，在他的号召组织下，一批北京的作家、编辑组团前往樱桃沟采访，不仅写出一组好看的故事，还诞生了一个群，取名樱桃帮。后因成立时吃到了美味的大包子，戏称包子帮，就此延用下来。这个相亲相爱的群，在我的微信中长期置顶。在群主李迪的带领下，包子帮如一眼快乐的源泉，时常喷涌着欢乐的水花，滋养着群里的每一个人。

李迪便是一个快乐的打井人。初识他，源于一篇文章《想念你，我的班长》。2011 年的一天，我的主任李鑫把这篇文章交给我，同时介绍说，这位作者曾当过兵，1980 年就在军报上连载过小说。我一口气读完，好看，过瘾！作者下笔有神，写人说事，寥寥几笔，呼之欲出！等见到他本人，性格竟和文风一样鲜明，热情如火，行事如风，心细如发，疾恶如仇。我们一起去樱桃沟采风，一路欢声笑语。李迪一边热心照顾着每一个人，一边细心记录下一个个动人的故事。同样去采访，他总能在平常人平常事中捕捉到那些最打动人的细节。一个老兵受不了寂寞要求退伍，想带走自己种的花却搬不动，原来花根已经穿过盆底的窟窿扎进了大山的泥土。那一刻他流泪了，决定继续留在深山守仓库。我还记得李迪讲述这个故事时眼里的泪光，他的根何尝不依然深扎在军营？对于一个听战士鼾声如听柴可夫斯基的《G 小调第一交响曲》的老兵来说，他心中的军营永远那么优美，他眼中的战士个个那么可爱。真实的部队生活，让一切杜撰苍白无力。李迪走进军营，捡起一颗颗藏在生活褶皱里的珍珠，穿成串，于是有了后来获得“长征文艺奖”的《樱桃沟里樱桃红》等作品。李迪的那份率真天然，发乎真心，没有修饰，没有造作。跟他相识久了，我渐渐明白，最重要的东西不是用眼睛看的，要用心去看。

李迪爱花、爱小动物、爱热气腾腾的生活。他对朋友的好，在圈里更是出了名的。有一年春节前“包子帮”聚会，他无意间听说那天是我的生日，赶着提前出门去订个蛋糕，走得匆忙竟把眼镜放在柜子上忘戴了。熟悉李迪的人都知道红衣白裤墨镜是他的标配。没戴眼镜的李迪那天像变了个人，“面目全非”又似曾相识。像谁？有人恍然，今天的迪老像卡扎菲！众人一端详，他当时头戴一顶群友新赠的新疆小帽，高鼻深目，果然神似。闻听此言，他立刻昂首挺胸，极配合地摆出种种姿势，引人捧腹。因同游云南时的一段趣事，汪曾祺先生曾为李迪题词“有镜藏眼，无地容鼻”，而那天的李迪可谓“无镜藏眼”，同样憨态可掬。每每想起这个快乐的花絮和那个少女心十足的粉红蛋糕，幸福开心的感觉便袭上心头，成为我最暖心的记忆。

在没有路的地方找到路，在没有水的地方打出井，这是李迪一贯秉承的创作理念。一颗博大善良的心和一腔对文学的执着，使他始终以贴近大地的姿态创作，脚步不停，笔耕不辍。他七下丹东，三进塔克拉玛干，六下无锡，四走徐州……一行行坚实的足迹连成了路，一次次在荒芜的土地上打出了井，那甘甜的井水滋润着干涸的土地，也滋润了无数读者的心灵。

最后一次见李迪是 2019 年 5 月，我们一起去贵州采风。在那里，我这个没上过战场的军人见到了一些身经百战的警察，收获了很多感动和敬佩，也明白了李迪这位老兵喜欢写警察故事的一个重要原因。那天我们一起去天眼所在的克度镇采访。通往天眼的 780 多级台阶爬得大家一个个大汗淋漓、气喘吁吁。沿途有 12 星座的雕塑，上面刻有相关的星座知识。听着我们八卦地聊星座与性格，李迪很感兴趣。问及自己那个星座的性格特点，我笑说："闲不住，喜欢在路上的感觉。"他连连点头："我就是这样，一年到头大部分时间都在外面跑，可惜就是陪魏老师的时间太少了。"他脸上露出遗憾的神情。我们劝他悠着点儿，毕竟是七十岁的人了。他感叹地说："你们不知道，越走，感动我的人和事越多。听到忘不了，想起来就心疼，我不能不写他们啊。"一边爬山，李培禹老师一边采访克度镇派出所所长张辉平，听他讲述发生在这条登山路的故事。李迪才思敏捷，听着听着脱口而出："培禹，我给你想出一个好标题《天眼之"眼"》。"后来听我讲法医赵晶晶的故事，他的眼睛又亮了："标题就叫《她有六个太阳》!"两个标题精彩传神，大家都拍手叫好。终于爬上山顶，站在天眼旁边，众人豪情满怀。李老师又瞬间化身李导游，招呼大家合影留念："世界奇观，中国骄傲！没看过的亲，天眼大开！看过的亲，再亮一回!"在他极富感染力的"解说"中，大家"大嘴咧成瓢"，定格了一张欢乐的合影。

从贵州回来，李迪的脚步更匆忙了。在山西写永和人家的故事，到湖南采写十八洞村的故事。那段时间，从他走村串寨与老百姓拉家常的身影中、从报刊上接连刊发的一篇篇小人物大故事中，我感受着他从深扎中获得的感动、力量和忘我的创作热情。年底听说他因劳累引发腰疾，大家甚是牵挂，可不久后疫情开始了，没办法见面，只能在群里关心他。李迪很少提自己的病痛，却常常通报自己的写作进度。大家都劝他停下笔，先养好身体。可他只要能坐起来，就开始伏案写作。后来病情越发严重，最后几个故事是躺在床上口述让速记员整理的。当时我不理解他，有什么比身体更重要？可我又理解他，因为我编过他写的《想念你，我的班长》。当年他到云南当兵，一到连队恰逢拉练出发，班长张烨递过一杆大枪："人在枪在。只要你不倒下，你还睁着眼，就不能丢了枪。"千里拉练路，几乎透支了所有的体力。中途李迪发起高烧，实在走不动了，想上大卡车。"把枪留下，让它跟八班走完全程。"班长盯着他，眼里是火，眼里是水。像雷声滚过，像闪电划过，李迪攥住枪背带："人在枪在。班长，我……能走！"人在枪在，绝不放弃。使命催征，病痛没有让李迪放下他的笔，他要完成他受领的任务。一直到上手术台之前的那一刻，他签发了图书出版前的最后改样，完成了他人生的最后一次拉练。他是一名真正的战士！

2020 年 6 月 29 日，李迪去世了。仿佛是从一场欢乐的聚会里先行离席而去，他的开心笑颜还在眼前，他的朗朗笑声犹在耳旁……但他分明没有走远，在他书写的一个个动人的故事里，在朋友们含着泪光的追忆中，在永和、十八洞村老百姓脱贫致富越过越好的日子里……

走到报社南门口，我常不由得想起李迪老师的身影。几次来报社，都是我来门口接他。记得最近的一次，是他的文章见报，我说寄几张报纸给他。他说不必，他骑车来取。等我赶到南门时，他已经到了，斜倚着自行车，依然是红衣、白裤、墨镜，笑嘻嘻地叫我"阳美"。我说，给您寄去多好，省得您跑。他哈哈一笑："这点儿路不算啥。迪兄每天还去玉渊潭跳'僵尸舞'呢。"接过报纸，放在车筐里，他右脚一蹬骑上了车。我在后面喊了一句："路上慢点儿！"他略一侧脸，笑着抬起右手摆了摆，骑着车向三里河路驶去。灿烂的阳光跃动在国槐翠绿的叶子上，也跃动在那个闪着光的红色背影上。

2021 年的春天来了，三里河路两边的国槐绽出了绿芽，相信小院的牡丹也快开了！

永忆日月山

——怀念李迪老师

金涛[1]

想起日月山，就想起迪老。

那一次，我们一起去安徽芜湖西河古镇，晚饭后我陪迪老散步，地平线上大大的月亮刚刚升起。迪老说，诶，胖姑娘不知道现在怎么样了。

什么胖姑娘？我问迪老。

加油站的姑娘，迪老回答，在青海。

原来，当时迪老正在写作加油站的故事。2018年，迪老用了大半年时间，以69岁高龄奔走边疆九省区，跑了年轻时都没去过的青海、西藏，来了一场说走就走的采访。

到青海的第一天晚上，胖姑娘作为接待方宣

① 金涛，《中国艺术报》通联国际部主任。

传人员，陪同吃饭。胖姑娘自我介绍，说她是“胜天半子”打散重组。啥？迪老没听明白。胖姑娘说，就是“天生胖子”。这个乐观的姑娘，迪老一下就记住了。上菜前，迪老和胖姑娘瞎聊，她突然说起被子的故事，说着说着还哭了起来。迪老说，他的心被扎了一下。可是，胖姑娘不在既定的采访之列，没有录音，咋办？故事已经种在心里了，这个故事一定要抓住。

后来，胖姑娘陪迪老去了几个加油站。迪老心里琢磨，人不是在什么情况下都能动情的，一定选好机会让胖姑娘再说一次，做好录音。终于，在采访的最后一天中午，来到日月山附近的加油站，胖姑娘突然说，当年，她就是在这个站当加油员的，说着眼圈就红了。

迪老赶紧掏出了录音笔。他说，我们先不进站里去了，我们找个背风的地方，我听，你说。胖姑娘说，当年妈妈就是在这里背着被子来看她的。说完放声大哭，边哭边说。

原来，胖姑娘本是甘肃人，为了能“面朝大海春暖花开”，来了青海。没有看到海，却远离了家乡亲人干起了加油站的工作。母亲退休前是个不大不小的干部，为了看望宝贝女儿，背着一床棉被从甘肃赶往青海，不想被客车撂在了半路，天寒地冻，原本八九个小时的路程，母亲用了二十多个小时。到达日月山加油站时，怕影响女儿工作，母亲就默默地站在风雪里看着她……

迪老说，他是后来才知道，胖姑娘生病了，很严重。当时已经转移到北京治病，很担心她的病情。

迪老的文章，后来就叫《风雪日月山》，在《人民日报》上大版面推出。他说，要在第一时间给胖姑娘看到，给她勇气，帮她渡过难关。

那一刻，我的眼睛湿润了。我说，李老师，我也说一个棉被的故事吧。

那是我刚工作不到一年的时候，手头依然紧张，自费去了一趟新疆。不是去旅游。诗与远方，当时于我是一种奢侈。自费去新疆，是要看望近二十年没有见过的大姑。也不是亲大姑，父亲的堂姐。她在我儿时回过老家河南，印象中高高胖胖，很和蔼。后来父亲病重，去世，大姑远在新疆，也没有回老家。再后来，我考上大学，大姑知道后，每年寄回老家一千元，供我读书。当时我一年的学费九百元。正是靠大姑的资助，我顺利读完的大学。

工作后，我第一个要完成的心愿，就是去新疆看望大姑。我在行李箱中放进了茶叶、烤鸭、冰糖葫芦，还有我编辑的报纸，启程。几十年了，老家从没有人去过新疆。老人见到我的那一刻，高兴得不得了。与我儿时的记忆正相反，大姑一点儿都不高大，还很瘦。待了不到一周，我要返程时，大姑说，涛涛，也没啥给你的，这床棉被是新做的，你带走吧，别嫌弃，新疆的棉花好，我没事儿时自己拣的。

没想到大姑会给我这样一个温暖的礼物。

两年后，大姑因淋巴癌去世。

这就是我的故事。跟迪老说时，我哭了。

月至中天，我和迪老从宾馆外的花园回到宾馆接着聊。那天，我们打开了话匣子，说了很多，说了很久。印象最深的，是迪老谈到对青年作家的指导、扶持。他说，你想啊，年轻作家就像刚发芽的幼苗，压在石头下面，软弱，无力，见不着光，这时候你把石头挪一挪，可能就长成参天大树了。

我说，迪老，日月山加油站采访的故事真好，给我们写一篇采访心得吧；又说，迪老，关于年轻作家，您谈得真好，您要再给我们写一篇文章……可惜，迪老很快又投入山西永和和湖南十八洞村的写作，约稿成了永远的遗憾。

再说一个让我深有共鸣的故事。

2019 年，迪老去山西永和采访，有一天晚上，他突然给我打电话，兴奋地说，小金，我又发现一个好故事，我说，你听。

这次的采访对象是一个自己养牛致富，还带领三十八户贫困户脱贫的人。这人的父亲是个老木匠，带着一家从河南到永和讨生活。他爹手艺好，凭着一双巧手，在永和一干就是十几年。直到得了肝癌。去世前一年，他在车站碰到他爹，问，你去干吗？他爹说，病不行了，给自己定口好棺材，干了一辈子木匠，要睡个好棺材。

棺材买回来，他爹往里面一躺，正合适。他站在棺材外面，眼泪一下子就涌出来了。他爹说，你哭啥，人都有这一天。他爹去世时，大冬天，他迎着寒风把爹的棺材拉到村后最高的山上，放声大哭。他说，爹，你辛苦一辈子，养活全家，我记住了你的话，要不就不做，要做就做最好的，绝不偷奸耍滑。爹，你在山上看着我！

后来文章出来，题目就叫《爹，你在山上看着我》。

迪老的话，当时就触动了我。我说，迪老，这件事我很有共鸣。当年我父亲病重，我站在他床前，默默地流泪，父亲说，哭啥呢，人要不死，这地球还能容下？父亲去世后，出殡那天，我怎么都哭不出来；起灵、入葬，我都木然。最后，当乡亲们把最后一铲土填到坟上，伯母说，给干活儿的磕个头吧。头还没磕下去，眼泪已经夺眶而出。我知道，这是我能为父亲做的最后一件事了。那天回去的路上，走一路，我哭一路。

迪老的话，勾起我多少年不愿想起的往事。迪老的故事，太真实。他将自己的文学之根，深深地扎在了这片热土上，他的心，总牵着故事中的人物。

在我的老家，有人去世，我们不说去世，我们说，冇（没）了。父亲当年去世，我最想不明白的一件事就是，一个从你出生就在你身边，天天都在你身边的人，怎么说没有就没有了。有一天，他还会不会突然出现在我面前？

迪老去世，我有同样的感觉。这个大嗓门儿的老头儿，这么有活力，这么热爱生活，怎么说没就没了？他那么爱热闹，那么喜欢和朋友聚会，可是他去世后，因为新冠肺炎疫情，竟然没能组织一个告别仪式，没有和朋友们做最后的道别！

迪老去世后，我梳理他在《中国艺术报》上发表过的文字，不到十年时间，仅仅是散文和报告文学，就有整整 10 万字。另有一篇连载 14 期的中篇小说《国营书店》。连载小说，这在《中国艺术报》二十多年的历史上，迪老是独一份。我约稿时，他刚写好《国营书店》的第一篇。现在还记得他坐在电脑前大声朗诵开篇的情景，仿佛他就是小说中那个刚分到国营书店工作的小青年，那时的书店，怎一个“火”字了得啊。可是，换一个作者，这样的约稿编辑得冒多大风险？小说刚开了个头，不能及时供稿怎么办？烂尾了怎么办？迪老从没让我担心过，还“买一送一”，帮忙约了著名画家刘学伦先生的插画，一篇文一篇插画，都是新鲜出炉，绝配。每次交稿，想从迪老的文章中找一个错别字都是困难的，我很惊讶。迪老这时就嘿嘿一笑，很得意地说，小金啊，李老师可是把每一个标点符号都当汉字来使的。

怀念迪老。怀念永远的红衣少年。

我与作家李迪的战友情缘

张明[①]

也许有人会问，李迪不是著名作家吗，怎么会是你的战友?!

别着急，听我慢慢道来。

的确，李迪是作家，而且是一位十分优秀的、创作成果特别丰富的大作家。他的突然病逝，是中国文学界的一个损失。为此，中国作家协会主席铁凝专门在《人民日报》上撰文，称赞李迪是“一位无愧于时代和人民的作家”，是“时代的记录者，人民的歌者”。

十年前，也就是2010年的时候，我在报纸上看到《丹东看守所的故事》，粗粗浏览，怦然

① 张明，原全国公安文联会刊《家园》编辑部主任。

心动。这是一部连载的报告文学，由于我曾多年在公安机关预审部门工作，对看守所的情况比较熟悉，也就顺理成章仔细阅读起来，谁知一下子就被迷住了。连载里的标题《戴脚镣的舞者》、《风中，那一把红雨伞》、《有条小狗叫花花》，以及丰富的内容和生动的文笔，居然让我看完了今天的报纸，又盼望着明天的报纸。最终读完整篇的纪实连载之后，感觉就像炎热的夏天喝到了雪水，全身心的凉爽！我又仔细看了看作者的名字——“李迪”，恕我当时孤陋寡闻，竟猜想可能是丹东看守所或丹东市公安局的秀才民警写的？作者非常熟悉看守所的内部情形和民警的工作性质，我知道公安队伍里有许多能写文章的民警秀才。后来，又觉得可能不是，因为从潇洒、活泼的文风和老到的遣词用句上来看，应该是一名作家。但不管作者是谁，我建议在《警察文化沙龙》杂志上转载《丹东看守所的故事》，并得到了主管领导张策的批准。

《警察文化沙龙》（后改名《家园》）杂志是公安部全国公安文联的会刊，当时，我受聘担任杂志的编辑部主任。杂志有一个不定期的栏目叫“心情文摘”，专门转载对公安文化和公安文学有指导、帮助和借鉴作用，以及歌颂人民警察的优秀文章。于是，2010年第二期《警察文化沙龙》转载了李迪写作的《丹东看守所的故事》（节选），文章的末尾，我特意注上“文章转自《北京青年报》”。之后，我没想到《丹东看守所的故事》发展得越来越火，不仅出版了图书，而且还拍摄了三十集的电视连续剧《走进看守所》，由著名演员刘佩琦先生、苏瑾女士主演。当然，这是后话。

有一天，我正在编辑部看稿子，有一位客人来找编辑张国庆谈事。张国庆先生是从天津市公安局借调到编辑部工作的资深编辑。他为我们作了介绍，说这位是著名作家李迪，写过《傍晚敲门的女人》等。我定睛看了看他，大约六十多岁，穿着一件红色上衣，精力充沛，热情爽朗。我问李迪先生是不是还写过《丹东看守所的故事》？他点头说是。我说我们的杂志还转载了您的作品，他一听很高兴。于是，我们就在编辑部攀谈了起来。他介绍他年轻时在云南生产建设兵团当过知青，还当过兵。我问他在哪里当兵？他说在十四军四十二师，我说我也在云南当过兵。他问我在哪儿？我说在军区司令部通信总站，十四军军部在开远，四十二师在蒙自。他说你门儿清啊。我说十四军包括四十师、四十一师和四十二师都是我们的通信联络单位。李迪沉思了一会儿又问我，你在通信总站，认识不认识谢丽华？我笑了，太认识了，谢丽华是 1969 年入伍的北京兵，曾担任总站一营二连的副指导员。李迪又说，那杨浪你也认识？我说更认识了，我们一起当兵，从北京坐闷罐子火车来到昆明，在同一个新兵连。后来杨浪留在了军区通信训练大队，他和谢丽华最终结为夫妻。李迪兴奋得一拍大腿说，我们真是战友了！我问他，你怎么会认识谢丽华、杨浪的？李迪说，当年因为热爱写作，他和谢丽华、杨浪都在军区写作班子里。我说你们都是军队里的秀才（谢丽华从部队转业后曾任《中国妇女报》副总编，《农家女》杂志总编。杨浪转业后曾任《中国青年报》国内政治部主任，《中国青年》、《财经》杂志副主编，并著有《地图的发现》、《老歌的发现》等）。李迪笑着说，现在你也是秀才了。我说我可不是秀才，而是为你们这些秀才和大作家服务的。然后，我们开怀大笑，互留手机号码和微信。

于是，我对李迪老师的履历做了一些了解。李迪，1950 年出生于北京，1968 年在北京师范大学附属中学毕业，同年到云南生产建设兵团，后来入伍到十四军四十二师宣传队，1978 年回京在人民出版社工作，1984 年加入中国作家协会。主要作品有小说《野蜂出没的山谷》、《这里是恐怖的森林》、《枪从背后打来》、《傍晚敲门的女人》等。特别是《傍晚敲门的女人》发表后，相继在俄国、法国、韩国出版，开创了中国推理小说走向世界之先河。为了写好《丹东看守所的故事》，他曾七次去丹东看守所体验生活，在那里度过了两个春节，与民警同吃同住同工作，深入了解在押人员的经历和情感，写出了被誉为“灵魂手术的生动报告”，震撼人心。再后来，李迪深入全国各地的警营，用他那支充满热烈和激情的笔，写出了《警官王快乐》、《英雄时代——深圳警察故事》、《听李迪讲中国警察故事》等大部头歌颂人民警察的书。为此，李迪老师成为全国公安文联特邀签约作家。

《警官王快乐》讲了一百个警察为民办事为民除害的故事，每篇千余字。这是李迪在江苏无锡深入社区和警营生活而提炼出来的真实的警民故事。“警官王快乐”是千千万万个无锡民警的代表人物，他四十出头，长着一副鸭梨脸，在无锡惠山新城幸福社区当“片儿警”。社区里的家长里短婆婆妈妈的事情，都让“王快乐”赶上了。他忙，他累，他没家没夜，却把老百姓的事情放在心上，走千家万户，理鸡毛蒜皮，排忧解难，服务群众。按照李迪的话说，就是“用快乐化解不快乐，让快乐像阳光一样温暖，这就是警官王快乐的小小中国梦”。是啊，警察心里装着老百姓，热情为群众服务，维护社会治安，打击违法犯罪，让世界越来越美好，这就是人民警察的中国梦。

至于李迪老师为什么要花费那么多的时间和精力来描写警察、歌颂警察，他在《警官王快乐》一书的后记中写道：一枪击毙罪犯令人叫绝，徒手擒顽夺刀惊心动魄，迷雾重重神探慧眼破案，千里迢迢英雄日夜追逃；爱百姓如父母为民解忧，做亲人似兄妹分担疾苦，扶贫助学接力不断，接警处警分秒必争……这些人，这些事，这些感动，让我时时处于兴奋状态。谁能理解民警的苦累与伤痛？我们的公安民警，天天有牺牲，时时在流血。他们也有老母亲，他们也有心上人，他们也有生死情，他们也有离别恨。可是，当人民需要，当警铃响起，他们冲锋在前，他们义无反顾，面对歹徒的尖刀，迎着罪恶的子弹，鞠躬尽瘁，恪尽职守，他们是和平年代最可爱的人！

《警官王快乐》一书出版后，李迪老师送给我一本，并在扉页上郑重地写下“张明老战友一乐”。

其实“快乐”也是李迪老师性格的显著特征。只要你与李迪见面，交谈中总会听到他那热情、爽朗的笑声。2017 年 9 月，李迪当选第三届全国公安文联名誉理事，使他更加近距离地了解警察，熟悉警察，歌颂警察，为人民公安事业鼓与呼。我为有这样一位战友和老师而自豪。

李迪老师与我在写作上还有一些互动。我曾写过两个系列散文，一个是北京公交车见闻录，另一个是军旅生活回忆录。每次写完新的一篇，我会贴到博客里，并转发微信。只要李迪老师看到了，总会认真阅读。2016 年 9 月 25 日上午，李迪老师在微信《北京公交见闻录》评论区留言："老战友的公交车见闻录很好看，社会百象，烟火众生，间或有作者的忧国忧民，让我深感张明兄的仁爱、厚道、善良与正义。文字越写越老到，布局平中有奇，读起来如身临其境。我有时没看到，还要往回翻，看看老张又出了什么彩。这部不紧不慢的作品，与明兄前期的当兵回忆堪称兄弟篇！赞！"2018 年 1 月 22 日上午，李迪老师仍然在我新写的《北京公交见闻录》评论区留言："坚持写你最熟悉的生活，真好！敬重！"同年 9 月 3 日，我和老伴儿去俄罗斯旅游，12 月开始写俄罗斯游记。李迪老师看到后，特意给我发来《北京日报》高级编辑李培禹先生写的《俄罗斯游记》供我参考。李迪老师的战友情谊总会让我激动得心情不能自已。

说到写俄罗斯旅游见闻，我又想起另一个李迪老师与战友的故事。在我的手机微信里，有好多个战友群。有北京战友群、云南战友群、贵州战友群、山东战友群，还有未见过面的战友群。许多时候，我会将写好的军旅回忆文章发到战友群里，很多战友都会阅读、点赞，甚至给我留言，引起我和大家的共鸣。一位不曾谋面的女兵"紫晶盈"，也是经常为我点赞并留言的战友。一次，她在战友群里贴出一张人物照片，并@我猜猜是谁？照片上的人物很滑稽，头上顶着一个水手帽，脸上戴着一副墨镜，穿着一件红汗衫，左手举着一把透明花伞，右臂弯曲，右腿高抬，侧身的动作十分夸张，脸上的表情又快乐无比。我一看就知道是李迪，但是又有些含糊。因为这位"紫晶盈"战友位于河北石家庄，无论是工作或社交，应该不会与李迪有交集。我没有马上回复她，其他战友也在群里问"紫晶盈"，说"能不能提示一下"？后来我想，不是李迪又是谁呢？战友"紫晶盈"为什么单单让我猜呢？显然应该和我有关系。我说看上去很像李迪。"紫晶盈"回复说就是李迪。

这位"紫晶盈"战友实名赵宏，河北唐县人，1982 年 10 月入伍，昆明军区通信总站无线电连战士。后来上军校，毕业后分配到四川省军区，再后来调到北京军区空军通信总站，几年前转业到地方。不久前，赵宏随旅游团去俄罗斯旅游，在这个旅游团里就有李迪。在她知道李迪是作家并经常写公安题材的作品之后，赵宏说，我们战友里也有一位公安作家。李迪问是谁呀？赵宏说“张明”。李迪说“太熟了，这么说我们都是战友了”。李迪讲了他在云南四十二师当兵的事。因为赵宏相对年轻许多，一路上尽可能地照顾李迪战友，并为李迪拍摄了许多照片。那张李迪的滑稽照就出自赵宏之手。这个世界真是太小了。

接到李迪老师的噩耗非常突然。因为在我的印象中他的身体一直很棒，年过七十仍然坚持每天锻炼，每天做一百个俯卧撑和一百个仰卧起坐，因而他的腿脚极灵便，思维也敏捷。后来才知道，去年（2019 年）11 月，李迪参加了中国作协组织的“脱贫攻坚题材报告文学创作工程”活动，深入湖南省湘西土家族苗族自治州花垣县双龙镇十八洞村蹲点采访创作。这里是海拔接近千米的高寒山区。李迪谢绝了县城或镇上的住宿安排，而是执意住在十八洞村村口一个没有卫生间的吊脚楼客栈。十八洞村一共有四个苗寨，相互之间的距离平均五公里，李迪就在四个寨子来回奔走，淋着毛毛细雨，沿着石板路爬上爬下，吃饭也不能按时，与采访对象谈话有时熬到深夜。这对一位七十多岁的人来说，是个不小的生活考验。但是，我们看到的却是李迪在村里随时随地找人拉家常，帮助村民卖菜吆喝，种地聊天，做饭打下手，陪着村民赶集市、摆地摊。他的扶贫故事就是这样一个一个写出来的。后来，李迪因过分劳累，身体抵抗力下降，染上一种病毒，致使全身过敏，严重影响了他的身心健康，最终导致心肺衰竭不治，2020 年 6 月 29 日上午病逝于北京。

我托群众出版社编辑张璟瑜女士找到一张李迪在云南当兵时的黑白照片。身着六五式军装的李迪，年轻英俊，潇洒自如，聪慧的目光凝视着世界和我们，恍若昨天。

战友李迪一路走好。您的作品就是留给我们的纪念碑，我们阅读您的作品就是对您最好的怀念！

向阳而生

初曰春[①]

“迪老”和“红衣迪老”是很多公安作家对李迪先生的尊称，在众人眼里，他是学习的榜样。而我则觉得“红衣”才是先生的特质，因为那鲜艳的色彩更像是一面不倒的旗帜。

许是跟都有当兵的经历有关吧，每次与迪老相见都会感到莫名的亲近。虽然先生比我早当兵26年，且他入伍多年后我才出生，但他总是谦虚地纠正我的说法——不许喊前辈，就喊老兵。

的确，迪老是文坛的老兵，更是公安文学战线上的老兵。这么多年来，他一直以作家的责任与担当，关注警营生活，深入基层一线，讴歌警

① 初曰春，全国公安文联创作室副主任。

察形象，创作了一大批脍炙人口的公安题材文学作品，以至于不少人把先生当成了公安系统内的作家。

迪老给我印象最深的作品是《警官王快乐》。在无锡开作品研讨会的时候，我跑到他下榻的宾馆房间，请教创作上的技巧。那时候，先生与我并不熟悉，他笑了半天，再三确认我的名字，仿佛为我的姓氏和名字中间的字感到纠结。

聊过之后，我才知道，“王快乐”的原型是无锡若干基层民警的缩影，而素材的来源则是靠迪老海量的采访——他跟局领导说，你别刻意安排采访对象，就给我准备一百位民警，让他们都准备三个故事，我挨个儿听他们讲故事。原话是不是这么说的，我不太清楚，只是看到了他对创作的认真态度，认真得有些较真儿。

过后，我反思自己。因为工作关系，我有很多次到基层采风的机会，惭愧的是，我通常是走马观花、蜻蜓点水，有时跟受访者聊上个把小时，就开始动笔。某个周末，我把个人的尴尬告知迪老，他仍然是笑，说小春，你能意识到问题就是进步。彼时，先生与我已经是忘年交了。

没错，迪老喜欢笑，而且喜欢喊我小春。关于对本人的称呼，还有一段小插曲。

刚开始，与先生相逢，他总是侧起脸问，小初，小朱？曰春，日春？还没等我回答，他又爽朗一笑，说这名字起的，很文艺范儿，像个笔名，注定了你要写文章。这对于我而言，是一种鼓励。

《警官王快乐》被改编为电视剧的消息传来，我给迪老发了微信，表示祝贺。

他回复说，同贺同贺，期待你的作品也能得到影视公司的认可。

我当即表态：谢谢鼓励，一定努力。

迪老瞬间回复：嘿，小春，合辙押韵。

我能想象到他正笑眯眯地看着手机屏幕。我不太擅长与人交流，便匆匆用语音回复，说有什么需要跑腿儿的，请尽管吩咐。这句话我跟很多朋友说过，多数人一笑而过，唯有先生了解我的为人，那不是客套之词。

迪老也回了段语音，说少不了麻烦你，用着你的时候可不许推三阻四。

迪老为人实诚，也乐意交往实在朋友，他跟身边的挚友都是实打实的交情。老实说，能够得到他的认可，是我的荣幸与骄傲。

过了没多久，迪老打来电话，问我是否有空儿？

我反问，老兵同志，有何指示？

迪老说，老兵同志请你去探班，写写剧组幕后的故事。

也是赶巧，那一个月，我一直在外地出差。得知我没在北京，先生连说遗憾。

我说，如果不急，就等我回京。因为有之前的承诺，我争求先生的意见。

确认过我返程的时间，迪老说，太好了，先谢了，就等你回来啦。

我说，别谢我，这事儿我爱干，不干我不快乐，就像《警官王快乐》序言里写的那样，快乐，来五毛钱的。

他说，对，快乐，来五毛钱的。

迪老就是这样，什么事情到了他那里，都变得风趣无比。他会用自己的热情感化身边的人，进而让对方也对火热的生活产生火热的激情，就像那带着热烈色彩的红色上衣一般。

有段时间，我在北蜂窝路租房，住处恰好在迪老所在小区的斜对过。赶上聚会，先生总是与我相伴而行，路上免不了聊些感兴趣的话题。

有一次，他得知我也养猫，兴奋地提及他院子里的猫，还专门邀我拍了照片，跟他很多作家朋友家里喵宝们的图片放到了一起，发了微信朋友圈。我只是点了赞，没有评论，现在有些后悔，没在下面说当时的感受——“您是一位真正有爱心的人”。

我一直认为，热爱小动物乃至大自然万事万物的人，必定是心地善良的人。先生离开之后，我看到魏阿姨从公众号发布的一篇文章，提及丈夫生前连花园的草都不舍得拔掉。我猜想，迪老是过于看重那些生命，哪怕是没有语言、没有思维的花花草草。谁也不会想到，他过早地将生命定格在某一瞬间，带给我们的是无限伤悲。

夜深人静的时候，我忍不住去回想与迪老交往的点点滴滴，也自然而然地记起他说过的一句话。

那次还是在先生小区门口，一位年轻女子从我俩面前走过，弯腰从路边绿化带摘下一朵蔷薇。先生叹了口气，我问怎么了，他说花草也是有思想的，譬如向阳花，无论经受过多大的风雨，依旧会昂起头，向阳而生。

此时，我忽然发觉，迪老这一生也是向阳而生，从知青、士兵，一直到无愧于时代的人民作家，他始终在为警察创作，在为群众创作。那些带着他生命气息的作品，也留给了身后的人们，而且注定会成为永恒。

李迪生命中的最后一本书

史佳丽①

作家出版社在脱贫攻坚决胜之年拟出一套十本反映在此战役中涌现出来的先进典型的报告文学丛书，领导把任务交给了我。李迪老师是中国作协脱贫攻坚题材报告文学创作工程邀请参与的二十五位作家之一，他前去湘西十八洞村采访撰写的报告文学理所当然要收入丛书之中。2020 年的 3 月 1 日，我给李迪老师打了第一个电话，此书出版工作正式开始——编辑和作者接了头。

电话中的李迪老师声音如同他标志性的红衣一样，亮堂、高亢、热情。交谈中我得知，去年初冬他从十八洞村采访回来，因腰部不适已经卧

---

① 史佳丽，作家出版社少数民族文学编辑部主任。

床两个月了。听到这个情况，我心里“咯噔”一下，书稿还没动笔，作者尚在卧床中，这书稿还有指望吗？李老师可能猜到了我的担心，大声说：“医生说三个月就会好，还有一个月我就可以起来了，我身体素质好，写起来很快的。6月交稿没问题！书名叫《十八洞村的十八个人》。”语气自信而坚定。

撂下电话后，他从微信里发来中国作协副主席高洪波写给他的：

十八个神仙十八洞村，
十八位罗汉说脱贫；
十八家故事真生动，
湘西父老谢恩人。

屏幕上两个笑脸后写：“代序了！”

通话后的两天，社里通知申报中宣部的国家主题出版项目，需要书名、作者、作品简介。这让我犯难了：李迪老师采访回来不久就生病，构思了吗？可除了作者，谁能编内容提要啊？惴惴中，我发了微信给他：“能给个一百五十字的内容提要吗？您语音就行，我给您打出来。”李老师回复：“我用手机写出来发你。有点儿慢。”四十分钟后，居然发来了四百多字的提要！

多么要强的一个人啊！这可是一个年逾七旬的卧床老人啊！真的让人敬佩！我心里暗暗庆幸：又遇到好作者了。

这之后，我在忙于丛书其他书稿之余，偶尔也微信问候李老师一下，得知他恢复并不理想，偶尔下床，非常虚弱，头晕……一天，他说：“三月阳春，于腰病有助。有明显好转。但，3月多在床，人虚弱得要命。起来走两步就不行了。看来要恢复，还有一个过程。最苦恼的，老躺着，夜里失眠。睡觉成了最大问题，也不想吃安定，怕伤了脑子。”微信中明显感觉他急迫的心情，却力不从心，字里行间透着无奈。

转机发生在3月25日，这天他高兴地告诉我：“的确，我一天好过一天！照这样好下去，我准备4月1日变身键盘侠。”果不其然，4月1日晚上十点多，李老师微我：“美女，今天是4月1日，我如约开工了！”随后，发来书稿的开篇和《就是悬崖我也要跳》一文，一共有一万多字。“书名还是叫《十八洞村的十八个故事》吧！”他说。刚复工就这么大工作量，我真怕他吃不消，赶紧回复：“悠着点儿啊！身体要紧！”

这之后，他开始频频联系我，作协的通知啊，修改过的稿子啊，进度啊……4月17日，在转发完作协通知后，李老师信心满满地说：“6月交稿无悬念！”接着的几天，他把在报纸上发表的书中片段一一发我，十八洞村村主任隆吉龙发给他的微信是：“李老师，为了我们村的每一个故事费尽心思，带病工作，我为你的这种写作精神由衷敬佩，再次说一声您辛苦了，感谢您对我们十八洞村的辛勤付出，感恩及荣幸认识你。”我想这就是他这么拼命创作的原动力啊！没有什么比采访对象的褒奖更令人欣慰了！5月11日，李老师发微信说，打算月底对书稿发动总攻。这天他去医院复查了，坐了还是腰疼，“约了各种拍片”。

哪承想，18日下午5点10分，他突然发了一张“住院申请单”给我——

李迪：美女，我引发多种病，要住院了，明天会请假。书按时交稿没问题。

佳丽：呀！要紧吗？

佳丽：治病要紧，身体第一！

佳丽：先别惦记书稿了！严重慰问。

李迪：书稿一定按时！！！

5月23日是个周六，晚上六点多，李老师破例打电话给我，说他下周就要做心脏手术了，周一上班就要做术前准备，他这两天就把书稿发我。湖南方面也已经看过了。我赶紧说，手术要紧，不在乎这点儿时间，其他术后再说。医院的探视时间是什么？我现在能为您做点儿什么？需要我做什么？他说都安排好了，现在疫情阶段，医院不方便探视。书稿排好请发湖南一份。

5月25日上午十点多，已经住院一周的李迪老师把十八篇故事一篇篇在微信中以文档形式发来，嘱咐我按目录排好，他没有力气完成了。有两篇他请人校对还没返回，不等了。这次他是在微信中语音发我的，同之前洪亮的声音不同，说话气力不足，几个字一顿，尽管想尽力说连贯，口齿也不那么清晰了。可是他依然在叮咛，在嘱托："如有不明白的及时问我，因为只有四天时间我就进手术室了，从今天算起还有四天，这四天非常宝贵，随时还可以联系。"他担心我们在编辑过程中遇到问题，牵挂着书稿里可能会有的错别字。当天下午，他又把别人校出来的差错，拍照发了十二页给我，嘱咐核对、改正之后一定打印一份纸样给他，他术后可以看看，有问题还可以改。与谈出版合同时的大方随意完全不同——他丝毫不在意我们给多少报酬，空白合同签了名就寄了回来，但他对待作品的认真、严谨就像送孩子出门一样。是的，他说过"自己的孩子出门总要给他打扮好"！如果不是在病房里，一定不用这样叮咛！

我真的被李迪老师强烈的责任心打动了，要知道他得的不是普通的小病啊，一边听他断断续续的语音，一边泪流满面——我拿到的书稿，是名副其实的泣血之作啊！一位为文学事业鞠躬尽瘁的作家，一名文坛英雄！最后，他说："在手术之前我能把书稿完整地交给了出版社，交给了你，我也就踏实了。我的手术一定能成功！就是万一有什么闪失，我也完成了党交给我的任务，或者是说作家协会、作家出版社交给我的任务，我也最后完成了，对吗？佳丽，为我加油吧！"

我回复："您已经凭着坚韧的毅力和非常强烈的责任感完成了这个光荣的任务，放心按医嘱去进行手术吧，等您全面康复的时候，迎接您的是一本飘着墨香的精美新书，您和新书一块儿走向新的人生！"

接下来的日子，为了这个承诺，也为了这套十本书的完美出版，我和搭档都在加班加点精心赶制。6月16日，好消息传来，这套书入选"中宣部2020年主题出版重点出版物"。然而，还没等我告诉李迪，就传来他病危的消息。闻听此事，犹如五雷轰顶，怪不得之前我微信告诉他书稿已经二校完成，没有回复我！可我真的不敢相信！我电话联系李迪老师的爱人，要去病床前送校样给他！哪怕让他摸一摸他的心血之作也好！李迪的夫人魏老师说，去了没用，家属也只能在ICU病房门外守着。难道李老师就这样看也不看一眼他的新作就走了？我不甘心。

6月29日，李老师还是走了！好在我的同事们连夜赶制的《十八洞村的十八个故事》的临时样书，在他弥留之际送到了他的床头。铁凝主席说："他真是一团火，跃动着、燃烧着，给这个世界送来热量和温暖。"

7月31日，距离我与李迪、与此书结缘五个月后，我含泪签了本书的装前样。今天，这部新书终于和广大读者见面了——《十八洞村的十八个故事》——著名作家李迪老师生命中的最后一部著作。

（原载《北京日报》2020年8月17日）

夜忆迪老

张晔①

一

2020年6月29日，夜。

是夜难眠。

上午，我正在单位开会，会场上一位同事忽言：迪老去世了！大家立马查看手机上的新闻。一条短新闻赫然刺入眼帘：著名作家李迪于2020年6月29日9时38分因病医治无效离世，享年71岁。新闻最后写道：李迪创作精力旺盛，常年深入农村、油田、警营等一线采访写作，积劳成

① 张晔，中国人民公安出版社文艺分社副编审。

疾。他的最后一次采访是在新冠肺炎疫情之前，他像战士一样倒在了毕生书写的真情文章案前。在他生命的弥留之际，其采访的反映农村脱贫攻坚的报告文学《永和人家的故事》和《十八洞村的十八个故事》两本新著付梓出版，成为他留给读者最后的纪念。

夜晚11点多，我，躺床面顶，再度想起迪老，忆及点点滴滴，织补从前过往。

我是迪老最后一部公安文学图书《英雄时代——深圳警察故事》的责编，也是他生前最后一部获奖作品的责编。我还编辑出版过迪老的《傍晚敲门的女人》、《戴脚镣的舞者》、《风中，那一把红雨伞》、《穿蓝马甲的女人》、《星星点灯》、《走着走着花开了》、《警官王快乐》、《你可知道，那草帽在何方》等作品。迪老于我亦师亦友。开始叫他李老师，随着接触的深入，去掉了生分，渐渐称其“迪老”，既表尊重，又显亲近。

虽然迪老是我交往的作者中年龄最大的一位，但他并不老，每天坚持做一百个俯卧撑，身体不输小伙子。他性格开朗，幽默豁达，平易近人，脸上始终洋溢着笑容，让人倍感亲切。他才思敏捷，是个写作模范，六七十岁还勤于写作，在我公安文学出版领域耕耘二十年的职业生涯中，在我认识的作者中，实属少见。记得在2018年除夕之夜，迪老依然不辍创作，在电脑前用灵动的手指敲打着“深圳警察故事”。其他人说起迪老，说的最多的便是，迪老精神头足，勤于写作，并以此为乐。

然而，矍铄、平和、勤奋、乐观的迪老，虽未进衰年，却没有抵御住突至的病情，溘然长逝，令人叹惋。得到迪老去世的消息，我很悲痛。关于他的一些事，是值得我永远回忆的。

二

2013年2月5日，夜。

是夜因阅读带来的身体颤动而兴奋。

上午送有孕在身的媳妇儿至火车站回老家准备过年，晚上回到家中，在书桌前读完《丹东看守所的故事》，上床睡觉，却不能眠。

受公安部宣传局委托出版《第十一届金盾文学奖获奖作品集》，《丹东看守所的故事》名列该奖项第一名。鉴于《丹东看守所的故事》是一部长篇报告文学，只好忍痛割爱以节选方式收录其中。为了选出最动人最精彩的章节，我要翻看一下这本书。以为是翻看，便选择了这样一个相对轻松的夜晚。可未承想读着读着让我颤抖心动，遂将全书细看了一遍。那是一部“当代中国看守所真实状况实录”，迪老满怀激情地写出了特殊环境下有血有肉、激荡人心的故事，读时让我有一种被刺痛直至全身颤动的感觉，从此迪老的作品和迪老扎进了我心里。

这并不是我第一次接触迪老的作品。2009 年我编辑迪老的《傍晚敲门的女人》（收录《公安文学六十年作品精选》小说卷中），那时初识了迪老的作品，也通过网络了解了迪老。

迪老，20 世纪 60 年代末开始发表作品，系中国著名侦探推理小说家。《傍晚敲门的女人》在 20 世纪 80 年代发表后，相继在苏联、法国、韩国等国家出版，开创了中国推理小说走向世界之先河。2009 年，恰是我从业十年之际，十年间我主要编辑出版世界侦探推理小说。在侦探推理领域，外国作品特别是英国和日本的优于中国的侦探推理作品，这是不争的事实。当编辑到这篇受到金发碧眼的西方人认可的中国侦探推理小说时，着实对这位还未相识的神秘作者产生由衷敬佩之情。创作《傍晚敲门的女人》时，他才三十多岁。每每和我讲起当年在北京市公安局采访犯罪嫌疑人时就吃两个馒头喝上几口白开水，一采访就是半年，他颇为荣耀与兴奋，仿佛一个孩子刚刚获得了全年级唯一的“三好学生”证书一般。

后来，与迪老熟识起来，听他讲起丹东看守所，总是充满自豪与激情。他七赴丹东，两个春节都在看守所里度过，与干警和在押人员同吃同住。春节那几天，在押人员都想见见迪老，他们对管教说：“这辈子跟父母都没说的话，今天要跟李老师说说，因为他把我们当亲人。”一个在看守所里走夜路的形象时常晃动在我眼前。月黑风高，一个人影迎着寒风走在看守所的小路上，哨兵突然打开探照灯，一个缩着脖子的老头儿慌忙喊道，别开枪，我是好人！他就是迪老。迪老就是在这样一个悲痛与寒冷交织的地方，那样一个陌生而熟悉的处所，散发出自己真挚的情感，以乐观的精神、饱满的热情，书写了《戴着脚镣的舞者》、《风中，那一把红雨伞》、《穿蓝马甲的女人》，那些让人读着几近颤抖的凄婉悲情故事。

今夜，终于拜读了他的《丹东看守所的故事》，看书思人，他那张略带皱纹却洋溢阳光气息的脸如影历历。

三

2018 年 12 月 28 日，夜。

是夜睡前给女儿讲自己即兴编的故事，我将《英雄时代——深圳警察故事》中的几个故事改编为“儿童剧”，坏人用大灰狼、小狐狸代替，好人由大象、黑猫充当。由于迪老编织的故事构思巧妙，加之小动物的形象，女儿很喜欢听。女儿在一个个警察故事的讲述后，慢慢睡去。我起身离床整理资料，想到几天前，《英雄时代——深圳警察故事》研讨会在出版社召开，作为《英雄时代——深圳警察故事》的责编，我与迪老的交往因为出版这本书、因为这次研讨会而进一步加深，也在沟通与摩擦中碰撞出了友谊的火花。

在召开《英雄时代——深圳警察故事》研讨会的前夜，几人在出版社会议室布置会场。在会议手册上少了一个迪老以前同事的人名，迪老不高兴，说要重新打印上，我觉得是迪老在反复确认名单时疏漏了，迪老认为是我打漏了，迪老坚持重打。六十多份重新打印、装订，还是挺麻烦的。在迪老的坚持下，我们重新打印装订。忙完准备工作，我们一起吃饭时，迪老特意敬了我一杯酒，说自己有些着急，希望理解，又调侃几句。我瞬间释然了。我们举杯小酌，一酒一笑泯不快。和许多获得成功的人一样，平易近人正是迪老思想成熟的一个重要标志。对待他人，迪老总是热情洋溢，亲切随和。他和我辈青年编辑、作家交谈时，从不使用“你要怎样”、“不要怎样”之类说教的话语，而是经常用幽默的语言、形象的比喻、接地气的北京话来说明一些道理，全然没有居高临下的姿态和大作家的架子，他可曾在人民大会堂作为作家代表讲过创作体会，是见过大世面的大作家啊！迪老乐于帮助青年公安作者和编辑，指导他们写作，在文学创作方面给予他们诸多慰勉。他经常为年轻作家或行业作家授课，传授写作技巧。他的“生活是创作的源泉”，“三个故事撑起一篇报告文学”等或宏观或微观的创作理论，通过其三言两语的讲述，开启了很多人的报告文学创作之门，可惜那时我不太用功，没有深入创作世界中。

迪老，是个重情重义的人。在《英雄时代——深圳警察故事》研讨会召开前，与会领导、专家在红红的签名册上书写了大名。在会场服务的编辑对这样的签名册权当应景之物，在会议结束后将其抛于脑后。由于未把签名册交于迪老，他接连催问两次，最后由一位离他家较近的编辑带给他。一本普通的签名册，在迪老看来，见字如人，“浮现眼前，犹如昨天”。还记得他曾讲起汪曾祺送的一块赤峰鸡血石及一幅墨宝，他一直妥善留存，以石忆故，墨宝追昔。

四

2020年6月30日，凌晨。

此时已是迪老去世后第一个凌晨时分。实在睡不着，我翻看起迪老的朋友圈，看到迪老赴东欧旅游的见闻，感觉一片火红出现在异国，让我心悠然一动。迪老以一篇轻松别致的游记，带我穿过蓝色多瑙河，目睹壮丽的布达佩斯渔人堡，了解古老而神秘的斯洛伐克，为这略微燥热的夏夜送上一丝清爽快意。

迪老，是个快乐的老头儿，是个热爱生活的老者，是位有亲和力的智者。迪老有文学界“红衣少年”的美誉，难忘记他参加在西安举办的全国图博会的一张照片，他身着红衬衣白裤子，头戴海军帽，撑伞奔跑，颇显顽皮。已近古稀的迪老，依然让我感受到他身上不散的朝气与活力。迪老的作品接地气，接人气，所以作品贴近人心，有读者缘。从迪老的很多作品中，可以分享到美好的事物，体会到他的快乐，感受他对生活的热爱。朋友圈中，迪老的微信我是喜欢看的，他每次都要写上一段充满亲和力的推荐语，比如在他创作的《女行千里父担忧》（原载《天津日报》）公众号文章上方的“这一刻的想法……”一栏，迪老写道：我的好朋友们，年关已近，你是否已经或正走在回乡的路上？你是否已经安排好大年三十与老人团聚？是自己包饺子还是去饭店？或许，大年三十你来不及，那么，初一，一定要去看看老人。他们望眼欲穿！他们别无所求！迪老最后不忘献上五朵“红花”、四颗“红心”、四杯“咖啡”。

著名诗人李瑛去世后，《天津日报》特约迪老赶写出悼念文章《落瑛如霞》。迪老写得情真意切。在他的文章最后写道：“他走了。他又没走。诗人没走，他变成了孩子。他依然在作诗，依然在歌唱，他张开永不疲倦的诗歌的双臂，拥抱喷薄旭日，拥抱满天朝霞！”和蔼、可亲，脸上总挂着笑，这是迪老给我的永恒印象。迪老，热爱生活，勤于写作，富于爱心，他常常非常鲜明地出现在我的眼前。如今，“他走了。他又没走”。

凌晨的思绪又转至6月下旬。迪老身体病情恶化，恰逢新冠病毒二度袭击京城，北京从三级转为二级防控。迪老住在301医院，家属婉言拒绝大家去医院看望迪老的请求。在迪老弥留之际，并未看上迪老最后一眼，深感遗憾！我想象着迪老在病榻之上永远睡去前的场景：攥紧拳头，也许还向往着拿起如椽大笔，继续抒写像火一样燃烧动人心魄的作品；嘴唇微合，似有千言万语要倾泻而出，但却无奈咽下；眼神焦躁，从眼角淌出泪河，那条河映出他对这个世界依依不舍的留恋，他留恋火热的警营，留恋永和人家，留恋迷人的加油站，留恋十八洞村的村民们……

（原载《东方利剑》第5期）

99℃李迪

张璟瑜[1]

作家大都是热血的，他们更容易于平凡的世界中，看到大爱，看到高尚，看到丑恶或不平，他们时时刻刻准备奉献出自己全部的情感，与他人的故事融为一体，为这个世界塑造记忆。

而李迪，是我见过的血最热的作家，常年保持99℃，稍一加热，即刻沸腾。他被圈里人称作“红衣少年”，一团红色，既是他的色彩，也是他的温度。接触过他文字的都能感受到这份热量，而接触过他本人的人，都知道，99℃是他的体温。

他为自己的热血和高温，选择了一个匹配的出口——人民警察。

① 张璟瑜，《啄木鸟》杂志编辑。

李迪与公安结缘，始于1984年到北京市公安局七处体验生活，在位于半步桥的预审处，他被一份女死刑犯的卷宗攥住了心。李迪千方百计找到了当年的预审员，果真挖到了一个如泣如诉的爱情故事，这就是1984年在《啄木鸟》第4期刊发的侦探推理小说《傍晚敲门的女人》，这篇小说开启了中国侦探推理小说走向世界的先河。

李迪一向走在时代前列，时代前列就是最基层、最一线，时代前列站着广袤的中国大地上如沙砾一般的普通人。

李迪从不是一个书斋作家。2009年，60岁的他参加中国作协和公安部监管局组织的采风活动，活动结束后，他又七次返回丹东看守所，在那里与在押人员一起度过了两个春节。他采访了所内的全部警员，采访了近百名在押人员，录音笔用坏了三只。

一个又一个死刑犯把要从这个世界带走的话告诉了李迪，在监号里，李迪与犯人抱头痛哭，那泪水冲刷着一个个人生不可挽回的错误。李迪被镣铐中的人性深深打动。

对于写作，李迪说：感谢生活！他说，生活是口井，找到井，有水喝！其实，井不难找，难的是打井，打得深，才有甘泉。

李迪爱哭，他从不故作深沉；李迪爱笑，人没到“哈哈哈”的笑声就先期抵达；李迪爱吃，群众出版社的食堂，他每次见面都说，我最爱吃你们食堂的大包子；李迪爱美，红衣白裤小墨镜是他惯常的装扮，那衣服总是纤尘不染，红得透亮、白得也透亮；李迪爱花，小院儿里种满洛阳抱回的牡丹，四月盛开，姹紫嫣红，好像插满鲜花的轿子；李迪爱猫，在他家里，猫和人一样活得自在，家里有小窝，院儿里还有“别墅”……李迪爱交朋友，不管是将军还是士兵，不管是公安厅长还是社区民警，不管是加油站的工人还是田间地头的农民，不管是配钥匙的大哥还是美容美发的大姐，李迪平视着一切人。

李迪能发现最普通的人身上的闪光点，他为小人物树碑立传，他笔下的人物都有一种在油锅里炸过，也要跳出来的劲头儿！

2019年11月，李迪应中国作协的邀请，去湘西十八洞村采写脱贫攻坚。半个月里，每天吃住老乡家。山高阴雨连天，他每天爬山走寨，腰受寒凉。回京就是一场高烧。

这次湘西之行，让一向虎虎生风的李迪腰椎滑脱，四个月卧床，不能坐立、行走。

今年牡丹花开时，我去家里看他，因为疫情进不去小区，与迪老和他老伴儿隔着栅栏门相见。看到他瘦削的身影、慢慢挪动的步伐，我的眼泪忍不住哗哗流。李迪还开玩笑说："红衣帅哥变非洲难民喽。"

问及病情，他说四个月躺在床上，白天老睡觉，晚上睡不着，苦不堪言。这两天腰痛有所好转，能下床走一走了。只是还不能久坐，坐个十分钟就受不了。他心急十八洞村的故事，那是他对中国作协的承诺，更是他对十八洞村村民的承诺。3 月 30 日迪老微信我："今天开始写十八洞村的故事，坐不久，每天写一点儿。"

4 月 23 日，《黄桃金灿灿》刊载于《文学报》，这是他笔下鲜活的色香味。

4 月 27 日，《就是悬崖我也要跳》刊载于《文艺报》，这是他笔下敢跟命运对着干的不服输、不信邪！

5 月 6 日，《腾飞的十八洞村（决胜 2020）》刊载于《人民日报》，李迪是人民的作家，是书写每一个普通人走向胜利的歌颂者！

2020 年 6 月 16 日，中宣部公布 2020 年主题出版重点出版物选题的通知，李迪的《十八洞村的十八个故事》是作家出版社"脱贫攻坚系列丛书"中的一部，榜上有名。

然而，他却看不到了。

6 月 1 日儿童节，李迪开胸进行心脏手术。手术非常成功，但术后感染一个接着一个。直至 6 月 29 日，红衣李迪就像近五十年前在云南参军入伍的战士李迪一样，与病魔进行了一轮又一轮激烈交战，虽败犹荣！

今天上午 9 时 38 分，我们的好朋友、著名作家李迪永远地离开了。

从此，世上少了一团火，天上多了一颗星。

愿迪老一路走好。

（原载《啄木鸟》微信公众号 2020 年 6 月 29 日）

我心里的红衣天使

刘怡[①]

在我的记忆里，永远有这样一位红衣天使。他热情、爽朗、爱讲故事，总是红上衣、白裤子。他就是李迪老师。

我是一名原创童书的策划人，2017 年的冬天，我刚到中图公司担任“中图绘本教育联盟”的总策划兼秘书处主任。有一天晚上，一位从前合作过的插画师来办公室找我，一进门就满脸兴奋地抓着我的手说：“刘怡，我跟你说，我发现一个好故事，很适合做成绘本，如果你喜欢这个故事，咱们一起去见见这位作家吧！”于是，在这个晚上，我听了一个故事《004 号水井房》，

① 刘怡，中国图书进出口（集团）有限公司国际营销部副经理。

知道了一位作家，名叫李迪。

一口沙漠里的井，一对朴实的老夫妻，一只在沙地里疯跑的小狗……这个故事抓住了我的心。我去过沙漠，所以懂得要把沙漠里的故事写得如此精彩，需要多么执着地深入生活。就在这个冬天，我和编辑宋辰辰、插画师王一竹一起，第一次见到了李迪老师。简单的小餐馆，朴实的简餐，这位侃侃而谈的作家就在我面前，讲起了他几度走进大漠深处，为小狗背了一整箱火腿肠；讲起他因为小狗的走失，陪着老邓夫妇痛哭流涕。我知道这个故事会花费我几年的精力，但它一定能打动人心。

从那以后，我经常会找李老师讨论图书，谈新书的创作，也谈他过去的作品。讲起年轻时惊心动魄的事迹，他满是兴奋，那神态似乎在说隔壁家老王的八卦。我知道，那些经历或危险、或有趣、或不可思议，都使他的人生精彩纷呈。在这段不寻常的人生里，他早年创作的儿童文学图书走进了我的视野。我和宋辰辰琢磨着，这么好的作品，现在的孩子们却看不到，实在可惜了。于是我们跟李老师商量，把这些书修订、再版。为了图书能更好地面世，李老师不辞辛苦，对全部书稿进行了梳理，去掉了时代背景过强的因素，也对文字再次进行锤炼。这些书就是《豹子哈奇》、《野蜂出没的山谷》、《黑林鼓声》、《书包里的秘密》、《这里是恐怖的森林》。在喜马拉雅 APP 副总裁姜峰老师的建议下，这套书有了个丛书名《丛林豹讲故事》。

把中国好书推荐给海外，也是我的工作之一。作为一名国际童书交流活动的策划人，我每年在北京国际图书博览会（BIBF）策划国际童书论坛活动，台下观众主要是海外的汉学家和翻译家。2018 年，虽然《丛林豹讲故事》系列图书还没有出版，我还是想请李迪老师来到活动现场，给大家分享他的创作故事，也算为出版做一个预热。李老师欣然同意出席活动，但他当时正在俄罗斯，要在活动当天凌晨才能回到北京。毕竟也是七十岁的人了，我不敢太强求，担心他累病了。虽然李老师说一定能来，但我还是做好了备用方案，万一他来不了，我就用这半小时来介绍中国儿童文学发展概况。

但在李迪老师的日程里，其实根本用不到备用方案。他如约而至，且神采奕奕，声情并茂，场下笑声不断，成了当天最热闹的一场活动。那是我第一次感受到李老师的敬业。

时隔一年，2019 年 7 月，《丛林豹讲故事》系列图书终于出版。西安的全国书市正是宣传活动的第一站。当时李迪老师正在忙着《永和人家的故事》一书的采访工作，紧跟着又要奔赴十八洞村。就在这短暂的时间中，李老师飞机、火车、汽车多种交通工具辗转，来回奔波。短短两天时间，不仅完成了现场签售会，还为广大小读者带来了两场内容丰富的线上活动，分享了从实地采风到故事写作的点点滴滴。2019 年 8 月，我们在新少年阅读会为《豹子哈奇》一书发起在线共读活动，一度冲上北京地区热度榜第二名，仅次于 VIP Kid，李老师又为小读者献上了精彩的分享会——“我的猫猫狗狗”，讲述了他和流浪猫、流浪狗之间的温馨故事。

之后，我们便计划着请李老师走进校园，与更多小读者见面。但从十八洞村回来后，李老师病倒了，紧接着是新冠病毒疫情的暴发。直到他与世长辞，我们再也没有机会相聚畅谈，成了莫大的遗憾。

在我的心里，李老师带给我们的不仅是精彩的故事。实际上，他的故事就像他的性格一般铿锵有力，带着军人般的激情和对国家的热爱。他歌颂的永远是一群正义、勇敢的人，背后又不乏人性的温暖。他在用故事告诉我们，要爱自己、爱他人、爱生活、爱国家。

李迪老师虽然走了，但他把故事留给了这个世界。《豹子哈奇》的波斯语版已经正式出版，英文版也即将在美国出版。绘本《小沙漠》正是那个“004 号水井房”的故事，也正式进入了插画创作阶段。我们期待，这些好故事能让小读者永远记住这位红衣天使——李迪。

其实他自己正是一个“永远讲不完的故事”！

朋友李迪

宋曙光[①]

在我们的作家朋友中，李迪是仍处于创作旺年的老朋友，可谁能想到，他竟突然间就离开了我们，而且走得那样匆忙！李迪生于 1950 年 1 月，至 2020 年 6 月 29 日病逝，才刚过了 70 周岁啊，从腰痛卧床到心脏手术再到病故，仅仅半年多时间，谁能承受如此沉痛的打击！他是在采访湖南湘西十八洞村之后，赶回北京紧张赶写脱贫攻坚的书稿《十八洞村的十八个故事》时，突遭病魔缠身，最终，他是在病榻上完成了人生系列故事的最后篇章……然而，他还有很多未讲完的故事，很多构思好的作品还没有动笔，答应朋友

① 宋曙光，《天津日报》文化副刊中心原负责人。

们的稿件还未完成，原是想从手术室出来就抓紧写，他是从不跟朋友们爽约的啊……

李迪是《天津日报》文艺副刊的老朋友，这个朋友交往了35年。在这么漫长的交往中，从一开始我就称呼他李迪，他叫我曙光，是那种拖着长音的北京话，那时他是那么年轻，精力旺盛，有着热情似火的性格。在他眼里，好像世界上就没有难事，只要努力争取，一切都会有向好的结果。直到他离世前，我们之间的称呼也没有变，依然是这种亲切的称呼——应该是这样的，因为我们始终是朋友，朋友没有变，那么一切都不应该生变。

我真的没有走心李迪的年龄，尽管我知道他是哪年生人，但在我心里，李迪始终是处于中年时段，他不属于老年，更不可能这样早地就逝去。这些年，我们虽没有机会见面，但电话、微信从未间断，看到他在报刊发表的文章、深入生活时的照片，还是当年模样，只是换上了红色外衣、戴一副宽大的墨镜，而且他的声音依然是京腔亮嗓……正是这样的印象，让我不敢相信他已经远逝，眼前总是浮现出他曾经鲜活的画面。

我和李迪结识，不会晚于1985年，这是一个比较早的时间段。那时，他正埋首创作法制文学，刚刚发表了轰动一时的中篇侦探推理小说《傍晚敲门的女人》，这部小说为他带来了极高的声誉。当时，《天津日报》正在创办法制文学月刊《蓝盾》，编辑部就设在《天津日报》文艺部，编辑们正在为这本新生的刊物积极组稿，以便建立强大的作家队伍。我经天津一位女作家介绍，专程到北京拜访李迪并向他约稿。初次见面，我没有去他的工作单位法律出版社，而是约在他的家中见面。李迪的热情和健谈，让我们一见如故，我约他一定要为《蓝盾》写稿，他很认真地答应下来。

1986年春天，他赠我新版的《傍晚敲门的女人》单行本，同年夏天，他如约为我们写了中篇小说《〈悲怆〉的最后一个乐章》。这部可称为《傍晚敲门的女人》姊妹篇的新作，立即引起反响，评论家曾镇南先生并为此写了评论。不久，国内四家法制报刊联袂举办首届全国公安文学大奖赛，我们推选《〈悲怆〉的最后一个乐章》为一等奖，但随后出现一点儿小差错。得知情况有变的当天，我们立即驱车进京，向有关部门陈述这部作品的获奖理由并据理力争，但最终未能如愿。在此情况下，《蓝盾》毅然决定自办文学奖，为李迪和他的《〈悲怆〉的最后一个乐章》颁发特别奖。

李迪知道事情的经过后非常感动，他说忘不了《天津日报》给予他的支持和帮助，这种深情厚谊他会永远记着。这个三十多年前的往事，成为我们结谊的纽带。回头看，由于思想观念的变化，当年有些同志对待作品的看法有些欠妥，而我们从维护、鼓励作者的立场出发，为这部优秀的法制文学作品设奖，正是因为看好李迪并寄予厚望。事实证明，当时的奔波、说服、争辩都是值得的，让我们之间有了牢靠的友情，李迪在日后的创作中，显示出强劲态势，在多体裁、多领域写作中驾轻就熟。

我们能与作家建立长期友谊，凭借的是《天津日报》文艺副刊这块园地。李迪很是看重党报副刊，希望自己的作品能够面向更广大的读者。与党报副刊保持联系，他既真情又交心，而我对军人似有一种天生的信赖，尤其是结交军人身份的作家，从心里感到踏实。李迪就是其中一位。他办事实诚、不虚假，这么多年哪怕有一方失约、失信，有一次出现不愉快，这种信任也将无法维系，但从未有过。我们的交往如同他的作品一样，真实、自然，充满正能量。

自1986年起，《天津日报》连载了他的《〈悲怆〉的最后一个乐章》，又于2010年、2011年、2013年、2015年，接连连载了《贵妇兰惊魂》、《丹东看守所的故事》、《獴！獴！獴!》、《警官王快乐》等作品，这样的连载密度，基于编辑与作家之间的高度信任。我听李迪讲过他的当兵经历，真如侦探小说一样惊险，便约他写了《在没有路的地方找到路》，刊发在2011年5月19日《天津日报·文艺周刊》，并被收入《天津日报创刊70周年丛书·文艺周刊精品选（上）》。当收到我快递过去的样书，他非常高兴，微信传来书的封面照片以示谢意。诗人李瑛去世后，我知道李迪曾和李瑛一起随团采风，便请他赶写了怀念文章《落瑛如霞》，刊登在

2019 年 4 月 11 日的“文艺周刊”。

近两年，李迪在他年届七十的时候，不辞辛苦地频繁深入基层，这是他对人生的一次全新挑战。他全身心地投入采访中，坚持看到、听到、问到，写出了众多不同岗位的普通人的故事，意在为劳动者著书立说，每完成一篇，他都像迎接新生儿一样兴奋。我每每向他索稿，不管有多忙或是否身在北京，他都是有求必应、有约必写。《天津日报·文艺周刊》为他发表过整版小说《四个小光点儿》（2018 年 6 月 28 日）、散文《女行千里父担忧》（2019 年 1 月 31 日）和《蹚过没有桥的河》（2019 年 8 月 29 日）。他在《天津日报》发表的最后一篇文章是 2020 年 1 月 23 日“文艺周刊”登载的《吃抿尖　跑秧歌　打夜火》，是为春节而专写的山西永和的乡村民俗。

每次发表了作品，李迪必在微信中表示感谢。我知道他写得很苦，有时为了按时交稿，夜深了还在一遍遍校改，有时写着写着竟独自落泪。他对自己的作品从来都很用心，偶有笔误，只要发现了从不过夜。所以每次收到他的来稿，编辑都很放心。

记得有一次，我清早乘火车赶到北京，到他家后，他让我品尝他的手艺：用面包夹果酱蘸鸡蛋液油煎，这种西式新法的早餐，后来我自己还尝试了多次。他还借给我一盘《猫和老鼠》的录像带，让我带回家给尚年幼的女儿看。他说过自己的生活经历，让我感到意外的是，他的经历充满坎坷、艰辛。他当过兵、到日本留过学。当兵时的故事已经写在文章里，在国外生活尤其艰苦，甚至把方便面都吃得恶心了。他在谈起这些时，不是凄然的，也不是悲天悯人的，而是面带笑容，就如同说故事一样。我听了，心里反倒释然了，这样的人生经历是幸事，只有经受过多种磨难，才会成就一个真正的作家。

李迪不在专业作家编制，却自觉肩负职业责任。他始终坚持非职业写作，深知业余作者的不容易，希望看到更多的青年作者成才。只要有作者请教文学创作，他都是倾力相帮，绝非敷衍地说上一些套话，而全是掏心窝子的真话。那是他自己写作经验的切身体会，只有具备了高尚品德的人，才会有这种心血的付出。曾经有天津的作者跟我提到李迪老师的写作辅导，北京更会有这样的受益者，他途经的地方，一定都会有感恩的文学爱好者。

这是热心、爱心和真心的奉献，凡是和李迪有过交往的人，都会留下温暖的念想。去年春天，他看到我写的《副刊情深四十载》之后，热情留言："与曙光的友情几十年，得到他无私厚爱，我的多部作品得以在《天津日报》连载或刊发。难忘20世纪80年代他到京组稿，我其时住14楼，好像那天正好电梯故障，他一大早就爬楼上来。他对编辑工作的认真、热情、全力，也是我这个曾经的老编辑的榜样！"他说的爬楼那件小事，这么多年，连我自己都忘了，他却还清晰地记得别人对他的好。

写作是一件极其辛苦的工作，随着佳作频频，李迪的付出已超过常人。我捯出了一段微信记录，看看在那一段时间，李迪为了写作他的故事系列，是如何地奔波、劳碌：

2019年5月5日，他说："昨夜，加油站的故事收笔，40篇，20万字，写了40个加油员风雨人生、悲欢离合。从去年夏末到今年夏初，我奔走九省，包括西藏、青海，采访163人，边走边写。接下来，我将深入山西永和，写大山里黄河边人家的故事。"至6月13日，他已在永和山区待了月余。6月26日，他又到了嘉峪关。7月10日，他重新回到永和，并说将插空儿飞往玉门油田，采访20人后，再回永和。7月16日，他说前两天感冒了。7月30日，赶到西安参加"丛林豹讲故事系列"新书分享会。7月31日，飞江西，到鄱阳湖采访爱鸟护鸟人的故事。8月14日，又在永和，写《蹚过没有桥的河》，是五下永和的第一篇。8月24日，赴青岛参会，是为原著改编的电视剧《警官王快乐》。10月25日，深入十八洞村体验生活……

转过年来，情况突然有变。2020年3月15日，他在微信中说："去年底，我在湘西十八洞村生活了半个月，吃住在老乡家，山高阴雨连绵，每天爬山走寨，腰受寒凉，年岁不饶人，当时不觉得，回京后突发腰痛难忍，医生说只能卧床。至今已经三个多月，不能坐立、行走，太虚弱了！”我颇感吃惊，立即回复让他注意休息，今后这样艰苦的地方就不要去了。3月27日，我问他腰痛见好吗？并想查询北京一位老作者的地址。他说腰已好多了，随后便帮我查找起来，光语音就给我连发了七次，还传过来一张地段截图。让我感动的是，那时他的身体状况并不见好。5月19日，我们还联系过一次，到5月24日中午，他传过来一张坐在医院病床前输液的照片。这次让我感到震惊的是，他整个人已经明显消瘦。为回答我的震惊，他在下午一点半钟，发过来极为虚弱的语音：“我住进301医院已经好几天了，准备进行一次心脏大手术，是我的发动机坏了……”

曾经那么熟悉、响亮的声音，如今变得如此生疏、遥远，这还是那个快乐、健朗的李迪吗？那一刻，我的心在颤抖，我不知道该怎样劝慰他，唯有在心里默默地为他祈福。令人深感悲痛的是，那么虔诚的祈祷、祝愿，还是未能留住这位朋友，任由那无尽的悲伤冲决心坝。他的过早离去，使《天津日报》文艺副刊又失去了一位可信赖的老朋友、老作者，这一损失将无法弥补……

在我写这篇悼文的时候，尚处于暑热之中，有几个静谧的深夜，外面竟下起了阵雨，雨水顺着玻璃窗无声地流泻，多像是朋友们的泪水啊！我找出李迪当年的赠书《傍晚敲门的女人》，时间是2002年，他在扉页上这样留言：“人生苦短，朋友情长。”这是即兴而写，还是含有寓意？他一路前行的人生，尽管匆匆，却是一路朋友、一路同好，让他尽享生命的快慰。

现在，就让我称呼你一声李迪兄吧！你走之后，朋友们建立了一个“李迪感恩亲朋挚友群”，竟然人群者众，既有老朋友，也有新朋友，不管结交得早晚，都异口同声地缅怀共同的朋友李迪。群里提供的每一个信息、每一篇文字、每一幅图片，都在追念那颗善良之心，大家都在用自己的故事，述说你的热心助人、真心帮人、爱心予人。你与文字打了一辈子交道，出版了四十多部作品集，你是在用自己的心血之作，传递生活的美好、爱的感召和生命的力量。你相信，你的文字有这样的能力和作用，否则，你不会这样全身心地投入，直至你耗尽了自身，就是躺倒在了病床上，心里想的、嘴里说的，都还是你念念不忘的文字，因为你有过承诺，要将那些采访来的故事讲给读者，即使这样的讲述是以生命为代价，你也心甘情愿，这使你的人生价值得到最完美的体现。

李迪兄，你太过疲惫了，真应该停下来休憩、休整。但是，在与时代同行的路途上，年龄不是停下来的理由，你心如初。为了实现新的写作计划，这不，你打点好行装，穿上那件红外衣，带上电脑包，顾不上与家人、亲友打个招呼，又向着无尽的远方继续前行了……

怀念李迪

阎世宏[①]

惊悉李迪去世，一开始是不相信自己的耳朵，后经证实，我心里极为难过。这几天，昼思暮想，眼前像放电影一样，活跃着李迪的身影，音容笑貌，栩栩如生。他正直、热情、善良、勤奋，只要是和李迪相处过的人，都会留下深刻的印象，而且，永远也不会忘却。李迪的人格魅力，思想境界，艺术修养，实干精神，是一般人无法相比的，对于我来说，在生活上，李迪是我的兄长；在文学上，李迪是我的榜样。在你顺利的时候，他能给予你鼓励；在你困难的时候，他能伸出助你的援手。李迪在小说和纪实文学的创

① 阎世宏，中国文联书法出版社原编辑部主任。

作上，是真正的高手。他很纯粹，他对处理文章中的每一个字、每一句话、每一个标点都格外认真，容不得半点儿马虎。他的字写得十分漂亮，可以说是优秀的书法作品。他写作的速度快得惊人，刚才还和你在说着他的构思，在你不经意间，这篇文章已经写成了。他很风趣，早晨到编辑部来上班，一推开屋门，探进一个脑袋，微笑地说几句玩笑话，或者说几句艺术作品中的顺口溜，然后再推门进来，逗得大家很开心。寒冷的冬天，他和家人做了厚厚的垫子，给编辑部的每一位同志的椅子上都垫上一块。过春节，他请我们这些当时在北京没地方去的年轻同事回家欢度春节，他亲自下厨，烧了一大桌子菜，热气腾腾，温暖如春。那时，我们同在法律出版社工作，年纪尚轻，满腔豪情，我年届三十，李迪兄刚三十出头。为利于普法，以多种形式弘扬法律精神，宣传法律意义，法律出版社顺从时尚，满足刚需，组建了文艺编辑室。就在这时候，天随人意，李迪从人民文学出版社现代部调到了法律出版社文艺室。在多次与之倾心交谈、深度交流后，顿感自己十分幸运，认识了这样一位小说高手，文坛精英。李迪在人民文学出版社现代部时，就已经出名，三十几岁就出版了十几部长篇小说，如《野蜂出没的山谷》、《这里是恐怖的森林》、《枪从背后打来》、《豹子哈奇》，后来又创作了《傍晚敲门的女人》、《〈悲怆〉的最后一个乐章》、《预审员笔记》等作品。李迪在人民文学出版社现代部工作时，以及他在云南工作时，创作的诸多篇小说，具有浓厚的云南生活底蕴、丰富的民族色彩、拍案叫绝的故事结构、鲜明生动的人物形象，从中可以感触到李迪兄文学功底的深厚、钻石精神的顽强和精到。他有着很扎实的文学修炼和创作实践，有着很深刻的社会思考和人文情怀。他表面上朴素无华，内心里却五彩缤纷，他从不主动向生活索取什么，却无条件地向社会贡献着心血和热情。李迪兄名声如雷贯耳，他却低调处世，在老百姓中永远是普通一员。从李迪兄调到法律出版社开始，他便开始了公安文学写作生涯，创作了多部侦探小说，有些侦探小说拍成了多集电视连续剧，在中央电视台播放。李迪兄在公安文学这个崭新领域里，开辟了新的阵地，由于他刻苦努力，勤奋写作，他的公安文学作品不断地出版和发表，产成了很大的影响。李迪兄创作的小说和纪实文学作品，文字功夫扎实，情节生动可信，故事出人意外，情意深入人心。在公安文学的战斗序列里，李迪兄当之无愧成为领军人物。

李迪兄调到法律出版社以后，我们就成了同事，每个工作日都在一个办公室里上班，这个办公室就是当时的法律出版社文艺室。法律出版社的这个文艺室也是刚组建的，室里的同事们都是年轻人，有几位是刚刚毕业的大学生，李迪来了，他就名副其实地成为这群年轻同事们的兄长。按现在年轻人的话来说，李迪兄就是位暖男，他给当时的这个法律出版社文艺室带来了信心和温暖，积极地展开了文艺室初创时期的诸多工作。当时李迪兄还参与了《法律与生活》杂志创刊，和同事们一起，把《法律与生活》的发行量扩大到几百万份。李迪兄是位很能干，又不知疲倦的人，在我的印象里，李迪兄永远是在写作和工作、工作和写作，他的笔尖里不停地流出对社会和案件深层的思考。当时，法律出版社的办公地点在白广路，是租的总参三所的房子。每每回忆李迪兄，就会回想起我们一起度过的时光。在白广路那座厚实的大楼里，我们的生活过得是那样的单纯、那样的友好、那样的繁忙、那样的认真。李迪虽然就比我们大几岁，但他勇敢地担负起了带领我们前行的任务。他用他的语言在启发着我们，他用他的行动在影响着我们。有一段时间，我经常和李迪兄一同出去组稿。由于他的作品名气和人格魅力，他周围的人缘很好，朋友很多，他和公、检、法等单位的同行们都保持着良好的关系，所以，李迪兄的组稿面很大，判断稿件水平的能力很强，搜索优秀稿件的领域很深。他为法律出版社文艺室初创时期，组来了一批又一批可读性强、高水准的书稿，像《昙花梦》第一版就发行了几十万册，之后又陆续再版。李迪兄不仅编发国内的优秀作品，也不断地编发国外的优秀作品，尤其是对日本的侦探小说作品颇有研究，陆续编发了日本当红的推理侦探小说家的作品。那一段时间，为了解公安生活，他深入公安基层，熟悉警营生活，探访监狱，细读罪案卷宗，因此，他写的作品，真实可靠，鲜活生动，深刻典型，引人入胜，发人深思。在我的印象里，李迪兄是立志要在公安文学这条道路上坚定地走下去了，事实也是如此。在法律出版社工作的那一段时间，是李迪兄有关公安文学作品创作的第一个高潮期。在法律出版社，大部分工作人员都是年轻人，很多是刚毕业的大学生，不管是学习法律专业的，还是学习中文专业的，不管是在法律出版社的哪个岗位工作，大家都非常团结，非常友好，似兄弟姐妹。李迪兄出版了新作，总是一包一包地把书搬来，分发给大家，请大家阅读并批评指正。白广路总参三所主楼（法律出版社当时的工作地点）后面有个院子，院子里绿树相映，花草繁盛，院子中间还有座古色古香的小亭子。下班或休息时间，李迪兄常和我们在一起说说笑笑，说的是文学上的新锐探索，笑的是生活中的百般趣闻，白日里轻风拂面，傍晚时夕阳洒金，多少美好时光，令人记忆犹新。那时候，法律出版社有单身宿舍，单身宿舍在院子里的地下室，下了班，地下室就是一个欢乐的世界，李迪兄也常光顾地下室，畅谈创作心得。据说，有一次在地下室给年轻的同事朗读他的新作《〈悲怆〉的最后一个乐章》，读着读着便泪流满面、失声痛哭。我和李迪兄共事多年，朋友情深，对他还是有所了解的。在对待事业上，李迪兄毅力顽强；在处人处事上，李迪兄本性善良。有一次，我到他家去，看到李迪兄在家门口摆了一个盆子，盆里放了很多吃食，李迪兄正笑眯眯地招呼着流浪猫们来吃，流浪猫们和他也不认生，很快就聚集了一大群，围着盆吃得很香。李迪兄乐观处世，微笑待人，才气横溢，奋斗不息，人们定会猜测他大道平坦，一帆风顺，并不知他也曾有过人生苦难、曲折，命运经历才使他透视大千世界、人生百态，充分领悟做人之不易，何况猫呢，流浪之苦，觅食之难，猫且受之，同情引发善举。据说李迪兄是为了学习和研究日本侦探小说，漂洋过海，留学日本，归来时带回一部纪实文学作品《在日本我也哭也笑》，细读使人感慨万千。为了实现自己的理想，李迪付出了毕生精力。李迪兄从日本回来后，我已调至大众文艺出版社，仍做编辑工作。李迪兄为本社主编了《中国法制文学丛书》若干本，并在本社出版了他的系列长篇小说作品，大受欢迎，书背面有李迪兄的照片，帅气、睿智、乐观。

近几年，虽很少见面，但他在创作上的好消息不断地传来，报刊上不断地刊登他的作品，有几部作品拍摄了电影和电视连续剧，影响巨大，好评如潮。李迪兄在创作公安文学的同时，配合党的中心工作，采访和写作了《十八洞村的十八个故事》。我这篇小文，写给大家同时也是写给在天上的李迪兄看的，以此叙旧，寄托怀念之情。

忘年交与不解缘

陈果[1]

迪老没有拒绝我，这对我本身就是一种肯定。而他发过来的这段话，让本已欣欣然的我不免有些飘飘然：这是一个传奇到超出了小说家虚构能力的故事。在一只不会开口的大熊猫的陪伴下，沿着丝绸之路，一个不会英语的中国老兵骑自行车穿越了八个国家，在法兰西国家博物馆永久地留下了属于中国草根的鲜亮印记。三万里路上发生的故事已经足够精彩，而年近古稀的罗维孝的追求，更是值得我们发自内心报以掌声。

《中国作家》定下刊发《勇闯法兰西》，编辑要我请熟悉的作家写一段推荐语，我从微信上

① 陈果，四川省雅安市社科联干部。

找到李迪。其时，为写作报告文学《加油站的故事》，他正“漂”在彩云之南，昆明、昭通、泸西、丽江、迪庆……离京十数日，天天两头黑。在我开口的前一天，他发过来两段视频，一段是在泸西采访一个叫卓玛的姑娘，一老一少一唱一和演绎《卓玛》；另一段是在迪庆，也是采访，不同之处是他的穿着从盛夏直接过渡到了深秋，在忙碌着把“活鱼”用笔压牢在采访本上的同时，他的另一只手被一个罐装吸氧设备紧紧抓住，氧气面罩盖住了大半张脸。都要七十岁的人了，怎么就不能对自己好一点儿呢？我心疼他。他心疼的却是别人：我只来这么一两天，而人家一年到头都要待在这儿！也是这会儿才知道，为写好这部作品，此前他已跑完广西五地，入冬前还将马不停蹄，青海、西藏、新疆、内蒙古、东三省……跑完九边陲。

此生开过的会实在不少，值得回味的实在不多。2014 年 11 月，中国报告文学学会在河南省平顶山市召开的创作会无疑是不多之中又极其珍贵的，就像孩提时代轻易不舍得穿的衣服里留到过年上身的一件。参加那次会议纯属偶然，我在此之前虽说也写过报告文学，但是对自己写作能力的不信任和对写作方向的不确定，正将我陷于是不是继续写下去和把哪个文体作为努力方向的思虑沼泽地。所以一开始，坐在会场里，我很是有些心猿意马，差不多每一个毛孔都散发着身在曹营心在汉的疏离感。直到作为“靴”、作为“帽”、作为程序和礼节的一页翻过，何建明、张胜友、李炳银、李朝全、肖亦农、王宏甲、李春雷渐次出场，谈起他们对报告文学的定义与定位、理解与理想、呼唤与呼应，我才感觉到自己的心慢慢回到现场，回到当初茫然四顾的地方。

同迪老成为忘年交，是这次会议对我找到自己的最大褒奖。

迪老的出场方式有点儿特别。主持人要与会大咖分享创作心得，他迫不及待抢过话筒。开口头一句，他说，不是我等不得时间，是火车等不得我！原来，老头儿六十有六，还要六下无锡，采访一线民警。节奏紧张，他的话也就说得紧凑，却在尾巴上留了电话——大家创作上需要交流，随时找我！当时会场上坐着两三百人，真要人人把“有事您说话”当了真，他还不烦得要打110？虽是这么想，会后我仍是拨了他留下的电话号码，不为别的，就图个新鲜好奇，顺带让怪老头儿尝尝搬起石头砸自己脚的滋味。这样的电话我也没指望真能打通，可偏偏它就通了！又尝试着加他微信，不出三秒，手机冲我笑出来三个大白牙！我听到内心深处发出了“嘀”的一声，我知道这是悬起的一颗心落地后的雀跃，是电脑死机重启时用一声欢呼为表情赋形。

一晃好几年过去了，三个大白牙不仅没有从我的手机屏幕上消失，反倒在我的生活里占据着越来越大的空间。他六下无锡写下的《警官王快乐》陆续在《人民日报》、《光明日报》、《解放军报》亮相，结集出版后获金盾文学奖，据此拍摄的四十集同名电视连续剧即将登上荧屏。紧接着，七十一岁的他冲到了扶贫一线，先是山西，再是湘西……我从朋友圈里追随他的行踪，品读他的作品，体味不多一字的李氏文风和成色十足的李氏幽默，从他层出不穷的新作里洞悉人间的艰辛与曲折，感受世界的光明与美好，领略报告文学独领风骚的影响力与穿透力。后来就有了一些普通读者没有的待遇——有时他会将新鲜出炉的作品传来要我“拍砖”，就算我真的不知天高地厚“窃以为”，他居然也是笑脸相迎。更大的“福利”则是他一轮又一轮地对我发起“攻势”：阿果，你可以写，你一定行……当我真的写了半生不熟的东西要他批阅，他也绝不推托，绝不敷衍。

我成了地地道道的“迪粉”，比我还要对他着迷的却是儿子。从八岁到十二岁，小家伙把《警官王快乐》一字不落看了不止八遍，每一遍都看得捧腹大笑，有一次竟然笑得打滚儿，从床头跌落地上。这样的场景让我想到，优秀作品不仅可以丰富读者的生命，同样也可以延长作家的生命——如果若干年后，儿子把“王快乐”介绍给了他的儿子，而他的儿子同样捧腹大笑，同样大笑着从床头跌落地上，那个时候的迪老，必定仍然年轻、仍然活得蓬勃旺盛！

“找到井，有水喝。你不辛苦挖井，那水会是什么水？”这是迪老最爱说的一句话。这句话让我受益无穷，因为它不仅揭示了报告文学题材开掘的一般原则，指明了报告文学写作必须遵循的方法态度，更是从来源与去向的双重维度，让报告文学这一文体与荒诞不经的穿越、脱离生活的虚构、装腔作势的呻吟划清界限并由此拉升了自己的标高。这句话给了我源源不断的滋养，让我深切感受到了“井”之深，真切品尝到了“水”之甜。

芦山地震发生后，国家首次将灾后重建指挥棒交给地方，开展灾后重建“国家实验”。意识到这是一个极具历史价值的重大题材，距离2016年除夕还有三天，我住进了震中龙门乡白伙新村的重建户家中，通过一个春节的连续采访，完成了三万字的《新龙门故事》，并以此为基础扩展成《听见：芦山地震重建故事》一书，填补了来自芦山地震灾后重建现场的文学空白。与这本书同样重要的收获，是迪老千里迢迢来芦山采访“抗癌支书”袁超，《开门七件事》发表不久，袁超永远倒在了重建一线。迪老的抢救性采访成为一个基层干部生命的绝唱，而他对采访对象的尊重、对采访节奏的把控和对采访素材运用的郢匠挥斤，于我而言，则是至为生动的一课。

如果说重大题材的书写体现的是责任与担当，对于光明的追寻、善良的仰望、正能量的传递，则是一个写作者的良知与情怀。我常常想，如果世界上的美好我们都视而不见，如果人世间的善举我们都冷眼旁观，如果原本可以让人心变得温暖变得明亮的花朵我们都视若草芥，我们有什么理由去怀疑真善美的存在？我们又凭什么对于假恶丑的人和事心生厌倦？所以，当听说硗碛藏乡村支书杨朝军的老婆一个人种着五亩地，而他“穷大方”到了为村民一次性捐出老婆四年收成的程度，我数次登上海拔近四千米的高山牧场采写《达瓦更扎》；当听说个体牙医杨仕成三十年间捐资三百余万元资助三百多个学生完成学业，我利用节假日深入采访亲历者和见证人，写下《报答》；当听说绝壁上的古路村在当地政府支持下修建了骡马道、架起了“通天路”，结束了与世隔绝的历史，我进村入户采访，推出了国家出版基金资助项目、国家主题出版重点项目《古路之路》……

有人问，为什么你笔下的世界总是那样美好？我说，因为我希望这个世界变得更加美好。《勇闯法兰西》主人公罗维孝在追梦路上也曾遭遇被劫持的危机、被抛弃的冷遇、被打压的不公，正因为心中光明不灭，他才一次次从纷乱逆境中找回初心，继续前进，把几乎不可能实现的梦想变成了热气腾腾的现实。其实，迪老笔下的人物和故事也是这样，不管是站在命运的低谷里，还是身处生活的最底层，他们总是执着地爱着自己，爱着自己也许卑微但绝不低贱的人生，就是在最平凡的岗位上、最不起眼的角落里，他们也尽情释放着属于自己的那一份光彩。所以，我的这一句回答，其实也是隐含在迪老等身著作字里行间的话。

关掉电脑，我又将奔赴下一个采访现场。我不知道这部尚未动笔的作品最终会以怎样的面貌与自己相遇，但我知道，我和报告文学的缘份就像同迪老的友谊一样，只有开始，没有结束。

天空多了一颗“火红的星”

马誉炜①

人与人之间真的是有感应的吗?

这一次，我信了。

北京再次发生疫情，重归宅家生活的我，从家里的书柜里抽出了两本书放在床头：一本是作家出版社2013年出版的李迪著长篇小说《花自飘零》；另一本是人民日报出版社出版的《2013年散文精选》。

《花自飘零》至今已读了大半，时时被李迪笔下刻画的菊儿的悲剧命运所打动，心情有些起伏。《2013年散文精选》读了几篇，尤其对其中李迪写的《寻找绮罗》印象颇深。为寻找富有文

① 马誉炜，军委后勤保障部北京军区善后工作办公室原副政委。

化底蕴、蛮有故事的一个名叫绮罗的地方，作者改变原来的采访计划颇费周折去寻找，可当终于找到时，却得知为了旅游经济效益此地即将改名的结果。我的心情与作者一样，不免有些沮丧。

就在这个当口儿，突然听文学好友、《北京日报》文艺部原主任李培禹先生说，李迪兄因病于 6 月 29 日 9 时 38 分辞世了！啊，怎么会是这样！那位阅历丰富、著作等身、刚过七旬，一向乐观幽默、豁达开朗、朴实无华，总是半身红衣、行程匆匆、活力四射的李迪怎么能突然离我们而去了呢！

是的，他确实走了。走得很是匆忙。去年秋冬季节，为了写反映湘西扶贫攻坚生活的长篇纪实文学作品《十八洞村的十八个故事》，他一头扎进大山里，每日爬山串寨，伏案疾书。坚持把采访任务搞完，回到北京，由于腰部受寒水肿，诱发腰椎颈椎旧疾，疼痛难忍，坐立难安，只得卧床静养。这期间又查出心脏出了问题，真是雪上加霜。在病床上他始终惦记着自己的写作计划，病情一有好转就一个劲儿地写呀写，到 6 月初做心脏手术前，终于在出版社图书出版合同上签署上他的名字。但没想到他术后药物过敏，一直处于昏迷状态，最终没有能够醒过来……

李迪兄，李迪老师！你就这样走了？

我还想能有机会让您在我正在看的这本《花自飘零》的书上签名，更希望再跟您更多地学习写作经验呢！

认识李迪兄之前，我一直以为他是位年轻作家，因为看他写的作品多是公安题材和边远地区的生活。里面的情节很是细腻、具体，人物刻画生动、感人。《丹东看守所的故事》里犯人心理活动的描写，负责教育看管的人民警察工作生活境况的述说，不拿出扎扎实实“卧底”的功夫是无论如何也采访不到、写不出来的。《004 号水井房》，发生地在塔克拉玛干沙漠地带，没有好的身板儿也无法抵达，更难了解得那么细、那么实。《永和人家的故事》许多也是发生在大山旮旯里百姓的家事，采访起来不知要付出多少辛劳！这些年来，神秘的热带丛林，偏远寂寞的山区，广袤的大漠油田，到处都留下了李迪兄的足迹。

那次，我们一起去安徽芜湖西河渡采风，我认识了李迪兄。身着红衣的他，戴着一副茶褐色眼镜，沧桑中透着干练。深入交谈，才知道他已年届古稀，下过乡，当过兵，留过学，做过生意，在人民文学出版社担任过图书编辑，是作家队伍里的“拼命三郎”。早在20世纪70年代初，他在云南生产建设兵团当知青时，就以一篇短篇小说《革命后代》在文坛崭露头角；30多年前，他又以一部《傍晚敲门的女人》的推理小说独占公安文学鳌头，被称为“开创了新时期中国推理小说走出国门的先河”，也由此成为全国公安文联的签约作家。之后一发而不可收，写出许多反映公安战线和社会底层“小人物”的作品，深受广大读者喜爱。记得那次他给我介绍写作的经验体会，用了一个十分形象的比喻，他说：“我自己就是粘知了的胶，只要听见树上有知了叫，上去就粘，粘住就别想跑，你就在我这胶上飞吧，我要把你所有振翅的声音全部录下来，成为我的故事。”后来，我们又在一起多次参加首都文学界的活动，每次都见李迪兄红衣在身，格外显眼。采风活动中，他对每一个细节都看得特别仔细、特别认真。

读李迪兄的作品，的确有妙笔生花、引人入胜的感觉，他是在用小说的手法写纪实文学，特别重视语言的凝练与鲜活，特别重视作品的谋篇布局和细节的描述，使人物形象饱满感人。如他自己所言，一部成功的文学作品，就是要追求“好看”，没有泪、没有笑、没有美，一定不会好看。为了做到这一点，他不知下了多少不为人知的苦功夫。他的身上永远保持着一颗童心、好奇心、爱心、恒心。

生活无穷尽，故事写不完。勤奋刻苦、著作等身的李迪兄过早地离去了，那半身红衣的形象毅然上了天堂。从此，宇宙苍穹的灿烂星河里，又多了一颗火红火红的星。

她替丈夫去领奖

马誉炜

题记：爱有多隐忍，便有多痛苦；
爱有多痛苦，便有多崇高。

4月初，去年6月刚刚故去的作家李迪的妻子魏桂兰接到中国报告文学学会和浙江省湖州市人民政府的邀请函，通知她4月27日到湖州南浔参加“徐迟报告文学奖”颁奖仪式，替以作长篇报告文学《加油站的故事》获得本届“徐迟报告文学奖”的作家李迪去领奖，而且还要代表作者在领奖席上作简短发言。从接到通知的那一刻起，早年曾在出版社做美术编辑的魏桂兰一直处于激动兴奋和忐忑不安中。

相濡以沫的先生李迪远行快一年了，魏桂兰

的心情仍处在极度悲痛中，不管身边的儿子儿媳等亲人，还有几个朋友圈里李迪的生前好友们怎么劝说，也难以阻止她时常以泪洗面。她怎么也不相信那个天天乐呵呵、风趣幽默，爱穿红色上衣、米白色裤子，一贯把人生困难踩在脚下，最喜欢自己称呼他“快乐勤奋的老李头儿”的先生李迪就这样扔下她，远走高飞了。家里的物件摆设一如李迪在世时的样子：他养的牡丹、月季已经开花了，分外鲜艳；他喜爱的那只小黄猫依旧爱趴在他的床头上；他昼夜伏案疾书的桌子上，仍放着他的眼镜、采访本、水杯、电脑、台灯，衣架上还挂着他平时喜欢穿的那件红上衣，一张他和她去大洋彼岸旅游时照的笑容灿烂的合影挂在墙上，他平时穿的拖鞋，也还整齐地摆放在他写作的那把椅子旁边。每天不知有多少次，她轻手轻脚地走到李迪的书房，深情地望上一眼，在心底里呼唤：快乐勤奋的老李头儿，您别再写了！您别太累了！您回来吧……

其实，即便是在先生李迪在世时，魏桂兰一个人在家的时候也是居多的。这些年来，李迪的作品多是写公安战线的英雄模范人物和偏远艰苦地区底层群众生活的，他以“语不惊人誓不休”的精神一次次投入写作。为了写作《丹东看守所的故事》，李迪曾七次前往辽宁丹东，连续两个春节与丹东看守所的警察、被关押的犯人一起过节，主动要求住在与犯人一墙之隔的小屋子里，共用一个卫生间和防风口。为了写好无锡、徐州、深圳等地警察的故事，他仍像当年在云南军营里服役时那样，说走就走，一走往往就是数日数月。随着一部部优秀公安题材的作品问世，他的身体也在透支，在日本留学时落下的眼疾也越来越重，但他全然不顾这些，永远像一团火那样燃烧着；为了写好《加油站的故事》，李迪历时夏、秋、冬三个季节，走访了新疆、西藏、青海、内蒙古等地，采访了百余位坚守在偏远地区辛苦工作的加油工人，用质朴的文字展现了平凡的加油工人鲜为人知、不甘平凡的生活场景，用手中的笔描画出一幅新时代劳动者最美的画卷。为了写好《004 号水井房》，李迪三次赴新疆塔克拉玛干，下工地，住工房，废寝忘食，任塔克拉玛干大沙漠的风吹着，直到挖掘出他所发现的“富矿”，把闪闪发光的

"金子"呈现在读者面前。为了写作《永和人家的故事》，李迪一头扎进黄河岸边那个县域，走东家、串西家，红衣到处有故事，每天沉浸在乡亲们脱贫致富的激动和喜悦中。在那样的日子里，已经习惯了这种生活的魏桂兰，身在京城，每天最盼望的就是晚上丈夫李迪从遥远的地方打来的电话、发来的视频，听他笑眯眯地给自己讲述采访的见闻，她陪着他的笔触哭着、笑着，分享着丈夫的喜怒哀乐。

前年秋冬交替的季节，李迪接受中国作家协会交给的一项重要任务，写一部反映习近平总书记曾经去过的湘西十八洞村通过扶贫攻坚发生巨大变化的长篇纪实文学作品。11月10日一大早，他仍像往常一样，穿着那件人们熟悉的红色上衣、米白色裤子，提着旅行拉杆箱出了家门。在湘西大山里采访的那些天里，李迪不辞辛劳，每天爬山串寨，采访写作，以特有的视角，敏锐地抓住一个个故事线索，刨根问底，既写笔记，又作录音。有时为了采访一位老乡，他在老乡家里一坐就是一整天。让人没有想到的是，在湘西大山里紧紧张张采访了十天，回到北京不久，他的身体出现了异常，腰部疼痛得厉害，严重时躺在床上一动也不能动，还时常伴有发烧现象。就是这样他仍然坚持写作不止，不能坐着写，就趴在床上写。后来又出现腿部水肿，高烧也一直不退。在魏桂兰的一再说服下，李迪才肯带着采访素材住进了医院，开始了一段边治疗边写作的生活，他常常不顾医护人员的劝阻忍着病痛写到深夜。在这期间，医院经过检查发现他除了肾部有问题以外，心脏也有严重疾患，急需进行手术治疗。在做心脏手术前，他写的书稿终于画上了句号，病情严重的李迪用他已经没有多少血色的手，在作家出版社图书出版合同上签署上他的名字。在术后昏迷的那段时间，出版社加班加点赶制了李迪用生命写作的《十八洞村的十八个故事》的样书，由医院主治医生送到李迪的病床前，医院主治医生凑近李迪的耳朵喊着："李老！李老！您写十八洞村的书出来啦！"两天后，李迪带着他对创作成果的满足与欣慰和对未竟事业的憧憬与遗憾闭上了眼睛。京城的这个家门，从此再也不见了李迪的身影。

没有了先生李迪的家空荡荡的，魏桂兰目及之处，都是李迪的影子。春天来了，家门口的一处绿地已是绿茵一片，这里有魏桂兰的温馨记忆。以往有多少个春天，李迪和家人在这里踏春休闲。眼下，琢磨着替丈夫去领奖该说些啥的魏桂兰思绪万千。她问天堂里的李迪，是否知道了获得“徐迟报告文学奖”的消息，天堂没有回音；她问身边的绿树，自己的先生可曾又来过这里，绿树摇曳着挥手，像是在说“没有，没有”；她抬头问天上的白云，是否见到过那个熟悉的“快乐勤奋的老李头儿”，白云飘来飘去，好似在说“没有看见，没有看见”。魏桂兰就这样，茫然地在绿地上站着，她的眼前仿佛出现了先生李迪的身影，仍是笑吟吟的一副模样，像是在对她说：“小魏，去领奖吧！这个世界上你是最能代表我的，肯定能行。”

“徐迟报告文学奖”是报告文学领域至高的大奖。先生李迪能获此项殊荣，魏桂兰感到由衷的骄傲和自豪。她已记不清自己有多少年没有在大庭广众面前讲过话了，参加这样高规格、盛大隆重的颁奖仪式，说实话，她的心里一直有些打怵，害怕自己到时候控制不好情绪，害怕讲不好给先生李迪丢脸。明天就要去湖州南浔替丈夫李迪领奖了，魏桂兰还没有想好自己应该讲点儿啥好，她觉得纵有千言万语，也无从表达先生李迪艰难困苦的采访与创作经历，以及为此付出的生命代价。她想借用李迪写的《加油站的故事》中一位工人兄弟写给故去的李迪的一首歌的歌词作为自己的发言，那首歌的名字叫《我怎么舍得你离去》，歌词写道：“博尔塔拉的冬天不会忘记/你火热的外衣火热的足迹/一腔热忱记录生活的点滴/一支笔把真实的故事传递……”她想借用中国作家协会主席铁凝的话作为自己的发言，铁凝说：“从李迪这些作品中，我们感受到的是广袤的大地与奋进的人民，感受到在一个一个人物身上、一个一个平凡而伟大的战斗者、劳动者身上那推动历史发展的伟力。这样一个作家，是时代的记录者，是人民的歌者。”

到了颁奖会的驻地，魏桂兰遇到许多先生李迪的朋友和学生，他们都向魏桂兰伸出温暖的手，大家说起与作家李迪交往的故事，诉说失去亦师亦友的李迪之后的感受，都钦佩人民的好作家李迪的大爱和悲悯之心，赞扬他用生命捍卫文学创作的道路，矢志不渝为时代而歌、为人民而歌的精神。同样有着从军经历的湖南报告文学作家纪红建，曾经陪同李迪在湘西十八洞村采访过，这次见到魏桂兰后感到很亲切，反复述说着对李迪先生的敬重以及对自己创作的影响。他说："李迪仍在以他的作品传递他的精神、他的温暖。他是换了另一种方式和我们在一起，从不曾离开过。"

会场的大厅里，特意围着大红围巾的魏桂兰站在李迪获奖作品和创作经历简介的展板前，凝望着先生李迪的肖像，默默进行着阴阳两隔的心灵对话。在她的心目中，先生李迪此刻与自己一同来领奖了。

颁奖典礼上，魏桂兰深情地回忆起先生李迪生前采访和创作的情景，尤其是生命的最后岁月带病笔耕不辍的举动。她说："这次会议本该我们家老李来的，但今天只有由我来代表他了。我的感觉里老李他也来了。真的。这些年我很少出远门，最近的一次还是前年秋天与老李一起去国外旅行，那也是我们多年来一起出门待的时间最长的一段时光。这些天里，一想到要来南浔替老李领奖，而且还要站在这里说几句话，对我来说是个很重的任务，压力挺大，为此一直睡不好觉。昨天一上火车，坐在高铁靠窗的位置上，我却呼呼地睡着了，而且还做了一个真实的梦，梦见自己坐在高铁上，也是一个靠窗的位置，清晰地看见老李穿着平时喜欢穿的那件红衣服，米白色的裤子，在火车站的站台上，在熙熙攘攘的旅客人流中，拉着一个行李箱，敞着棉衣笑咪咪地朝我走来，他很高兴、很开心！我在梦里激动地想喊又喊不出来：老李！老李！我在这儿呢……'徐迟报告文学奖'颁给已经远行的老李，是对天堂里的老李最好的告慰，更是中国报告文学界的朋友们和广大读者对他的厚爱、敬重和怀念，我要向你们鞠躬致谢！"魏桂兰话音未落，台下响起雷鸣般的掌声。

接过颁奖的中国作家协会领导递过来的奖状，脸上挂着笑也挂着泪的魏桂兰走下领奖台。此刻，她的心飞到了北京那个与心仪的先生李迪住了几十年的寓所里，她要把奖状送到李迪的遗像前，放在他写作的书桌上。告诉他，老李啊！快乐勤奋的老李头儿！您的“徐迟报告文学奖”我给您捧回来了，我没有给您丢脸！我知道这本来是您的事，让我来做就要做好……

追忆作家李迪

徐桂红[1]

这些天，有两种情绪伴随我。

一种是半信半疑，直觉老师李迪 6 月 29 日过世的消息是假的，他这么爱生活、爱大家，创作状态正好，怎么舍得撇下人间的烟火、挚爱的朋友和家人无二的采访对象！

另一种是悲痛难舍。这 195 天里，看着他身着招牌红衣的微信头像不再闪亮，留言不再回复，群里文友们如潮的思念和追忆，让我不得不接受事实：李迪老师永远地离开了我们，世上再无“王快乐”！不禁悲从心来！

1968 年，李迪从北京师范大学附中毕业后，

① 徐桂红，湖北省宜城市公安局民警，公安作家。

响应国家号召投入云南生产建设兵团建设，1973年，被招进云南蒙自师部。晴天一身汗，雨天一身泥，李迪和战友们摸爬滚打在一起，在连队里入了党。他的视线再没离开过身边可爱的战友，也再没离开过广袤土地上顽强生活的普通人。

2020年初，疫情肆虐蔓延。我们投入紧张的抗疫宣传，我问迪老，疫情坚守得咋样？打算等疫情结束后，邀请迪老来湖北。公安典型人物我写了这些年，每役过后，来不及总结反思，又投入下一场新的战斗。新任务来临时，迪老让我克制情绪，不要煽情，心平气和；在我到外地市分享典型人物创作时，迪老站在我身后，让我站在巨人的肩膀上，领略大千世界。

没想到，迪老丢来一串短信："去年底，作协派任务让我深入湘西十八洞村生活，半个月，吃住老乡家。山高阴雨连天，我每天爬山走寨，腰受寒凉。年岁不饶人。当时不觉得，回京一个礼拜，突发腰痛难忍。去医院拍片，结论：腰部受大寒劳累腰椎滑脱，腰水肿，医生说没有好办法，只能卧床。至今已卧床三个多月。不能坐立，行走。直到近日，才稍有好转，能下床了，但走几步又躺下。太虚弱了！"

我听闻此事，心里直喊不妙！父亲年轻时不惜自己，积劳成疾，加之二十年抢收抢种，这些年腰被折磨得变了形，一度歪斜着身子走路，家人四处寻医，访到河南一家膏药厂，父亲用后，效果极佳。我立即要到了厂家微信和电话，定了膏药，发给迪老。细问下，才知道迪老受伤的原因。

2019年11月，迪老前往湖南省湘西土家族苗族自治州花垣县双龙镇的十八洞村蹲点采访创作。在25位参与"脱贫攻坚题材报告文学创作工程"的作家中，迪老年龄最大。

北京距十八洞村1700公里，迪老以古稀之龄从北京坐六个小时的高铁抵达湖南长沙，又乘坐五个多小时汽车，辗转抵达海拔大约为700米到1000米的十八洞村。十八洞村一共有梨子寨、竹子寨、飞虫寨和当戎寨四个苗族村寨，自然寨之间相距几公里。采访对象分布在各个不同的村寨，高寒山区，阴冷潮湿，十余天里，他整日冒着毛毛细雨爬上爬下，走石板路，上台阶、下陡坡，每天翻山越岭无异于挑战身体极限。

军人作风不减。为了方便挨家挨户走访，迪老坚持住在村口一家没有卫生间的吊脚楼客栈，每天四处采访。十八洞村的居民大部分讲苗语，采访高龄村民还要配翻译，更增加了难度。迪老跟每一位聊天的村民都添加了微信好友，白天采访，晚上整理材料并进行创作，强度之高即便年轻作家也吃不消。

采访之余，迪老帮村民卖菜吆喝、帮村民准备晚饭、陪着村民种地聊天，他和每一个采访对象成为好友，认真启发和倾听这些并不健谈的村民讲故事……

2020 年 3 月底，卧床静养两个多月的迪老刚能坐起来，立即着手创作十八洞村的报告文学作品，计划写关于十八个人物的十八篇故事。

这些年，我知道作品是熬出来的，写出打动自己、感动他人的作品，费心力、脑力、劳力，且长年伏案，腰椎、颈椎病缠身。仿佛军号吹响，迪老一刻也不耽误，《黄桃金灿灿》、《就是悬崖我也要跳》、《腾飞的十八洞村》、《让我在山上把眼泪哭干》……一篇接一篇问世，写好一篇发一篇，让我学着看，怎样写人，怎样写事，怎样开头，怎样收尾。无法想象，这些作品出自卧床不起的老人，写一会儿又要卧倒。无数次我的眼泪哭了又干，跟师娘一样的想法："别写了，身体好了再说！或者，录音下来，我打字，您校对，能省点儿力气就省点儿。"迪老一如往常严谨："你还是当第一观众吧。"我知道，这是他作为战士对受访对象的承诺。

到了 5 月底，再跟迪老联系时，微信不再像往常及时回复，我心生疑念，又转想老师是在创作中，能写，说明身体承受得住，我自己来开解自己。

实际上，当时迪老已住院一周多，在病床上，完成了十八洞村最后的故事。

6 月 29 日上午，积劳成疾的迪老终没能扛过心脏手术的术后感染。

晴天霹雳！

世上再无“王快乐”！

我一直不相信，迪老还答应过，来湖北走一走，看一看呢，还要“诊断”我身边的公安先进典型人物，进行深度挖掘呢，怎么能这么快就走了。半年多里，我一直沉浸在悲伤中。

走前，听师娘说，他还牵挂着十八洞村小学设施不够完善。

2020年9月8日，带着对迪老的怀念，对社区民警工作的疑惑，我和迪老笔下“王快乐”的原型、江苏省扬州市公安局四级警长、全国公安一级英模陈先岩取得了联系。据陈老师回忆，他接受过的采访中，迪老的采访形式最为与众不同：“他诙谐幽默，全程贯穿着那独具魅力的爽朗笑声，那笑声发自肺腑，是鼓励，是期待，接着便是‘很生动，继续说’。我讲，他记，面前还放着录音笔，不知不觉，几天过去了，直讲得山穷水尽。最后，他来上一句：‘好，差不多挤干净了，明天咱们去你的工作单位和社区。’他背着小挎包，弓着背，在我工作的社区走家串户，召开座谈会，凡是之前提及的人物，他都要求逐一见面再分别采访，这是我从来没有遇到过的。”为了写好陈先岩的故事，为了了解陈先岩回到八大家社区当基层民警的细节和过程，迪老三下扬州，甚至表示愿意自费出版，这是对公安事业的负责，更是讲好警察故事的执着。

迪老在陈先岩的留言簿上写下赠言“人民至上”。数十年来，迪老用自己的行动真正践行着题词的精神，俯身贴地走进人民的生活、事必躬亲地参与人民的劳动，把人民的喜怒哀乐实实在在地放在心上。他是不入编的人民警察，他是人民警察永远的老师和朋友！

和迪老的最后相见

卢军[①]

自从在山西省永和县，我第一次见到迪老，到现在已经过去快五个月了。从永和县回到家里，我连忙找出迪老这些年出版的书，一本一本认真读起来，心里面盼望能够再见到他。

真是想什么来什么，因刘学伦教授现在正在创作中宣部、中美协大型国画《十月的胜利》，是为 2021 年 7 月 1 日建党 100 周年献礼的巨作。刘教授要去北京天安门广场，实地拍照，以确定当年打倒“四人帮”时天安门、人民英雄纪念碑、人民大会堂的位置高低，广场上游行队伍的走向等。刘教授要以严谨的画面记录下历史的一

① 卢军，四川国防书画院秘书长。

刻，每一处细节他考虑得非常周全。

于是在 2019 年 11 月 9 日，我和刘教授坐10：07动车去北京，晚上 19：53 到达北京西站。因刘教授出发时，提前已经和迪老联系了，所以当我们出了车站后，在事先约好的地方，一座人行天桥上相见。当我们一走上天桥，远远就看见迪老已经在人行天桥上了，他望着川流不息的人群，估计着时间，正焦急地等着我们。迪老身上穿的是黑衣服，下面穿着白裤子，依然还是戴着一副浅色墨镜。当迪老回头一见到刘教授，高兴地叫道："学伦，在这里。"刘教授赶紧走过去，激动地握着迪老的双手说："迪兄，这么冷的天，让你久等啦。"迪老又说："学伦，没事。你最近身体还好吗？头晕好些没有？这次来北京待几天啊？"刘教授说："迪兄，我这次来北京主要是到天安门广场去，现场看一看，拍些照。我现在画的《十月的胜利》这幅大画，明天去拍些天安门广场上建筑物和人群游行的具体位置，住两天就回去啦。"

他们俩热情问候，都相互关心着对方的身体健康。虽然从永和县才分开五个多月，我感觉他们俩像是分别很久的老战友了，一切都想着对方。这时我也向迪老问了声好，看迪老还是非常精神，走路虽慢点儿，但一直乐呵呵的。他满脸笑着叫我："小卢，你也随学伦到北京啦，好啊！"

随后我们边走边聊，迪老带我们去住的宾馆，他安排在他家附近的大通宾馆里住下。我们进到房间落座后，听迪老对刘教授说："学伦啊，今天你来真是太好了，我们又见面了。明天一早我就要去湖南十八洞村采访了，这是中国作协早已经安排好的，估计得到本月 20 日才回来。"刘教授说："啊！我还来巧了，假如迟来一天，还真错过了。"

就在他们俩说着话时，我已迫不及待地从行李箱里，拿出来早已经准备好的十五本书，全部是迪老写的书。其中有改编成连环画的，还有长篇小说和报告文学集。

迪老看见我拿出一大堆他写的书，也非常高兴。我说："迪老，现在有空儿吗？请您在这些书上签名啊。"迪老随便拿起几本连环画，翻开看了看，就提笔先在连环画《红尾巴鲤鱼的秘密》上写道：“这是当年学伦、肖征波我们去云南合作的第一本小书，李迪，2019. 11. 9 于京。”

接着迪老又在《捉熊》上写道：“这是当年学伦、肖征波我们合作的第二本书，由此，我们三剑客打进北京。李迪，2019. 11. 9 于京。”

接下来在给书名叫《死者作证》签名时，迪老说：“这个封面是我爱人做的，这个我给你写上，魏老师作的封面。”这时刘教授说：“还在编辑部找了个美女。”

签完迪老又给连环画《密林中的火光》签名，迪老边签名边说：“这是根据我的长篇小说《遥远的槟榔寨》改编的。啊！原出处都有了。这也是，这两本，还不一样。一个是广西农家书屋专用，嗬！他把那个又再版了。是吧，啊！这我就给你签个名啊。”于是迪老就在第二本连环画上签上名字：“李迪，2019. 11. 9 于京。”

往下迪老又给《丹东看守所的故事》签名，他一边签名一边说：“啊！九下丹东，其中七下丹东看守所，我给你写上七下，住在看守所里。”

此时，刘教授又说道：“迪兄，他一听说到北京，比我准备得还充分，我就准备了两个蓝花布，他准备了这么多。”其实，刘教授在出发时，早已经准备好了，他给迪老带了四川的老腊肉，现在当着迪老的面，他自己还说没有准备。唉！大教授一激动起来也会心口不一啊。

迪老又接着说：“啊！看守所里写作。被中宣部列为深入生活的典型。上新闻联播，哈哈哈哈！新闻联播，哎哟！央视。”当签到这里，刘教授又说：“稍微签快点儿，我要吃饺子啦。”迪老抬起头望着刘教授笑笑，又继续边签边讲着故事。

等迪老把十五本书都签完了，已经晚上九点半了，刘教授早已等不及了。于是我们三人下楼，迪老带我们去他家附近一家老店吃饺子。等服务员端上来时，不光是一大盘饺子，迪老还点了一盘干拌牛肉，一盘西式蔬菜沙拉。又叫上三瓶啤酒，吃着饺子喝着啤酒，真是越吃越有。我和刘教授也不客气，夹起饺子大口吃起来。我一边吃，一边听见迪老说："学伦，这饺子味还地道吧。以前你每次来北京，就最爱吃老北京味儿的饺子了。刚才给小卢带的书签名，一高兴就忘了时间，让你等久了。来来来，我们俩喝一杯。"迪老和刘教授碰了一下杯，刘教授一口喝了一半，迪老陪着只喝了一小口啤酒。

吃完饺子后，时间也不早了。迪老和刘教授握手道别，他说："学伦，我明天就去十八洞村采访了，不能陪你啦。我们都上了年纪，不是当年在云南当兵年轻的时候了。你平常画画也要注意自己的身体，多休息点儿，保重啊。"随后迪老也和我握手道别，他嘱咐我们在北京多住几天，看看十月一日刚举行过国庆七十周年的北京城。

迪老的家就在附近，他走得很慢，我望着他远去的背影渐渐地消失在夜幕中，不知为什么，心里总感觉有一丝丝惆怅。

我和刘教授走在回宾馆的路上，迎着路边的灯光，街上已没有行人了，我抬头望着天上的星星，心想明天又是个晴天。11 月的北京已经立冬了，夜晚的风一阵阵吹来，很冷。但是，我们大家的心是暖和的，我的手上，还留有刚才分别时和迪老握手他带来的温暖。

回到宾馆后，刘教授打开行李箱，突然叫起来："哎哟！糟了！"我连忙问："怎么了？刘老师。"他说："刚才见到迪兄只顾高兴了，给他带来的四川老腊肉忘了送给他了啊。"但此时，夜已经太晚了。

为了不影响迪老的休息，刘教授第二天早上骑个自行车，亲自给魏桂兰大姐送去四川老腊肉。

11 月 10 日一大早，迪老给我回微信，我看时间才 7：42。他在微信里说：魏大姐今天早晨送他去北京西客站，现在已经坐在动车上，到湖南湘西十八洞村采访了。

迪老还给我发来他出版的书籍，是在昨天晚上签名时我还没有收藏到的。有一本书是他在网上的重要发现，他说：我的小说处女作发表在《磨刀歌》首篇。其他还有《徐州刑警》、《铁军·亲人》、《黑林鼓声》、《英雄时代——深圳警察故事》、《警官王快乐》、《画说情歌》、《花自飘零》、《我的眼泪为谁飞》等。

今年4月12日，迪老给我发来微信说："身体好多了，小院花开。"并配了两张牡丹花开的照片。我一看，正是他家院子里栽的牡丹花，这也是迪老最爱的花。

自去年6月在永和县第一次见到廸老，五个月后是我和迪老的第二次见面。谁知道，迪老因去湖南湘西采访，当地天气潮湿，他又不住安排好的宾馆，在村口一家没有卫生间的吊脚楼客栈里住下。迪老对接待的人说："住在这里好啊，离寨子近些，方便每天的采访。"加上劳累，受了寒气，回到北京就发烧，后来发展成腰疼、心脏病，只能躺在床上写作，5月25日最终完成了《十八洞村的十八个故事》遗作。

6月29日上午9时38分，迪老永远地离开了我们，离开了他描绘了一生的人民群众。

迪老，您没有离开我们，您将永远活在人民心中！

短暂的相见，永远的怀念

唐俊①

2020年6月30日上午，从培禹老师朋友圈里得知迪老仙逝，瞬间泪奔。好几年没见了，但时常会在微信里问候，也经常拜读迪老大作。翻了一下自己的邮箱，第一次发短文请迪老斧正已是2014年6月28日的事了，而他老人家是在今年6月29日西去，六年！以后再也见不着他老人家了！

认识迪老是六年前在昆明参加一个老首长追悼会，那晚接到迪老时已经过九点了。当时只知道要去机场接一位大作家，打电话联系时已关机，于是就短信留言告之我到机场接他！也许是

① 唐俊，驻川某防化旅旅长。

我穿军装的缘故，我还在搜索目标时，一老者来到我面前问道："是小唐主任吧？"中等个头儿，茶色眼镜，红衫白裤，背一绿色军挎，声带磁性，京腔浓郁。在返回酒店的路上，在一问一答之间，我就如面对一经验丰富的老警察，交代了个人全部情况，迪老也很有画面感地给我讲起他在云南当兵的故事，也许是老十四军与十四集团军的血缘关系，我俩很快就变得十分亲近。

到酒店还没来得及吃饭，迪老便开始问老首长告别仪式的安排，一字一句地修改悼词。夜已经很深了，迪老出门透一下气，若有所思地在小院转了起来。我感觉他有心事，于是上前询问，迪老才很委婉地说："唐啊，你看我从其他地方赶来，行程匆匆，也未带多的行装，明天老首长追悼会，我要代表上去念悼词，我想明天一早去买一件黑衣服，但又怕商店没开门，咋办好？"

"哎哟，对不起李老，我忘了给您报告了，老首长的家人早按您的尺寸备好了，明早一穿即可！"

迪老一听，立即释然，我们又讨论几句悼词中的用语后，迪老才回屋休息。

我想这么个大作家，对待工作的这种认真劲儿，以及对老首长的这种深厚感情，在做人做事上堪称楷模，有得我们年轻人学哦！

第二天一早，我去请迪老吃早餐，一进门我看老人家还在读书，我偷偷瞄了一下，哦，迪老在读汪曾祺老先生的书，并认真勾画着。我半开玩笑地说："迪老还这么用功学习啊！"

迪老笑眯眯地对我说："唐啊，有的书是要读一辈子的，特别是汪老先生的散文，越品越有味道！"我终于明白，大作家是怎么炼成的，他们除了饱经风霜的生活历练，刻苦较真的工作态度，对人真诚的浓郁感情外，还不断学习，不断汲取营养丰富自己，所谓活到老学到老！

第二次见迪老是在成都，我和另一位首长陪他和李培禹老师在成都待了三天，见到了刘学伦老师等老友，听他们回忆精彩人生过往。也就是这次迪老让我学写散文，写点儿真人真事真情，或可发给他帮忙看看。于是2014年6月28日，我斗胆第一次发一短文请迪老指导，没想到这第一次也是最后一次！

我不才不勤，至今我也没遵循他老人家让我好好学写文章的教导。而今故人西辞，阴阳两隔，唯含泪遥祭。往后想迪老了，只能再读遗著，在字里行间品味迪老笔下的时代人生，感受他给世间带来的温暖，传承其昂扬奋进的精神。

迪老不朽！

怀念李迪先生

潘沈斌[①]

2017年初春的一个下午，路上投下斑驳的绿荫，人们已经褪去了臃肿的冬装，等待着将开的花朵，远方的楼宇之上，朵朵白云正在翱翔。我踩着这陆离的阳光，如约去出版社拜访李国强先生。

我第一次知道李迪先生就是在这个悠远的下午，在国强先生的办公室里。在那次聊天中，李迪先生的名字从国强先生口中说出来不下二十次。在国强先生向我的讲述中，作家李迪是文人的楷模，他为人处世，包括提笔行文，都值得学习。

① 潘沈斌，作家、编剧。

我注意到，国强先生提起这个叫“李迪”的作家时，眼睛是放光的，整个人处于一种自豪的状态，好像是在说：看，我是有这么好的朋友的。

国强先生很少如此称赞人，能够让他如此高看的，一定是不俗的。在我的想象中，李迪应该是一个超尘拔俗的青年，身材高大，目光如炬，背着包，行走在采访的路上。一瞬间，我对李迪先生很是羡慕，能够有国强老师这样的知己，他肯定有高超的能耐。

云朵在窗外蹑手蹑脚地游走，时间在如坐春风中流逝。临走的时候，国强老师送给了我一本李迪先生的书，那是一本才出版不久的《听李迪讲中国警察故事》，我像是取到了经的苦行僧，亟亟而走。到了地铁上，我迫不及待地打开这本书，刚好，封面上有李迪先生的照片和简介。我看后，大感意外，原来李迪是一位身穿红衣的老头儿，老头儿黑发张扬，戴着墨色眼镜，一脸笑意，老顽童的样子。看了看李迪先生的简介，发现他已经六十多岁了。

读完了李迪先生的书，感到他文风自然通俗，颇有赵树理之风。在奢靡文风大行其道的今天，李迪先生依然贴近地面，用所看所想和朴实无华的文字，书写着脚下这片土地，极为难得。得知他以近七十岁高龄，那几天正远赴岭南采访，在写着新的作品，宝刀不老，不由得更是钦佩。

不久以后，公安部组织的“作家进警营”活动启动仪式举办，我得知李迪先生也参加的时候，特意带着他的这本书参加了仪式，看看能否在活动现场请他签个名字。启动仪式上，来了很多大家，你不用去辨别，李迪先生一定是全场辨识度最高的。那一袭红衣，像是一团火，坐在哪里，就燃烧到哪里。

那天李迪先生依旧穿着大红上衣，白色裤子，精神矍铄，走路快极，所见到的人，他都会微笑打招呼，或者双手合十，表示感谢，很少见到他不笑的时刻。他的人缘极好，我看到几乎所有人都向他打招呼，他见到谁都能快快乐乐地聊上几句。没有人在意到他的年龄，在所有人的眼里，他就是一位不老的少年。和人聊完天结束的时候，他总是习惯性将一只手扬到半空，算是敬礼，手放下后，在转身之前，再带着他标志性的笑容，发出几声爽朗的笑声。

启动仪式上，李迪先生与我坐在一排，中间相隔了两个人，趁着开幕式还未开始，我忙拿着书朝他走了过去。他抬起头，慈祥地看着我，当弄明白我的来意之后，他微笑了，开心地拿过书本，在上面签上了自己的名字。他还问了我的名字。最后，他在上面书写："沈斌存念。"

和他接触的这短暂的时间内，他一直是在笑着，好像是他要找我办一件事，给我添了麻烦。最后他将书双手递给了我，嘴里还说着"谢谢"。

活动结束后，他走到我的身边，依旧慈祥地看着我，勉励我说："沈斌，后生可畏，加油！"他那一袭红衣在我面前燃烧。最后拍拍我的肩膀，说"常联系，沈斌"，开心一笑，接着与下一位朋友交谈去了。

其实那天我们是初相逢，他接触到的人也很多，但是他能在短暂的时间里，在那么多人里面，准确记住我的名字，受宠若惊之中，这让我感到了他不凡的高风。

活动结束后，我踩着暮色回去，在路过公安大学围墙外的护城河时，刚好看到一轮夕阳倒映在河面上，回头去看我们聚会的场所，掩映在如火的晚霞之中。那个晚上，我心中充满着一种未名的温暖。

是的，像孩子一样真诚，像夕阳一样温暖，这正是做人追求的最高境界。

后来与李迪老师同在一个微信群里，他总是群里的活跃分子，每当有聊天之时，他总是能发上一两句幽默的话语，能看得出，大家都很喜欢他，虽然用"迪老"称呼他，可是大家与他插科打诨之中，都是把他当成一个年轻人的。

三年过去了，从国强老师的朋友圈里，我经常能看到李迪老师的大作，在我的印象里，他应该在各地奔忙、采风。年龄与他无关，苍老也与他无关，死亡更与他无关。他那一袭红衣，所到之处定会斩妖除魔，驱邪避难。时代在变幻，何其需要他的如椽大笔，记录下这片土地之上的芸芸众生。他如苦行僧，会继续行走在这个国家的版图上，顶着日月，殚精竭虑，捧出一本本传世经典。

万万没想到，在2020年盛夏天快要来临的时候，在我们熬过新冠疫情的时候，看到的是李迪先生的讣告。原来去年初冬时节，李迪先生深入湘西采访，不幸染病，在病榻上坚持完成了《十八洞村的十八个故事》后，便驾鹤西去。

李迪先生虽然远去了，可是他留下的文学财产却是丰富的，我想对于我们从事文字的人来说，他给我们最大的启示就是不写空话、套话，任何创作，必须脚踏实地去采访，先出门合辙（采访，收集素材），再“闭门造车”（把板凳坐热，耐心创作）。作家必须要到人民中去，与人民结为一体。先眼见为实，再去用耳朵聆听，用大脑思考，最后手动转化成文字。

当一个写作者知道创作的源泉所在，并去源泉处汲取源源不断的灵感，一定是一位成功的作家。李迪先生多年如一日，如明朝的徐霞客一样，芒鞋瘦马，栉风沐雨，蹚过大江大河，翻过万千山川，深入田间、屋舍、警营、看守所……他与百姓促膝长谈，与罪犯慨然对坐，与警察深入一线……他如追日的夸父，又如明知前方有风暴，依旧以破马长枪进击的堂吉诃德。他是时代的记录者，孜孜矻矻，至死方休。他以汗水为墨，以双脚为笔，丈量着文学的广度与长度。春蚕丝尽，蜡炬成灰。最终，他用尽了最后的力量，倒在了进击的路上。

鲁迅先生在《空谈》一文之中说：死者倘不埋在活人的心中，那就真的死掉了。有一种死亡，与死亡无关。李迪老师虽然离去了，但是万千读者悲痛，生前好友纷纷撰文怀念，他的大作依旧出版行世，这对李迪先生来说，不是另外一种状态的活下去吗？

萍水相逢，转身已成永诀。要知道2017年的那个黄昏就是最后的告别，我肯定会爹着胆子，邀请他去公安大学外面的那条河边散步，像他采访别人那样，采访他一下。可是，没有遗憾，谁会懂得美好呢？

是的，在2020年的这个夏夜，当我走笔至此，似乎看到他依旧笑吟吟地走到我的对面，红衣如火，笑容可掬，拍拍我的肩膀，说："沈斌，加油！"

大鱼划过海面，余纹不绝成滔天浪；春风吹遍万里，无边落木摇落更护花。李迪先生不死！

飘在天际间的火烧云

剑钧[1]

李迪兄喜欢红色，那是军旗的颜色。从我们相识的那天起，他上衣的颜色就未曾改变过，远远望去，他就像一团燃烧的火，给人以激情和力量。

迪兄原来是军人，是一个拿笔杆子的军人。他1973年入伍，在中国人民解放军第14军42师宣传队任创作员。1972年发表了小说处女作《革命后代》，此后，他的文学创作便一发而不可收。1978年脱去军装后，他调入人民文学出版社任编辑，虽然几经角色转换，但他始终保持着军人的本色。在文学创作上，迪兄是“拼命三郎”，

① 剑钧，原名刘建军，著名作家。

是永远冲在第一线的战士。

虽然迪兄走了，但我觉得他并未走远。夜深人静时我打开电脑，从文件夹中找出我们在永和槐花树下的合影，只见“万绿丛中一点红”，往事再次浮于心头……

一

去年五月，我们一行七人从北京出发去山西永和采风，中途在延安短暂停留。我们去餐馆吃了顿地道的陕北饭，然后来到宝塔山下。仰望高高的宝塔山，迪兄说了一句意味深长的话：“延安的宝塔山可真美，陕北的小米可真香。”没错，我们几个人是怀着炽热的虔诚来宝塔山顶礼膜拜的。

随后，我们驱车赶往永和。路上，迪兄谈笑风生，逐张点评沿途拍摄的照片，先说一句“要放大了看”，而后将每个人的神态用幽默的语言加以解读，把车上的人逗得前仰后合。这不禁让我想起他作品里的语言，于不经意间、只寥寥几笔，人物形象便跃然纸上。譬如他在《加油站的故事》里写了一位从西北师范大学毕业的女大学生，她在青藏高原一个叫日月山的地方做加油工，一句“又是一个风雪天，我身上包得跟粽子一样，哆嗦着两手加油，脸吹得不行，帽子一拉，口罩一戴，整个脸就没了”，就把处在艰苦环境中的人物写活了。

延安距永和约一百五十公里，我们得以尽览大西北的风光。有时绵延十几公里，竟见不到一个村落，也寻不到一处窑洞，植被稀少，难觅一丝绿色。但一驶入永和境内，我眼前一亮，久违的绿色随山势而兴。同车的永和县委宣传部部长白永明告诉我们，永和县的脱贫攻坚战已经到了最后阶段，迪兄听后异常兴奋，说：“太好了，不虚此行。”

起初，我并没有觉出这句话的分量，认为“不虚此行”只是“屐齿留痕”罢了；短短几天的走访，能写出一篇像样的散文，就算“不虚此行”。谁料刚在永和吃第一顿饭，迪兄便语惊四座，大声宣布他要在永和驻扎下来，写一部《永和人家的故事》。我很惊讶：在中国，如此接地气的作家太少了！

迪兄是那种说话掷地有声、一诺千金的人。在参加完“永和槐花节”的活动之后，他就没和我们一道参观，转而去实地走访、深入生活。随后几天，我们只是在早餐和晚餐的时候才有机会碰面。

头一天采访归来，天色已晚，迪兄走进餐厅，尚未落座，就喜形于色打着手势说：“有了，开篇的标题有了！”还未等在场的人追问，他便自揭谜底：“题目就叫‘我是你的腿’”。“好！”我惊叹道，“一听题目就吸引人。”原来那天他采访了生活在轮椅上的农民经纪人刘书祥。一天外出放牛时，刘书祥意外坠入深渊，就此瘫痪在床，生活陷入绝境。他万念俱灰：“我一心想死，我决定去死。”迪兄听后大声追问：“你为什么没有死?”这句话戳中了刘书祥的泪点，“就在我准备死的时候，忽然听到了一声‘爸爸，我回来了’！我泪流满面，哭出了声音。”于是就有了下面的话：“我不能死，如果我死了，闺女回来，还管谁叫爸爸?”迪兄的追问似乎有些“不近人情”，没有劝慰之辞，也没陪着被采访者落泪，但他用寻根式的追问，直抵人物柔情的软肋，这恰恰是他采访艺术的真实体现。

就这样，刘书祥在轮椅上开启了新的人生。他先是收破烂，后来改收药材，再后来又收玉米，生意越做越大，个中甘苦，被迪兄描绘得淋漓尽致。就是凭着这么一股劲儿，迪兄走遍了永和的山山水水，在一个个普通的永和人家里，收获了无数动人的故事。

二

迪兄一个人留在永和，其余人则从永和返回北京，好在我们建了一个“永和七人行”的微信群，可以随时和迪兄沟通。那段时间里，迪兄相继采访了三十三位“刘书祥”式的人物——他写了过上好日子的芳梅、写了修车的老李、写了唱道情的刘老汉、写了开早点铺的大胡子、写了点豆腐的刘三……他用红红火火的激情，将永和红红火火的脱贫攻坚战描绘得有声有色。

结束了永和的采访，迪兄又“转战”湘西苗寨，参加中国作家协会组织的“脱贫攻坚题材报告文学创作工程”，到十八洞村蹲点采访。我被他旺盛的创作劲头儿叹服，私下劝他要悠着点，别太累，迪兄满口应承，但在行动上依旧“我行我素”。

几个月后，我去新华书店总店参加一个文化活动，主办方在活动结束后让每个与会者选几本书，我一眼便相中了迪兄刚刚出版的纪实文学《加油站的故事》。我发微信给仍在十八洞村采访的迪兄：“迪老（我们都喜欢这样称呼他），过后我还拿给您求签名啊。”他说：“好，没问题。”为了完成这本《加油站的故事》，他在夏、秋、冬三季，以七十高龄奔走于边疆九省，倾听了一百六十三位中石油员工的真情讲述。我写过多部纪实文学，深知采访不易；这一百六十三位员工，绝不是一个简单的数字，里面浸润着迪兄无数的心血。

2020 年 1 月 10 日迪兄发来微信，是《2019 民生散文选》的封面和目录的截图，我的《生命里的祖国》和迪兄的《跟山水》均入选其列。我回复：“谢谢迪老，我看到了，也有您的大作。”他回复：“是永和故事。”

连年奔波，严重透支着迪兄的身体，但他开朗的性格和乐观的举止却掩盖了这一切。1 月 24 日是大年三十，早上七时四十五分，我发微信“祝迪老新春快乐”，他在七分钟后回复：“剑兄，非常感谢！敬祝您全家新春大吉，身体健康。”后来我才知道，那时迪兄的身体已经出了问题，一句“身体健康”，是他的肺腑之言。

三

时间到了 2020 年的劳动节，这天，迪兄的一条微信“惊醒梦中人”：“至今已卧床四个多月，不能坐立、行走，直到近日，才稍有好转。精力限制，暂退出‘永和七人行’，但我的心跟你们一起行！谢谢！请原谅我！”我惊愕不止：“怎么成这样了？”原来迪兄在湘西十八洞村蹲点采访时，有半个月吃住在老乡家，连天阴雨，他每天爬山走寨，腰受寒凉，回京一周后突然腰痛难忍，医生诊断为腰椎滑脱、腰水肿，没有好的疗法，只能卧床。我一直期待迪兄的《永和人家的故事》能够早日问世，但令我万万没有想到，这几个月，迪兄是在病榻上修订了这部书稿，并且写就了《十八洞村的十八个故事》的。

迪兄在微信中说："最后向亲汇报：为作协写作的《十八洞村的十八个故事》，至今已完成一半，九个故事。我是在床上用手机写的，把已发表的两篇，转如下，请多批评！明早将连同文章一起消失！"

"再见了兄弟姐妹们"——这是迪兄在微信群里的最后留言。我想这句话是迪兄含着泪水说的，就像我们是含着泪水听的一样。迪兄有着军人的坚毅、军人的果敢、军人的乐观，但在病魔面前，他还是倒下了，倒在了书案前、倒在了"扶贫攻坚"的阵地前……他实在是太累了！

随后的近两个月时间，我一直牵挂着住院的迪兄，苦于疫情原因，无法前去探视。虽然总盼着有奇迹发生，但迪兄还是走了，带着他的追求、带着他的梦想、带着他的《永和人家的故事》和《十八洞村的十八个故事》、带着他的壮志未酬的遗憾，红彤彤地走了。

我手头那本《加油站的故事》，最终也未得到迪兄的签名，但我写永和的散文《白云端的永和梯田》，按照迪兄的遗愿，收录到《永和人家的故事》的"美文附录"中，这也是我与迪兄友谊的永恒纪念。写到此处，我泪眼婆娑，眼前又浮现出迪兄那鲜艳的上衣，它就像一朵飘在天际间的火烧云，跳跃着、奔跑着、燃烧着……

（原载《北京晚报》2020 年 8 月 30 日）

忆李迪

周恒[1]

记得李迪是1971年的八九月，从一团十营借调到我们一师宣传队担任创作员的。他长着一张白净稚嫩的脸，一口京味儿十足的京腔。他为人真诚，疾恶如仇，快人快语。他的创作功底扎实，思路敏捷，作品活泼有生气。有时往往一句话的启发，他马上就能构思出一个小巧活泼的作品。他为我们一师宣传队写的第一个节目就是《去云南的姐姐探亲回来了》。这个作品被我们谱写成一个表演唱：八个女兵、八把月琴，江浙韵味的旋律，明快的节奏，边弹边唱，演出大获成功，深受兵团干部战士的欢迎，尤其上海知青是

① 周恒，李迪云南生产建设兵团老友。

最爱看的。

1974 年 9 月，云南生产建设兵团建制撤销，恢复成国营农场。此前的 1973 年，李迪已从兵团入伍，到陆军第 42 师文化科担任创作员，和我们指导员、小包、张世兰在同一个部队。同时也给 42 师宣传队写写节目。所以他对部队宣传队的生活及工作是挺熟悉的。以至于他在 2017 年 5 月还出版了一本长篇小说《宣传队》。

李迪是北京人，祖籍河北滦南，1968 年毕业于北京师大附中高中。在“上山下乡”的浪潮中，“知青”来到云南西双版纳，被分到景洪农场十分场工作。历经兵团的锻炼，又经部队的磨砺，加之其笔耕不辍的创作热情，他逐步成长为一个军旅高产作家。先后发表过中篇小说《野蜂出没的山谷》、《这里是恐怖的森林》、《你死我活》、《代号叫蜘蛛》、《枪从背后打来》、《〈悲怆〉的最后一个乐章》等。1984 年李迪加入中国作协。是全国公安文联特约签约作家，中国报告文学学会理事。先后出版过《傍晚敲门的女人》、《丹东看守所的故事》、《警官王快乐》、《凌晨探案》等作品。《野蜂出没的山谷》获全国第二届少年文艺创作三等奖，《豹子哈奇》获全国优秀少儿读物二等奖，《傍晚敲门的女人》获首届金盾文学奖，《〈悲怆〉的最后一个乐章》获蓝盾文学特别奖。作品曾译成俄、法、韩文在国外出版。

李迪的逝世，使我们失去了一位好战友，使中国文坛一颗闪亮的明星陨落。我们祈祷李迪战友在西行的路上一路走好。我们希望李迪战友的家属一定要节哀顺变，保重身体。云南生产建设兵团一师宣传队的花名册上将永远留有李迪的英名。李迪战友安息吧！

用滚烫的心温暖世界

张琳[1]

2019年9月，中国作协启动“脱贫攻坚题材报告文学创作工程”，在遴选出的25位作家中，李迪是年龄较大的一位。11月10日，带着寻找大山里精准扶贫、自强不息故事的使命，李迪动身赶赴十八洞村。与以前无数次分别不同的是，这一次，老伴儿魏桂兰始终揪着一颗心——“湘西那边天气潮湿，寒气重……”

从十八洞村回来后，李迪先是发烧，后来腰疼得厉害，那种钻脑袋的疼，医生说只能在床上静养……谁能想到，书就“十八洞村脱贫攻坚的故事”，李迪也挥手告别了他深爱的读者和这个

---

① 张琳，《北广人物周刊》编辑部主任。

世界。2020年6月29日9时38分，李迪因病医治无效永远离开了我们，享年71岁。

他用生命写就了一本本奉献者的大书，他也成就了自己这本生命之书。

距离作家李迪去世已经47天了，魏桂兰老师说起丈夫的点点滴滴，总是强忍泪水，她说，我一定会挺过去的。

我们聊得最多的是那些美好的往事，片刻的欢笑后却是难耐的沉默，还有饮泣。

李迪喜欢红色，上衣和外套经常是红色。他像一团红的火焰，就这么燃烧跳跃了七十一载，温暖和感染着每一个接触过他的人；他像一根红色的蜡烛，就这么一刻不停地燃烧，直到把自己的生命耗尽——为了最后一部作品《十八洞村的十八个故事》；他有一颗滚烫的心，这颗心直到停止跳动也依然带给他的亲友和读者无穷的动能、说不尽的美好。

这里处处留着他的温热

8月14日上午10时18分，我约魏老师采访。魏老师说正在儿子家，和我商量能不能改在下午三点她回家——这个她不敢也不忍回，却又心心念念要回的家。

我深感不安。我能体会老人的心。

这里的角角落落，处处留着丈夫的温热。

这里的点点滴滴，时时召唤着她的记忆。

她说一个人在家时，经常会听到李迪叫她的声音，那些由不同时空而来，又和谐地统一到同一时空的声音，也像一幕幕电影画面出现在我的眼前——

“小魏，把灯打开，儿子下班，远远看见，会感到家的温暖的。”

“小魏，坐地铁千万要拿好卡，别掉了，掉了地铁卡，很麻烦的。”

“小魏，这个菜好吃，给小迪留啊，多留一点儿。”

“小魏，你看这段我写得好不好，我朗诵，你听啊。你看这个词用得怎么样……”

“小魏，说好了，我买菜，你可不要再买了。”

魏老师说：“我俩经常会同时买回家里缺的东西，而且不差分毫，这一点我觉得特别有意思。”

那一年去日本旅游，商店里，李迪看见魏桂兰看了一款女包，便非要给她买，魏老师说：老李啊，我不要包，咱们走吧。

结果，李迪一直闹心，到底是一个人悄悄返回把那款包买下送给妻子。

“李迪对自己非常节省，对别人都很大方。我自己舍不得买的，他都要买回来给我。对朋友甚至陌生人也是这样，20 世纪 80 年代初，他的一笔稿费，我记得是 380 元，不知怎么地被别人领走了。我就说怎么会这样啊……他说不要去问了，（这钱）也许会帮到别人的，这是好事嘛。”

风风火火的李迪倒在了他最不想倒下的时候。此痛之切，岂独家人！

魏老师说李迪已不是我们一家的李迪，他属于这个时代，属于文学，他是我们大家共同的李迪。“6 月 29 日，李迪离世。7 月 2 日，中国作家协会李敬泽副主席、李朝全老师受铁凝主席、钱小芊书记委托，来到家里吊唁，充分肯定了先生的为人和作品。并说：等疫情过了一定要开一个隆重的追思会，他是人民的作家，不能让他就这么简简单单地走，就这样离开我们！李敬泽同志郑重地说：‘一定要把先生写的《十八洞村的十八个故事》出版好！要做成精装和平装两种版本。’这些暖心的话，我相信李迪一定会听到的，会非常高兴的！作品得到肯定，这是每个作家的愿望！”

魏老师说以前她从没看过李迪的手机，“他走了，我看他的手机，才知道他有那么多亲如家人的朋友。这些天来，他在朋友们中的好人缘、好口碑，他给成千上万相识的和未曾谋面的众多读者带来的悲痛，简直震撼了我！我特别要感谢几十年和李迪结下深厚友情的挚友——中国作家协会高洪波副主席，《解放军报》孙晓青将军，《北京日报》原副刊部主任李培禹老师，中国人民公安出版社李国强副总编辑，资深媒体人杨浪先生，公安部监察局李国和、黄完姐夫妇，老战友刘学伦，全国公安文联张策副主席，艾克拜尔兄，挚友高伟等很多好友，为李迪在各个方面做出的大量工作和默默奉献，使我们母子在突如其来的打击下，在惊魂不定中有了依靠，有了方向！”

魏老师还由衷感谢李迪的朋友们正在快速收集有关文本，计划编辑出版《李迪文集》《怀念李迪》文集和《李迪文学作品评论集》等。

我愿意为先生去死

7月5日，作家李迪的“头七”。因丈夫猝然离世而几近崩溃的魏桂兰发文向李迪的亲朋好友和广大读者致谢，她说：“我代表儿子李小迪、儿媳张薇、孙子李浩诚，在这里向亲朋挚友们，向全国各地李迪的好友、朋友们，深深地鞠躬致敬！自先生生病直到离世至今，全国各地慰问声、祝福声、加油声、叹息声、悲痛声，声声真切，不绝于耳！紧接着关于先生的各种文章诗歌照片，汇聚于群里。他的音容笑貌，他的神采奕奕，他的一举一动，让我撕心裂肺，让我痛彻心扉！看一次哭一次，如能用一百次的死去换他回来，我不会犹豫！这也是我一直的信念，为他去死，值！

“他对我来说，亦父亦兄亦师亦友！他爱家人，爱朋友，爱事业，爱猫爱狗爱花园，甚至不忍拔草！他是个好人，是个好人……我愿意为先生去死！这是我多年来藏在心里的一句话！可老天爷看错了眼看错了人，不是我而是他，让他过早离去……”

一句“我愿意为先生去死”令我的心里眼里顿时起了“雾”。这是怎样的一种爱，才令一个老人说出这样椎心泣血的话。

1968年，李迪从北京师范大学附中毕业后，响应国家号召投身边疆建设。在云南生产建设兵团期间，发表了小说处女作《革命后代》，引起云南文坛的关注。1973 年，做梦都想当兵的李迪被招进云南蒙自师部，在师宣传队里写节目。

遥忆当年，打动魏桂兰的正是打动所有人的那颗滚烫的心——越过半世纪而不改热烈、不改分毫地对人好永远胜过自己的那颗心。

当年李迪在云南人民出版社创作《遥远的槟榔寨》时，魏桂兰是出版社文教组编辑。出版社办公楼和作家招待所在一个院子里，一来二去，两人从朋友变成了恋人。

“刚认识时，他给我们云南人民出版社写稿子。他给我的印象是特别乐观，人很帅气、健谈，非常有才华，很勤奋，能吃苦，能写，总之各方面都很出众。刚交往时，他妈妈从北京给他寄到昆明一大包水果糖，那是七几年，很稀罕的，他都让我拿走，自己一块都不留，就是这样一个善良真诚的人。当时他在部队每月津贴是六块钱，我们俩好了以后，最让我感动的是，他把六块钱津贴积攒下来，给我买了一身衣服，1975 年那会儿那种面料是很贵的，也很时髦，还买了一个遮阳草帽，一双当时很时髦的丁字鞋。他说，你看从头到脚都给你买全了。我特别感动。觉得他把自己每月仅有的买生活必需品的钱都省下来，给我买衣服，我既心疼他，又为他这份真诚体贴的心意而感动。他复原回北京后，整个出版社都觉得我俩肯定吹了。但我始终坚信他不会的，因为他是一个信守承诺，把承诺看得比什么都重的人……后来，事实证明，我看对了人，可不知怎么，两个对的人却没能一起走下去，他答应过我，小魏，咱俩要白头偕老……”

我流着泪听，流着泪记，这时魏老师突然沉默了，电话那端传来饮泣的声音，丝丝缕缕，像针尖刺痛着人心。

“我从没见过像他这样好得那么周全的人。他对我的爸爸妈妈，弟弟妹妹好得不得了。20 世纪 80 年代，我弟弟妹妹们盖房，他一点儿都没有犹豫，拿出稿费、挤出生活费，还找朋友借钱，帮他们一一建好了房。可他一直在采访、写作，写作、采访，从没有时间回去过。我弟弟妹妹想起这些就哭得不行，流着泪说：大哥帮我们建的房，直到大哥走他也没有来享过一天福……有一年他到云南泸西我的老家采访，采访完，弟弟妹妹好不容易约到他，可刚吃了半顿饭，接他去昆明采访的车就已经等在饭店门口了，最后是弟弟妹妹哭着送他上的车……他对自己的父母也非常孝顺，家里缺什么他都提前买好、送到。那年坐了一夜火车刚回来，水都没喝，就把刚送来堆到门口的八百多块蜂窝煤搬回家，给我公公心疼得不行。李迪对家人好，对朋友对同事对读者对采访对象，都掏心窝子地好。我学校的同事都了解他，没有不夸他的，都说他心太好了，是个大好人，有的同事他帮着搬家搬到天津，有的帮我们修过电器他念念不忘也总去帮助人家，好些男同事提起他都哭得泪人似的，都说：多健康多乐观多好的人啊，怎么会是他啊……"

写到生命最后一刻

采访当天晚上，魏老师给我发来一段李迪老师生前接受采访的视频，谈的是他当时新出版的长篇小说《花自飘零》，这部小说的真实素材其实是李迪在家边一家小理发店理发时从偶然瞥见的一张老照片中打捞出来的。李迪的绝大多数作品都有真实的历史和生活原型，包括奠定他"中国推理小说走向世界第一人"地位的中篇小说《傍晚敲门的女人》。

视频中的李迪欢快热烈、激情洋溢，我突然就明白了为什么那么多人喜欢他、敬重他。这是一个用心在和你交流、用生命点燃你生命、像火一样朴实热诚的人。

2019 年 5 月，李迪来到革命老区山西永和县，他揣着一块"槐花饼"，上山、蹚河、转田间、探枣林……李迪五去永和，走遍了这个只有一条马路的小县城。

2019 年 11 月，李迪拖着行李住进了十八洞村的苗寨吊脚楼里。十天的时间里，他冒着阴冷的雨，踏着青石板路，爬山串寨，穿梭行走在十八洞村，帮村民卖菜吆喝，陪老乡种地聊天，钻进饭店后厨给老板打下手，逮着谁就兴致勃勃地听对方讲述村里脱贫攻坚的故事……

今年2月，永和县脱贫摘帽了。6月，《永和人家的故事》出版。6月29日，弥留之际的李迪在病榻上“收到”了《十八洞村的十八个故事》的样书。

中国作协主席铁凝说：李迪把全部生命投入与时代同行的路上，把滚烫的心放进与人民同心的作品中。诚哉斯言！

我问魏老师：李迪老师在写作时有没有什么特殊的习惯或爱好？魏老师说：没有。他不吸烟不喝酒不好茶。要说唯一可能算习惯的，就是他永远在和笔下的人物同悲同喜同苦同乐。“每次老李采访回来，就关着门开始写作，我进去都要先敲门的。”

即使在门外，魏老师也经常能听见李迪在里面边写边哭。这时候，魏老师总要劝解一番：“老李啊，不哭了，不哭了，你写的人日子都过得好了，这样哭伤身体的。”她知道，李迪是把自己和故事里的人融在一起了。

李迪最后的日子，李迪最后的这本生命之书，他是蘸着自己的心血一篇一篇熬着写出来的。

魏桂兰陪李迪熬着，她的心在滴血。“老李，这次算了吧，咱们不写了。你的腰水肿，疼得这么厉害，坐不住，也下不了地。咱好了再写行不……”

可她根本劝不住。扶贫工作队队长龙秀林、村主任隆吉龙、村支书龙书伍，十八洞小学教师蒲力涛，饭店老板龙拔二大妈、金娣，村民龙先兰、杨超文……李迪一直惦记着十八洞村里这些可爱的人。“我不写了，他们的故事谁来说？”5月25日下午四点，中国人民公安出版社副总编辑李国强收到李迪发来的消息：胜利结束，大功告成。

在病床上，李迪完成了十八洞村的最后五个故事。在手术之前，签发了图书出版前的最后改样。

魏老师说她此生最后悔的事就是没能阻止丈夫继续采访写作，她甚至跟孙晓青将军说：如果我能请孙将军等几位李迪的挚友一起劝他不要写了、不要写了，是不是李迪就能活下来……孙将军说：

你错了。如果李迪能被劝住，那就不是李迪了。

采访的第二天，魏老师给我发来一张李迪老师年轻时的照片。我算真切明白了魏老师口中的帅气、阳光、乐观，是什么样子。魏老师说李迪当年留学日本时患上虹膜睫状体炎，左眼右眼反反复复发作，十几年一直靠给眼球打针艰难地挺过来，所以他要一直戴着墨镜。但即使这样他一生当中从来没有悲观过，从来没有为自己的得失烦恼过，他的眼泪都给了他笔下那些最普通的默默奉献着的平凡人。

前天，魏老师在微信中忍不住说：我刚刚有个什么事，还在屋里叫他：老李，你帮我看看——可是他，人已经不在了。没事。我会挺过去的，让他安心，让大家放心。

——先生今已去，日月悲同伤。与君诀别日，爱你到天荒！

（原载《北广人物周刊》2020 年第 33 期）

怀念迪老

王也丹①

有的人活着，他已经死了；有的人死了，他还活着。

——臧克家

红衣白裤，茶色墨镜，这是迪老的标配，酷酷的，好像从未变过，哪会儿见到他都是笑容可掬，浑身充满活力。

那次他来密云，是被李培禹老师“配搭”着。那之前，我和二位李老师都是未曾谋面。2013年8月，我的一篇散文在《北京日报》“我的北京我的梦”征文栏目发表，后来又相继发表

① 王也丹，北京市密云区作协副主席。

了几篇文章，责编李培禹老师很认可我的文字，通过几次电话，便邀他来密云给文学爱好者们讲讲课。李老师不仅爽快地答应了，还说要带个好朋友一起来——“李迪，很有名的，你听说过吗?”我何止是听说过。《这里是恐怖的森林》、《傍晚敲门的女人》我老早就读过的啊。2016 年 8 月 2 日，下午两点多，他们从京城自驾过来。在我们单位楼下，我看到鲜红的迪老和李培禹老师从车里下来。我骨子里是个内向的人，很不擅长和人交往，尤其名家，最怕拿架子，令人“没处搁没处放”的。二位李老师虽为初见，却都是仿佛如老友一般，无丝毫隔膜感。坐在主席台上，面对台下六七十双眼睛，李培禹老师说：“李迪老师来了，我就不讲了，让李迪老师讲，他比我讲得好。”

结果，迪老一句“天还不亮，小沙漠就叫醒了大沙漠”，一下子把听众带进了塔克拉玛干，随着迪老一起认识了邓师傅、谷花、小狗“小沙漠”，以及为了写好《004 号水井房》，迪老三进沙漠并为“小沙漠”买下超市内全部火腿肠的感人故事。他结合自己的创作实践，声情并茂地讲述了生活与创作的关系。两个多小时的讲座倏忽而过，大家感动异常，意犹未尽。迪老朴实、深情、激情的讲演，就像他身上的红衬衫，照亮、感染了在场的每一个人。

“李迪老师是最会讲故事的作家。”一连数日，大家在本地文学爱好者交流群里分享收获，发表感言。但大家不知道的是，迪老的讲座是义务的，没有分毫报酬。

2017 年 5 月，密云区社区教育中心为了办出特色品牌，提高居民文学审美素养，成立了“社区教育中心文学大讲堂暨王也丹文学沙龙”。启动仪式前一天，作为嘉宾，我把二位李老师又请到密云，本意是想让他们借此机会在密云转一转，弥补上次匆忙之不足。晚上闲聊时，我突然灵光一闪，不知天高地厚地对迪老说：“明天开堂第一讲，由您来主讲行吗?”迪老一愣：“我没准备啊，再说了，第一讲理应由你这个堂主来嘛。”我说：“您难得来密云一次，上次大家都还没听够呢。”

迪老答应了。

第二天，早餐时，迪老说：“也丹，计划有变了，接到通知，公安部要我采访英模郝世玲，下午得回去。”停顿了一下，迪老说，“我和培禹商量了，启动仪式结束后，我讲一小时，（他转头面对李培禹老师笑着说，培禹你提醒我时间啊，要不我讲起来刹不住车）讲完我们就赶紧走，不耽误下午的事，中午饭就不在这里吃了。”我诚惶诚恐而又感动，这么辛苦地从城里赶来，剪彩、讲座，却还吃不上饭，这怎么行？我说，要不您就甭讲了，启动仪式结束，先简单吃点儿再走。迪老说：“不用，也不饿，答应你了要讲，怎能言而无信呢。”那天是 5 月 16 日，启动仪式上午九点半开始，十点结束，然后，李迪老师开讲，讲他与丹东看守所的故事，讲文学创作如何从小切口进入大主题。李迪老师侃侃而谈、娓娓道来、行云流水、激情四射。十一点十分了，李培禹老师在台下反复抬腕指表，示意迪老。

十一点三十分，迪老和李培禹老师驾车返京，连午饭也没吃。看着车子驶出学校大门，我的内心充满了感激与感动。

一个多月后的 6 月 25 日，李迪老师在北京前门附近的正乙祠戏楼，与主持人杨浪做“怎么写出好故事”的对谈讲座，问我是否愿意带着学员参加，他给预留座位。于是，我和三十余名学员一起，手捧着献给迪老的鲜花，又一次聆听了迪老的精彩演讲。

正乙祠戏楼是北京最知名的四大戏楼之一，古色古香，戏台的两根柱子上嵌着一副对联：演悲欢离合当代岂无前代事，观抑扬褒贬座中常有剧中人。李迪老师一如既往，红衣白裤，棕色眼镜。风趣幽默的话语，让台下时时爆发出热烈的掌声和会心的笑声。就是在那次的讲座中，我知道了李迪老师多舛的人生经历，以及他如何葆有一颗爱心、童心、恒心、细心，从而使自己不忘初心，在深扎生活中真诚创作，在文学的道路上砥砺前行。

迪老是一团火，他的心始终是热的，他很好地诠释了罗曼·罗兰的那句话：世上只有一种真正的英雄主义，那就是认清生活的真相之后依然热爱生活。

我和迪老连着微信，他发朋友圈的内容，一般都是他在《人民日报》、《北京日报》等各大报刊发表的新作链接，微信开头总是火热的一句："我的好朋友们……"让人一下子接收到他如火般的热情。我常把他的这些文章转发到"文学沙龙"群，让学员们学习。因为听过迪老讲座，喜欢迪老，大家总是时有感想和感佩。我便把学员们的这些感受截屏给他。迪老常常是开心一笑，谦逊地表达感谢。2019 年 7 月底，正在山西永和采访的李迪老师赶去西安，参加由作家出版社主办的李迪"丛林豹讲故事"系列丛书分享会。《豹子哈奇》、《黑林鼓声》、《这里是恐怖的森林》、《书包里的秘密》、《獴！獴！獴》、《野蜂出没的山谷》六本儿童小说重新出版，300 多本书在现场签售一空。8 月，我收到了他快递来的签名本，再一次重温了年轻时就读过的《豹子哈奇》、《这里是恐怖的森林》，心想，难怪他能写出这么生动的儿童文学作品，这个老头儿的童心一直都在啊。

有时，偶尔和迪老在微信里闲聊，他不是在采访，就是在创作，很少有闲暇。他发来在山西贫困山区的采访照片，说："这里的人真穷啊。"然后是好几个流泪的表情。我知道他已五下山西永和，他是在用身、用心、用情，甚至用命，写《永和人家的故事》，他的采访从来不是走马观花，他的写作从来都是感同身受。我跟他开玩笑，其实也是真心佩服，说，中国作协应该评您一个"深扎"典型奖。他发来一句话：评与不评，写个不停；奖与不奖，不受影响。

我立刻哑然。迪老的写作早已超越了功名，超越了自己，他是真正地为人民写作。

2020 年春节前，作为北京杂文学会的会员，我去设在北京市政务服务中心的《前线》杂志社参加杂文学会年会，见到了李培禹老师，拜托他问候迪老。他说，迪老身体不太好，不过没大事，正在静养呢。过年那天，我给迪老拜年。他笑呵呵地回礼，还发来几只小猫的图片。

然后，新冠来了。

然后，许多机关干部被下沉到基层社区协助值守。我也一头扎进了社区，从严寒凛冬，到炎炎夏日。

然后，那一天，从李培禹老师的微信里，我突然看到迪老驾鹤西去的消息。

……

本来一直想着，等疫情结束了，约迪老来赏花，来采摘。

直到今天，翻看微信，我依然不相信迪老已不在这个人间了，依然不忍心把他从微信通信录中删去。尽管他微信名字后面的那个小蓝人儿已经熄灭了，消失了，可他那个经典的红衣墨镜的笑脸头像，还在，还像生前那般鲜活……

（原载《北京日报》2020 年 10 月 16 日）

听李迪老师讲故事

陈思瑶[①]

“忽听门响，忙问谁呀？没人答应。邓师傅起身开门，迎面碰上风。冲风说：是你呀！老伴儿谷花问：谁呀？鬼！关门上床接着睡……”

课堂上，李迪老师声情并茂地讲述着在塔克拉玛干沙漠上关于两位农民工和一只小狗的故事。语言平淡白话，讲起来像是一些琐碎的稀松平常，这独特的开场白，却是平中出奇，深深吸引着我和其他学员。

对于我个人而言，2019 年的 11 月，是个有温度的月份，我有幸两次听李迪老师“讲故事”。70 岁的李老师用睿智而不失幽默的话语，讲述着

① 陈思瑶，文学爱好者。

一个个跌宕起伏扣人心弦的故事。

“拧巴”、“不顺当”，这事儿就有故事。毒品与鲜花，多大的反差啊！在花香四溢的小屋里，李老师带我们一起探案《路边花店》。

深入生活，扎根人民。深入山西永和县，写卖馒头的老人李发杲的故事。历经三季，夏秋冬，走遍边疆九省区，只为写好加油站的故事，倾听163位员工的酸甜苦辣与悲欢离合，走进了数不清的油站，最终形成40篇感人佳作《加油站的故事》。《004号水井房》是他三次深入中国最大沙漠塔克拉玛干沙漠，形成的文学作品。为了写好《丹东看守所的故事》，他七下丹东，与警察和犯人一起过了两个春节，与犯人同吃同住。

白开水咕嘟嘟。此时的李老师在讲台上打开一瓶矿泉水，咕嘟嘟喝了几口，“写作不需要夸大其词，要用白开水一样的语言来说”。比如“小沙漠跳到我怀里，把我的手指当香肠，一根根试吃”“天亮了，邓师傅又出工了，他好像觉着小沙漠还在前面带路”“这以后，凌峰不但常常来买花，还发微信，让需要买花的朋友都到路边花店来买”。文章语言没有化妆，没有修饰语、形容词，也没有评论语，就是大白话。“白开水，咕嘟嘟，真好喝”，课上，李老师多次畅饮瓶装纯净水，重复着这句话，“盖子盖不住瓶子，不配套，就有故事”。

采访中要学会倾听，要具有四心，即好奇心、童心、爱心、恒心。《风雪日月山》的故事，是我第二次在现场听李老师讲述了，每一次听都有不一样的感受，每一次听我都感动到泪流满面。李迪老师以第一人称“我”的视角来叙述女主角赵程皇在日月山加油站的经历，采用倒叙的手法回忆故事，同时兼有插叙，将故事娓娓道来，语言平易近人，故事真实可信，我们怎能不洗耳恭听呢？

“热馍馍—花卷—糖角角……”课堂上，李迪老师学着浓厚的山西口音叫卖声，结束了他的授课，声音洪亮，余音绕梁……

那个可亲可敬可爱的老头儿

陈先岩[①]

2020年6月29日，手机微信群一条消息差点儿炸开我的脑壳，著名作家李迪因病医治无效与世长辞，才71岁。我的泪水顿时夺眶而出。

多么善良、多么勤奋、多么可爱、多么平易近人的红衣老头儿，怎么说走就走了呢？

我和李迪结缘是在2013年3月12日，李老师为一部以我为原型的电视连续剧写故事。打那以后，我俩便成了忘年交，我也成了他的铁杆粉丝。虽然我只是一名基层社区民警，他是北京的大作家，可他一点儿架子也没有，总是乐呵呵的。我俩平时电话、微信不断，他有什么大作要

① 陈先岩，江苏省扬州市公安局广陵分局副政委。

出版或有文章发表，总会在第一时间通知我留意看，特别是关系到我的，他还会把电子版发给我，末尾还习惯性地写一句："请批评。"而我拜读之后也一定会回几句读后感。今年 3 月 12 日，他在电话中告诉我说，年前在十八洞村采访，可能是受凉了，回京后腰痛，一直躺在床上起不来。我说："北京那么多大医院，赶快去看呀！"他说："看了，也没看出什么毛病来，医生要静卧休养……"我知道他喜欢吃扬州包子，3 月 23 日，我从扬州买了些包子寄给他以示慰问，第二天他就收到了，非常高兴，还在给我的微信中说："谢谢你，亲爱的岩，非常感谢，非常想念！"我当时还回信说：我还等着看您的新作品呢。没想到 6 月 12 日当我又一次拨通李老师的电话时，手机里传出的是李老师夫人魏大姐的声音，我问："李老师呢？他腰痛好了吗？"大姐说："先岩，李老师腰痛不是主要问题，他心脏有了问题，住进了医院，要做手术。"此后，我每天要么电话，要么微信询问情况，也安慰魏大姐，那时我坚信李老师一定能够康复，怎么也没朝那方面想……

自 1998 年起，我连续获得"全国优秀人民警察"、"全国特级优秀人民警察"、"全国公安系统一级英模"等多个荣誉，接受过从中央到地方媒体的多次集中采访报道。李老师的采访与众不同，他诙谐幽默，全程贯穿着那独具魅力的爽朗笑声，那笑声发自肺腑，是鼓励，是期待，接着便是"很生动，继续说"。我讲，他记，面前还放着录音笔，不知不觉，几天过去了，最后，他来上一句："好，差不多挤干净了，明天咱们去你的工作单位和社区。"

于是，他背着小挎包，跟我在社区走街串户，召开座谈会，凡是我在之前讲过的人物，他都要求逐一见面，再采访，仿佛是要把我说的话在社区里得到一一验证一般。

记得 2015 年 6 月 8 日，李老师给我来电话说："先岩，你的事迹很感人，故事很生动，很有示范性，我愿意为你写本书。"11 月 8 日，李老师又发微信说："先岩，我们找个时间认真研究一下，还想听听你讲重回八大家社区以后发生的事（2013 年 10 月我主动辞去扬州市公安局广陵分局副政委职务，回到八大家社区当民警）。你会讲，我爱听，咱们见了面就开讲，腾出时间我再去扬州一次。”果真，就在全国人民忙着准备过大年的时候，2016 年 1 月 12 日，李老师来了，除了进社区就关在宾馆客房里，哪儿也不去，谁也不见，就听我讲重回八大家的故事。临走时他还风趣地说：“小警察，没有钱，拿不出稿费和出版费，我李老头儿就干一回公益事业，不要稿费，倒贴出版费，写好这本书，因为我佩服你。”我被感动得热泪盈眶。我深知李迪老师的义举不仅仅是对我个人，更是对我们公安宣传事业的支持。

2016 年 10 月 22 日长篇报告文学《社区民警是怎样炼成的》作品研讨会在扬州举行。会议安排在星期日，他乘夜班火车星期六一大早就先到了扬州，一刻不停地忙碌，从现场的布置，应邀来扬州的嘉宾接待、安置，件件事他都放在心上。直至作品研讨会圆满成功，李老师为此悬着的心才落到肚子里，10 月 23 日下午，他最后一个乘飞机离开扬州。走之前，他还再次来到我的社区警务室，为我局五十多名他的粉丝，逐一在新书上签名。最后在我的留言簿上题词：“人民至上。”我深知这是他对我和我的战友们的嘱托！

我爱李老师，他是那样纯朴、率真。在扬州采访的半个月时间里，他除了采访还是采访，我多次提出业余时间带他去一些景点玩一玩，放松一下，都被他拒绝了，总是说以后有机会。万万没想到，他最终还是没给我留下陪他游瘦西湖、看五亭桥的机会。在生活上，他毫不讲究，吃住都很简单、随便。采访期间，我尽可能抽空儿陪他吃早餐，他的要求就是，不进包间，只去大厅，他要感受风土人情、餐饮文化，还喜欢和邻桌的食客交流。

也许这就是他的语言那么生动、那么具有泥土芬芳的原因吧。他的作品里，人物描写生动、形象，极具现场感，语言富有地方特色，引人入胜，犹如一位技艺高超的厨师，不用味精，只靠自己独特的技法，提取原料自然鲜香，便烹制出一道道美味佳肴。这就是李迪老师。

如今李迪老师走了，他带走了多少未被开掘的文学矿藏，他那身上红下白的衣着、茶色的眼镜，永远留在我们的记忆里。套用他的名作标题《你可知道，那草帽在何方》，我想说，你可知道那可亲、可敬、可爱的红衣老头儿现在何方？

（原载《人民公安报》2020年7月24日）

燃烧的火焰

唐淑惠[1]

我们不能相信，李迪老师已经永远地离开了我们。

流着泪，怀念他的微笑，他永远的红衣服……他是一团燃烧的火焰，红彤彤地照亮了我们，也点燃了我们对生活的欢乐与热情。

2017年的五四青年节，我在北京正义路瑞安宾馆，见到了李迪老师。他来采访全国特级优秀人民警察、陕西省西安市公安局劳动南路派出所的社区民警郝世玲。当时，我正在借调公安部，在瑞安宾馆参与五年一度的公安英模表彰大会，郝大姐作为大会受表彰代表以及全国公安英模报

---

① 唐淑惠，西安市公安局禁毒支队政委。

告团成员，就驻扎在这里准备报告会。李迪老师是公安部文联请来专门为郝大姐写报告文学的作家。那天早晨，有些灼热的阳光照进了郝大姐的那间屋子，照在了李老师的红衣服上，照入了李老师灿烂的笑容里。当时，我不知道李老师的年龄，但是他身上的活力和热情，让人不觉得他老，只觉得他亲和阳光。郝大姐是个实干的人，却不习惯总结梳理自己，采访开始，她讲不出来啥，李老师就启发她，说说自己的平时日常。他还教郝大姐，学会作笔记，哪怕一个事情只记关键的几个词，就能提示出当天发生了啥。就这样他引导着郝大姐讲了很多郝大姐以前不以为意的和群众打交道的小芝麻事儿，却一件件反映出一个普通社区民警的真实工作。他对自己的工作是认真的，一边拿着本子作精练的记录，一边用录音笔录着采访。一晃眼儿，多半天就过去了。

他采访结束的时候，专门让郝大姐喊我过去聊会儿。他说：喜欢文学的人不少，你们这么忙，还能在工作之余挤出时间写文章，更不容易。交谈中，李老师随和、热情、对文学的激情四射，处处感染着我。尤其他说，写作的人，脚底下不能闲着、笔底下得勤快着。他的确是一个勤奋的人，他出作品、出书的节奏也很快。无意间，他说起给一些地方讲从事文学创作的体会，我还特别邀请他来西安，为西安的文学爱好者，为西安警营讲一堂“如何写好故事情节”。后来，李老师写郝大姐的一系列文章陆续刊出，在《啄木鸟》杂志，在《北京日报》，在《光明日报》，在《公安英模报告文学集》中……李老师写郝大姐的文章被多处转载，我把链接一一发给他，他回复我：哎呦！就差联合国了！我给李老师说：郝大姐因为您的文章火到北京了！您火到我们西安了！李老师说：谢谢唐处，唐处很糖！他质朴的语言里传递的就是他的阳光和欢乐。

我回到西安后，李老师时常和我微信联系，推给我他写的一些作品，他笔下的 9601 航班、写青海加油站的《风雪日月山》等，我都一一学习，我看到了一个勤奋的老人，作为一个文学爱好者，我对他敬佩有加！他也把我当成了他撒落在全国各地的文学小战友，随时给我讲他写作的体会，随时将自己的“战果”和我分享。

他告诉我，全国公安文联换届了，他是唯一一位非警察身份的作家，还担任了名誉理事。他告诉我，他四下徐州采写的长篇报告文学《徐州刑警》开始连载了。他告诉我，他和深圳市局就出品《深圳警察故事》签约了……他著作等身，其中写了很多警察故事，他说要写写我们西安警察故事，西安警察群体在等着他来，他却先走了。

郝大姐是全国人大代表，每年都要去北京参加“两会”。2019年的3月，郝大姐又上会了。她没想到，李迪老师会冒着严寒来会议驻地看她。那天是三八妇女节，迪老说，他去看女神！郝大姐是我们公安系统的好大姐，是人民群众心中的郝大姐，是我们熟人心中的女神。郝大姐从北京打来电话专门和我讲起与迪老短暂见面的情形，我为李老师关心公安民警的热忱感动落泪了。那天傍晚时分，七十岁的李老师蹬了一辆小单车，穿过北京的胡同街道来看望会歇中的郝大姐。会议驻地宾馆管理很严格，李老师无法进去驻地，他就一手扶着单车，一手拿着他的《英雄时代——深圳警察故事》站在夕阳里等郝大姐。郝大姐从宾馆一出来就看见了李老师的红衣服，她一路小跑来到李老师的跟前，天气虽冷，但李老师标志的笑容和他的红衣服相映成辉。他喊着：“世玲，可见到你了！女神节快乐！”是的，李老师专门选了三八妇女节来看望这位自己笔下的社区女民警。曾经为扬州的片警陈先岩写过一本《社区民警是怎样炼成的》的李老师说：“世玲，你的故事有你的生动，什么时候，我也要为你写一本书，你的工作日记一定要留好留全！”郝大姐的工作日记继续在积累，关心关注郝大姐的你却先走了！

2019年7月，李老师的“丛林豹讲故事”系列丛书要在西安的书展上签售。那时候，他正在山西永和贫困山区深入生活，那是他第五次下永和采访了。他是从山西赶到西安参加书展的，我们去酒店看他的时候，他正穿着背心和几个工作人员一起整理即将亮相书展的书。看见他一把年纪还蹲在那里整理书籍，我和郝大姐就加入工作团队，让他安心坐下来一本一本给读者签名。到了饭点儿了，我们邀请他一起去吃西安的小吃。李老师说，不了不了，我一下车就吃了一碗西安的 biangbiang 面，好饱！另外，还有很多工作呢。我们听从了李老师的继续工作，签了几百本书后，他喝了杯酸奶，又和工作人员进行一个线上的采访活动。线上采访进行了一个小时，李老师声情并茂地和听众进行互动交流。他和网络上的听众们又一次分享了他在永和采访时那个推三轮车卖糖角角的叫卖声。他学得活灵活现，他说这就是群众的生活，是真实的声音，我们得向人民群众学习，记录我们的新时代。那天，李老师没有接受我们邀请去吃饭，他太累了，我和郝大姐都不忍心打扰他正常的安排，更不忍心浪费他的时间。我们走后，李老师发信息给我：谢谢你来看我，还帮我忙活。明天，我在签售会上将有一个惊艳的造型，欢迎你们来！

在书展最大的那个舞台上，李老师穿着他的招牌红色 T 恤，白色裤子，惊艳的是他戴上了一顶水兵帽，他讲起来在云南当兵以及以云南工作、生活为背景的创作经历。他亲切地和大家交流，和孩子们互动，讲起来人与环境的主题，并再一次吆喝起山西永和那个卖糖角角的声音，让更多的西安人读懂他是一个有爱心、有环保意识、有民生情怀的作家。他离开西安的时候专门给我发信息：再见了，我们永远心连心！李老师，无论您在哪里，您始终是我们心中最值得尊敬的老师，您永远和您笔下的小人物、普通人心连心。

李老师，您处处尊重每一个普通人，每一个平凡的生命。我来到禁毒支队工作后，重温了李老师写的那篇《街边花店》，写的是禁毒民警，也贯穿了一个吸毒人员为爱而活的戒毒故事。故事里，我们看到了禁毒民警对吸毒人员的关心，也读到社会人生的万象。李老师曾指点我：写文章，要用朴素生活的语言、精练的短句写好故事。他说：写故事，不敢摊得太多，写一个点，铺开故事……写励志题材，不用励志一个词……要有细节，不做夸赞，让故事说话……感谢您对一个普通的文学爱好者的指点，我永远铭记您的教诲，永远是您的忠实粉丝！

怀念迪老

马艳峰[①]

2020年6月29日，在广东公安作家群里，看到李迪先生逝世的噩耗，简直不能相信自己的眼睛，怎么会呢？一个那么豁达洒脱，谈笑风生的老人；一位那么温暖善良，心地光明的朋友；一位那么孜孜不倦，笔耕不辍的作家！尽管我是那么不愿意相信，但群里那一片"李迪老师一路走好！"的送别文字告诉了我这是真的，李迪先生是真的永远离开了，哀痛之余，关于老先生的那些记忆像海底的热泉，在心里无声地涌了上来。

2017年12月，李迪先生应邀来深圳采写深

① 马艳峰，深圳市公安作家协会副主席。

圳警察故事，深圳公安作协安排我做采访联络员，具体负责和被采访的民警沟通联络、预约时间等。初见李迪先生，便被他真诚的笑容和亲切的声音融化了，感觉沐浴在一种温暖祥和的光芒里，那是一种明亮却不刺眼的光辉，是一种让人仰望却又不感到险峻的高度。我称呼先生为“李老师”，同来的一位公安出版社的领导介绍说，我们都称呼“迪老”。迪老，真好！从此这个称呼便刻在了心底，成了一个让人想一想便觉得幸福的鲜明的形象。

迪老身材不高，清癯干练，走起路来，像迈着细碎的舞步，一跳一跳的，显得十分轻快。都说人老腿先老，快七十岁的人，走出这样的步态，大家都说迪老肯定会很长寿。整个采访期间，他一直都穿着一件红色的 POLO 衫和一条米色的长裤，再加上他那标志性的笑容，不论跟谁说话，都是一副笑容可掬的平易与亲和，这让他看上去也就五十多岁的样子。

迪老把时间用到了极致，上午、下午和晚上各采访三位民警，除了中午休息一会儿，一天的时间，他不是和被采访的民警倾心交流，就是坐在一台笔记本电脑前认真地记录整理。有的民警可能是紧张的原因，迟迟进入不了状态，有的甚至带来了一摞汇报材料，迪老总是耐心地循循善诱，引导被采访的民警一点点地打开心扉，说出属于深圳警察最精彩的故事，经常一聊就是三四个小时。吃过晚饭，迪老在警校大院里散散步，晚上又接着采访，一谈就谈到十点左右。如果哪天晚上不采访，他也闲不住，便坐到电脑前写作。他的眼睛高度近视，虽然戴着眼镜，但他仍然是弯着腰，伸着头凑近显示屏，尽心尽力地安排妥当每一个字，直到上床睡觉。几个小时的时间，他就这么坐在电脑前，一动不动。每每经过他的房门口看到这一幕，我特别想提醒他坐下来喝杯茶，休息一下，但看他全神贯注的样子，知道他正神游在故事和文字之间，绝对不能打扰，便放轻脚步，只留下一个崇敬的注视。

作为一位德高望重的知名作家，迪老竟没有一点儿架子。某天，迪老从我浓重的鼻音中听出我感冒了，便体贴地让我回家休息，把被采访民警的电话留给他，他来联系就好了。我当然不能同意，他已经那么忙了，怎么能让他再去做这些事情呢？一直到采访结束，迪老都念念不忘地说："你看你都感冒了，还帮着我采访，谢谢啊！"迪老总是找一切机会感谢别人，让人在感动之后，更留下深深的感念。

作为一位长者，尤其让人动容的是迪老对警察队伍的那份深沉的爱，每当采访到精彩的情节，他常常兴高采烈地和我们分享："好，有故事！"然后如数家珍娓娓道来，从他的语言和神态中，你能感受到他是我们警队中的一员，是一位不穿制服的老民警。采访对象中有几位女民警，以巾帼不让须眉的魄力在各自的岗位做出了突出的成绩，迪老采访后赞叹不已，赞叹后又不无遗憾地说："那么好的姑娘，至今都没有男朋友！"那种表情，分明是自家长辈才会有的关切和关爱。愿我的这篇文字，能把迪老的这份心意转达给几位警察同行，若你们已经寻找到属于自己的那一份爱，别忘了告慰迪老的在天之灵。

一天下午，没有安排采访对象，迪老给自己放了个假，在院子里走一圈，很惬意的样子。我突发奇想，特想请他喝一杯。我在深圳颇有几个文学圈的朋友，大家经常欢聚一堂，交流写作的心得和经验，不亦乐乎，如果能请上迪老一聚，岂不美哉？可转而又想，迪老名望那么高，跟他打交道的不是领导便是要人，我不过是一个临时的工作人员，冒昧相邀，是否唐突？再说，迪老平时那么忙，也许正想留点儿时间放空自己，他若不忍阻我的面子，岂不是给他平添了麻烦？这么一踌躇，快到嘴边的话又咽了回去，只是想着，等哪天迪老私人来深圳的时候，我一定要好好请他喝上一杯，谁料我的这一点念想如今竟成永远的遗憾了。

迪老来深圳采访了两次，我都是联络员之一。采访结束，他回了北京，我们就没有再联系过，但他的朋友圈，我一直都关注着，从他在朋友圈转发的他发表在各大报刊的文章，让我领略了什么是真正意义上的著作等身。他发的每一条信息，开头都是那句热热乎乎的"我的好朋友们"！简简单单的六个字，却让人仿佛看到了他笑逐颜开的模样。只要我在他的朋友圈里留言，他必认真细致地答复。想到他那么忙，每天要处理那么多文字，以至于后来不敢再留言了，只是默默地关注着他的朋友圈。

他的朋友圈更新的速度比较均衡，一直保持着每月几条的频率。2020 年后，忽然想到他很长时间没有更新了，对于他那么勤奋创作的人来说，我感觉有点儿不太对劲，想了很多原因，也没有想出个所以然，总觉得不久就又能看到他的那句“我的好朋友们”！可谁知一别竟成永诀，而他的朋友圈，也永远停留在 2019 年 12 月 11 日转发的那一篇《跟李迪一起走近销售人，亲切!》了。

写纸权作冥钱，缅怀聊当一哭，不论有多么地不愿相信，老先生终究是永远离我们而去了，相识不久，交往不深，然回顾与老先生相处的点点滴滴，便觉如窗外之绵绵春雨，随风潜入夜，润物细无声，心情久久不能平静。

永和人与迪老的“三重缘”

——写在人民作家李迪逝世周年之际

加天山[①]

第一次和李迪老师相识相见是在2016年秋天。

那时候永和有个副县长叫程万军，是国家卫计委在永和的挂职干部，利用多种方式在线上、线下推销永和的核桃、槐花等农特产品，被媒体称为“核桃县长”。2016年4月29日，在省城太原举办的一场嘉年华活动现场，斯斯文文的程万军敲锣吆喝，推介永和槐花饼，引起媒体的关注。没过多久，永和举办第一届槐花节，李迪老师与李培禹、苏文洋、沉石等几位北京作家专程到永和采风，采访程万军。我那天在乾坤湾地质

① 加天山，原山西永和县委书记、临汾市委办公室一级调研员。

公园见到李迪老师。第一次相见，我就发现迪老有些特别。他那年67岁，穿着一件红上衣，就像一团火行走在黄河边上。大家一起参观时，他老是从容地走在最后面，步伐不紧不慢，一边走一边观察，看什么似乎都是在端详和凝望。后来，他写了一篇《槐花香锣声响》的散文，发表在《人民日报》上，宣传永和的脱贫攻坚工作，也宣传了黄河乾坤湾和永和的槐花。此后，他就和永和结下了不解之缘，几乎每年的槐花节都会来。

槐花就成了我们的第一重缘分。

2018年，永和县的脱贫攻坚工作进入了攻坚拔寨阶段，不论是国家和省市下来的扶贫干部，还是当地的干部群众都付出了人一能之我十能之的艰辛，其中的许多人和故事让人刻骨铭心。我心里想，要是有人能写一部报告文学，把这些感人肺腑的事记录下来，把这段历史生动地如实地反映出来，那多好多有意义。思来想去，我觉得李迪老师是合适的人选，他写的《加油站的故事》、《丹东看守所的故事》都透露着一种习惯：深入生活，扎根人民；而他的文笔简练生动，接地气，如果他能来写永和扶贫的故事，那实在是太好了。2019年春节前夕，我在北京见到李迪，说了自己的想法。李迪老师问："你们永和有那么多的故事吗?"我说，你下次去的时候好好看看就知道了。商量了一下，他就同意抽两个月的时间来了解永和。2019年槐花节期间，他如约而至，我让县委宣传部白永明部长、县文联马毅杰主席，还有《乾坤湾》杂志主编张步军陪李迪老师先随意看看。如果觉得有人物可写，有故事可写，那就配合他做好采风工作，千万不要勉强老作家。

过了一周左右，他兴奋地对我说，永和的故事太多了，太好了，他立即决定留下来。那段时间，他前前后后一共到了永和五次，时间总共有两个多月。他深入乡村采访，把一些人叫到永和宾馆长时间地聊，每天都工作很长时间。当地人的方言土话听不懂，他不厌其烦地让张步军当"翻译"，那精神让人感动。李迪老师答应了的事就一诺千金，认准了的事就一干到底。看着他玩命采访、写作的样子，我就有点儿担心他的身体吃不消，毕竟是70岁的人了。有一次他在芝河镇灵芝大棚采访时着了凉，我正在临汾开会，县里的人打电话说迪老感冒了，一整天没有吃饭，我急忙在临汾找中医大夫给他开了药方，让步军去县医院里买药，直到第二天他说已经没事时，我才放下心来。那段时间，我早晨陪他吃早饭时，他都兴致勃勃地跟我讲前一天采风的收获，又说又笑，把永和的故事讲得无比生动。他吃饭很简单，爱吃西红柿，爱吃永和馅饼，永和小米稀饭他能喝三碗，我看他的状态，就觉得我们算是找对人了。他写了过上好日子的芳梅、写了修车的老李、写了唱道情的刘老汉、写了开早点铺的大胡子、写了点豆腐的刘三……他用红红火火的激情，将永和红红火火的脱贫攻坚战描绘得有声有色。

2019 年 12 月 4 日，他写的《哪里有花，哪里安家》在《人民日报》发表。这篇文章，讲的就是王家崖村的养蜂人贺福平的故事，就是永和槐花的故事。贺福平是养蜂人，他对李迪说：“我们养蜂人就是这样，追着花走，哪儿有花，哪儿安家，处处无家处处家。”又有一次，他很高兴地对我说，《哪里有花，哪里安家》获得《人民日报》年度好标题一等奖，“副刊标题能得到报社的年度好标题一等奖很不容易，因为好新闻作品太多，竞争激烈。好作品好文字，才让总编辑从中选出了最提神的标题”。还有《跟山水》一文，发表在 2019 年 10 月 18 日《文艺报》上，讲述于家咀以前打捞河里的东西行当，永和人称为“跟山水”。这篇文章收录到《2019 中国生态文学（散文）佳作篇目》。这些文章，最终汇集到《永和人家的故事》中，都已成为永和脱贫攻坚历程的不朽记忆。永和的采访结束后，我给他送行，嘱咐他千万保重身体，他却说要去湘西苗寨，参加中国作家协会组织的“脱贫攻坚题材报告文学创作工程”，到十八洞村蹲点采访。我心中感动，只得重重地握了下他的手，请他书成之日，再来永和。

他总是说，“生活无穷尽，故事写不完”。2019 年底，他由于过度劳累，腰病发作，痛疼不已。可他就是躺在了病床上，依旧时时刻刻惦记着永和，书写着《永和人家的故事》。有一次他跟我说：“春节前，《天津日报》让我写一篇过年的喜庆小文，我马上想到永和！很可惜，我写的永和春节，被疫情打乱了，成了在《天津日报》和中国作家网上过节了，也成了我腰疼在床对永和的回忆。但我热爱永和的心：滚烫！因为，永和让我遇到了您！”又有一次他说：“我在床上，坚持手机写作，早日完成《永和人家的故事》。”永和县有个辛舍果村，他听说这里贫困的现状后，立即和老伴魏老师捐献了一批衣物，辛舍果村的村民非常感激，给他写了一封感谢信。他还十分不安，对我说道：“做了一点儿该做的小事，得到这么长的感谢信，让我们夫妻惭愧。感谢乡亲们！”

他抓住一切机会为永和扶贫工作尽自己的努力，特意邀请中国作家协会副主席高洪波先生为《永和人家的故事》和另一部小说《永和关》题写书名。他还跟我讲道：“上午国务院扶贫办主任刘永富召开一个座谈会，我发言讲了深入永和写作以及永和的脱贫现状。有作家就说在《光明日报》看到了我的作品，说我走到前面了。我说要写成一本书！欢迎大家到永和。国务院扶贫办干部在场。大家赞！”在永和期间，我和李迪老师曾经深谈多次，我们成了无话不谈的朋友。说起来，我们共同的爱好还比较多。我拿出前几年写的散文《学习黄河》请他斧正，他看了以后给我认认真真、逐字逐句地修改了一遍。2019 年 9 月 12 日《天津日报》刊登了《学习黄河》一文，第二天就上了中宣部“学习强国”。迪老高兴地向我道喜，亲自制作了图文并茂学习黄河视频，帮助我们宣传永和，宣传黄河精神。我和李迪老师都有牡丹情结。他喜欢栽植牡丹花，跟我讲了不少栽种牡丹的秘诀，而我从古县开始，就开始特别欣赏牡丹。有一次跟他联系，他正在洛阳买牡丹苗，我说您帮我选一些牡丹苗，我要在永和栽种一些，也在老家栽种一些。于是，永和的东征纪念馆和家乡的核桃园中，便有了洛阳牡丹的好品种。2020 年我家核桃地里牡丹花开，我给迪老拍了几张照片，迪老在病床上回了一个大大的笑脸。红衣老人大红牡丹般的笑脸在我心中定格。

牡丹就成了我和李迪的第二重缘分。

2020年6月29日，他竟然带着深深的遗憾因病离世。消息传来，我和永和的许多人心痛异常，想起和他交往的点点滴滴，久久不能入眠。李迪老师爱听我唱的《美好的日子刚刚开始》，那首歌是2018年正月初八晚上，我驱车赶往太原参加第二天要召开的全省扶贫攻坚会，途中得知永和县奇奇里村单身大龄村民冯文忠脱贫又脱单要娶媳妇，临时决定绕道参加他们的婚礼。走在山路上我心潮难平，在车上写了一首小诗《美好的日子刚刚开始》，送给新婚夫妇。后来音乐家浮克和著名词曲作者李咏海把那首小诗改成了歌曲，浮克老师亲自谱曲亲自唱，我跟着也学会了。李迪老师很喜欢这首歌，特别喜欢我唱的那一版。特意用它作为《永和人家的故事》的序言。李迪老师老伴魏老师说：“李迪每次坐下写永和人家的故事时，都要把我叫到他面前，和他一起听加书记唱歌的录音，他也跟着唱，并给自己打拍子。这首歌温暖、感人、亲切。老李唱着唱着热泪盈眶，哽咽说，这首歌词写得太好了！曲好，唱得也好！太感人了！我也是非常感动！淳朴自然的歌词，淳朴自然的曲子，淳朴自然的声音，真是自然到无可挑剔！自然的美真的是美。”李迪去世后，魏老师又听了好几遍《美好的日子刚刚开始》，她说：“当时家里一直有这歌声有这旋律，现在家里空空荡荡，只有余音绕梁。这世间的一切，有还是无，自己也恍惚了！老李的叫卖声依然是那么响亮，音容笑貌依然是那么活灵活现。可是，他确实已经离别了这个世界！”

这首歌成为我和李迪老师，也是永和人和李迪老师的第三重缘分。

在他去世后不久，《永和人家的故事》由作家出版社正式出版，我专程去北京参加研讨会，同时也给我敬爱的迪老送行。中国作家协会给了李迪老师很高的评价。作协主席铁凝称赞他是一位无愧于时代和人民的作家，“他的生命和创作有力地感召和启迪着我们：无愧于时代、无愧于人民，就要把全部生命投入与时代同行的路上，把滚烫的心放进与人民同心的作品中，让这波澜壮阔的历史、这昂扬奋进的精神成为永世流传的中国故事”。我想李迪老师更无愧于永和，他给永和留下了一部可以传世的著作。

写诗一首，以悼念李迪老师：

永和有人家，
百代思繁华。
勤耕黄土地，
春采山槐花。
遥遥归旧客，
寂寂登危崖。
晨出带朝露，
暮归牵晚霞。
五访遍村郭，
百寻问桑麻。
乾坤湾不忘，
红衣老作家。
音容今犹在，
美名漫天涯！

“迪”气回肠

张步军[①]

“热馍馍—花卷—糖角角”。

这是李迪老师的永和叫卖。他把这句在永和小城上空萦绕荡漾了几十年的叫卖声，带出大山，走向了沿海，走向了美国。

有幸结识李迪老师，源于他五次到永和。

他是一阵风。

2018年7月1日，位于黄河岸边的国家蛇曲地质公园，要举办一场《黄河大合唱》音乐演唱会，并且所有演出人员全部来自北京经典合唱团。昔日较为宁静的黄河乾坤湾，这天变得车水马龙，人山人海。演出就要开始时，突然，所有

① 张步军，红军东征永和纪念馆馆长。

人都把目光投向场外，我也好奇地转过头，只见有许多穿着整齐的人，脚步匆匆地向演出现场走来。走在最中间的是一位脸色白净的老人，他头戴西部牛仔帽，穿着红 T 恤上衣白色的裤子，人显得分外精神，并且是唯一一位踮着脚尖走路的人。在永和人们的穿着，都很朴实，红色的衣服，年轻女孩儿都很少穿，更不要说是一个老头儿。为此，一时间这个老人成为人们讨论的话题，从人们的对话中我得知，这是从北京来的著名的作家——李迪老师。

回到家中，马上打开电脑，在网络上搜索作家李迪，很快有了答案。李迪，1950 年生于北京。曾在云南生活十年，当过知青当过兵。1978 年回京后在人民文学出版社、法律出版社工作。1970 年发表处女作《革命后代》。1984 年加入中国作家协会。先后写作出版《遥远的槟榔寨》、《野蜂出没的山谷》、《这里是恐怖的森林》、《枪从背后打来》、《代号叫蜘蛛》、《黑林鼓声》、《吊在窗上的魂》、《预审员笔记》、《红红的土地高高的山》、《在日本也哭也笑》、《第三条毒蛇》、《傍晚敲门的女人》、《〈悲怆〉的最后一个乐章》、《人死不能活》、《豹子哈奇》、《血色兰花》、《丹东看守所的故事》等中长篇侦探推理小说、报告文学。其侦探推理小说《傍晚敲门的女人》发表后，相继在俄国、法国、韩国出版，开创了中国推理小说走向世界之先河。

看到他的简介，我马上联想到热播的电视剧《看守所的故事》，敬仰之情油然而生。

时光飞逝，日月穿梭。

不觉已到 2019 年 5 月 8 日。这一天，迪老和李培禹老师所带领的“周末散文五人行”一行七人应约来到永和，第二天是永和县“槐花节”的正日子。

早晨还不到 7 点，李迪老师第一个就来到宾馆餐厅。“迪老，您怎么不多休息会儿!”“今天，你们要举办‘槐花节’，我来迟不好!”

早饭是自助餐，迪老胃口很好，一大盘菜和两碗米汤很快就吃完了。正当准备走时，服务员又端上来点心、红枣、蒸梨、馅饼、绿豆饼各一盘。看到这些永和特色小吃，迪老摸着自己圆圆的肚子说道：“有这些好东西，为什么不早点儿上，我现在想吃也吃不下了。”看着他懊恼不已的神情，与他同行的“散文五人行”的老师们都笑了起来。

眼看着五盘特色小吃谁也没有动，迪老对大家笑了笑说道：“我们都不动，岂不辜负了人家的一片心意，让我先尝一尝绿豆饼！”“好吃！真好吃！大家都尝一尝。”

吃过早饭，我们一同乘车前往“槐花节”目的地——花儿坡。

5月，满山的槐花都已经开放，其间还有衣着盛装的槐花仙子，吸引着各地游客和商客前来穿槐林、赏槐景、摘槐花、品槐蜜、抒槐情，亲近自然。面对此情此景，迪老一行七人也都兴致勃勃地加入游人行列。来到槐花仙子所在的山洼处，迪老不由得高声叫道：“好美的景色啊！我们在这里合张影吧！”这一下勾起了拍照的兴致。他们摆出了许多优美的姿势，或与槐花仙子，或与槐花，或与槐树……总之，大自然的一切在他们的眼里，都是那样地美好。

“咱们快走吧！要不会耽误了行程的。”

只到有人提醒，迪老一行这才依依不舍地离开。

晴空万里，槐花飘香。

永和第四届“槐花节”开幕式，在优美的《相约花儿坡》歌声中拉开了序幕。这里没有音乐厅，也没有礼堂，甚至连一块遮阳的设施也没有。顶着烈日，迪老一行和所有的人津津有味地观看了节目。

节目结束后，迪老在接受永和电视台采访时说：“永和虽然是贫困县，但我却深深地爱上了这个地方，这里山美、水美、人更美，我也要像槐花一样，为永和打赢脱贫攻坚战作贡献！”

他是这么说的，也是这么做的。

中午，迪老一行和游客们一同品尝了特色槐花宴。既有甜蜜蜜的鲜花饼，香喷喷的炸丸子、不烂子，又有精致的小包子、馅饼……这些都是以鲜槐花为主要原料的美食。迪老看到如此多的美味，高兴得嘴也合不拢，可是他取的东西越来越小，到最后的槐花丸子面前时，他拿起刀切了一小片，放到嘴边用舌头轻轻地舔了舔。此时的他仿佛找回到了儿时的回忆和一缕怀乡的情感。

“我得赶快走，要不我的肚子非爆不可！”从此，迪老就有了“大胃王”这个绰号，他对这个称号还颇有几分得意。

出了花儿坡的大门，路两边摆满了永和的各色农特产品。“我们在这里买东西也算消费扶贫。”迪老说着和培禹老师等都挑选自己喜欢的农产品，他们每个人都买了好多。

从花儿坡，沿着旅游公路车行十余分钟，来到一处开阔的塬面，举目望去，绿意葱茏掩映下的是几座石板与黄土垒砌的院落，古朴而静幽。这就是山方里的老村。

山方里，黄土高原上的一个小村庄，隶属于永和县打石腰乡辛舍果村委。一道道梁峁沟壑迟滞了岁月时光，也阻隔了闹市喧嚣，使这里成为静谧的所在。

来到这里，迪老对每一孔窑洞、每一个古朴的物件，都是那样地眷恋。当他听到村民们向他讲述刘天德的真实故事时，他坐在一棵大树下，再也迈不动腿，非要村民给他详细地说一说。村民看着这个穿着红上衣、白裤子，走起路来像跳舞，又非常喜欢听故事的老头儿，大家围坐在一起，你一言他一语地讲了起来。迪老越听越起劲，他听着，问着，和村民一块儿笑着。不知谁喊了声，吃饭了，村民就一哄而散了。看着村民离去的背影，迪老惋惜地摇了摇头，“这个时候，吃什么饭呢！这个村落太好了，我一定还要来！”

晚上回到县城，迪老对培禹老师说：“我明天不和你们一块儿去了，我要去采访老百姓！”

迪老给我留下的第一印象是：这位作家无论走到哪里，总会给人带来春风般的温暖。

他是一场雨。

5 月 10 日，迪老拉开了永和采访的序幕。

第二天，当我来到宾馆时，迪老早已经坐在餐桌前，空荡荡的餐厅里只有他和服务员。

“迪老，您怎么这么早就来了？”“今天咱们有采访任务，我睡不踏实！”迪老说：“咱们要有几个约定，你一定给我记好了！”

“一是采访的人必须是老百姓；二是采访的人必须是对永和的发展有贡献的；三是我采访时任何人不得打断我。”

到了吃饭的时间了，服务员把打饭的餐盘递给迪老，他谢绝了。“把昨天的好东西先端上来！”他对服务员说。“今天，没有。”服务员说着又去招待其他客人了。不一会儿，培禹老师等也都来了，我们把菜打过来后，迪老坐在座位上还没有动。“迪老，要不我给您打饭去？”我对迪老说，“一会儿饭菜就凉了！”迪老摇了摇头。当他看到服务员时，又询问道：“今天一样也没有吗？”“没有。”“这个可以有！”不知谁接着说。

眼看着客人们都吃完饭了，迪老仍然坐在那里一动也不动。

“你给迪老打一些热菜，送过去。”我对服务员说。

“看来今天是真没有了！”迪老不无惋惜地说。

“今天，我们来一场说走就走的采访！”刚吃完饭的迪老高声对我说。

我们的第一个采访对象是刘书祥。

当我们赶到上罢骨村刘书祥家时，他们才刚刚吃过早饭。看着坐在轮椅上的刘书祥和站在他身后的媳妇，迪老说：“哎呦！你都娶了这么漂亮的媳妇！真好！真好！”这一声顿时打破了陌生带来的尴尬。

“你家有空闲的地方吗？我们找一个僻静的地方好好聊一聊！”说着，刘书祥把迪老带到他们家放置零碎的库房里，里面杂乱无章，连一点儿空余的地方也没有。我说：“这里太乱了，不行！”迪老狠狠地瞪了我一眼，“这里归置归置，挺好的。”我见状，再也不敢多说一个字，赶紧把东西收拾了一下，放了一个凳子。迪老看到空出来的地方，只能容下他们两人，就把我推出门外，并说道：“这下给你放假了，你可以去谈情说爱去了！哈哈哈！”

一小时，两小时，三小时，四小时过去了，采访还在进行中。采访的窑洞里，时而飘荡出爽朗的笑声，时而发出沉重的叹息声。“你怎么没有死！”突然，迪老的一声大喝，让我顿时紧张了起来，我赶忙从窗户的破洞中向里面望去，只见迪老站在刘书祥的轮椅前，紧紧握住他的手。刘书祥泪流满面，泣不成声。

“哎呀！这是怎么了。”我心里想着，正要推门进去，突然，我想起了迪老给我定的规矩，我又踮着脚尖退回去。就这样，他们一会儿哭，一会儿笑，一会儿闹，采访一直进行了四个半小时还没有要停止的迹象。我在外面急得团团转，正在这时刘书祥的媳妇走出来，我就像是看到了救星。

采访终于结束了。

“你快吃饭去，你媳妇等不及了！”迪老乐呵呵地边说边从窑洞里走出来。

当迪老来到刘书祥住的家里，看到刚包好的饺子，他的两只眼睛直直地盯着饺子，强忍着把口水咽回去。

“你们别走了，就到我们家吃吧！”刘书祥两口子盛情地说道。迪老看了看饺子，又看了看我说：“咱们走吧！”

回来的路上，迪老对我说：“今天的采访很成功，也太感人了，我可真想吃他们家的饺子啊！”

“迪老，现在都快下午三点了，您早饭也没多吃，下面的采访我们是不是到饭点就停下来！”“我到这里是工作来了，如果是为了吃饭，我就不来了！”我还没说完，迪老就硬硬地把我怼回来。吃完饭，连口气也没来得及喘，我们就又踏上了采访之路。

下午我们的采访对象是林麝养殖户。要到达养殖场，就要蹚过芝河，因为这里没有桥，我们的车从小河里蹚过去。采访结束后已经是晚上八点多，迪老在返回县城的路上，深有感触地对我们说：“我今天采访的对象，是一个真正蹚过河的人！”

回到宾馆，与迪老同行的客人，早已经等在餐桌前。迪老一坐到饭桌上，没有顾上夹一口菜，就把这一天采访的故事讲给大家听，讲到动情处迪老突然站起来，高声叫道：“刘书祥没有腿，可是他却成了别人的腿！”

随着采访的深入，我深深体味到：老百姓高兴迪老就开怀大笑，老百姓苦他就泪如雨下，他总是能走进老百姓的心窝里，被他采访的老乡都亲切地叫他“及时雨”。

他是一团火。

2019年的端午节。

整个永和宾馆里只有迪老一个客人。

这是一位永远穿着红上衣、白裤子踮着脚尖走路的人。

一大早，我手里攥着五色绳赶到宾馆，本想给迪老一个惊喜。没想到，在我走进308房间时，只见迪老两手吃力地扶着沙发要站起来，然而身体却重重地又坐回沙发。我见状赶紧走过去，拉着他的手说道：“您坐着吧！”抓住他的手感觉到手很热，我赶紧用手摸摸了他的前额，前额也很热，“迪老，我们赶紧去医院吧！您现在的体温很高。”“不要紧，你现在给我们昨天预约的采访对象打一个电话，告诉他我今天无法去他家了，如果方便请他到我房间来。”“您都病成这样了，我们今天就不要采访了吧！”“这不行！你快去打电话。”老人看着我迟疑的样子，对我笑了笑说：“我有灵丹妙药，一吃病马上就好！”看着老人坚决的态度，我只好给采访对象打电话，打电话时我多么希望对方今天有事，无法接受采访，可谁想我在电话里刚说李老今天无法出行，看他是否能来，话还没说完，对方竟然连声说“没问题”，这下我真是没办法了，只好劝老人赶快吃药。只见老人从挎包里慢慢地摸出一个小铁盒，用手打了两次也没打开，我帮他打开盒子，他从盒子里取出一个小纸包，用颤抖的双手打开纸包，抬起头对我说：“你没见过这种药吧？”我还真的没见过这样的药，他见我摇头，脸上露出些许得意的样子，张口把白色的药粉放到嘴里，我赶忙把水杯递给他。

吃早饭的时候，宾馆特意为老人准备了两个菜，还有粽子，然而他只喝了一丁点儿小米粥。望着迪老我的眼泪一直在眼眶里打转，我赶忙把五色绳系在他的手腕上，但愿这具有美好寓意的五色绳能让这位老人永远健康！

离约定采访的时间还有十分钟，采访对象已来到308房间门外。老人看到被采访人，用手在沙发扶手上使劲按了两下，但还是没有站起来，只好坐着说：“我们的客人来了，快进来、快进来！”

采访开始了，我来到卧室去放老人的拖鞋，推开房门只见床上堆满了衣服。我把衣服抱起来时，发现衣服全部是湿的，我摸了摸被褥，被褥也是湿的，这时，我的心也湿了。

洗着本已湿透的衣服，突然我发现，老人的白色裤子上，有明显的污渍，这让本来就忐忑不安的我，更揪心了。老人不仅是感冒发烧，还伴有严重的腹泻。这时，我再也顾及不了他的“采访时不得打扰”的“禁令”了，猛地推开门，一头闯了进去说：“今天您无论如何也不能再工作了！”老人放下手中的笔，缓缓抬起头，他的目光，犹如两把利剑向我扫来。“出去”，低缓而又坚决的两个字，从老人的嘴里吐出后，就再也不理会我了。

我委屈地从房间里走出来，一边摔打着正在洗的衣服，一边思索着该怎么对付这个倔强而又固执的老人。

“我的话您不听，医生的话您一定会听！”想到这里，我赶快拨通县医院院长的电话，约定中午 12 点见面。

可是，院长来到宾馆已经半个多小时了，采访还在继续。我几次来到房门前，想终止采访，每当我举起手的一刹那，都会想到老人严厉的目光。

期待，令我品尝到岁月的静好；等待，让我感受到时光的漫长。

终于，房门打开了，我快步走进房间，只见老人身体斜靠在沙发上，脸上却挂着笑容。一看到我，老人得意地说：“今天可是捡到宝贝了！”“迪老，医生已在门外等着，现在给您看看吧！”老人看着站在门口的医生说道：“太麻烦你了，让你等了这么久，很过意不去。”“这是我应该做的，请让我为您量一下体温，测测血压吧！”“你别听他的，我的身体没问题，你给我开点儿药就好了。”面对执拗的老人，医生无奈地摇了摇头。

当我们来到餐厅时，已经是下午两点多了。“哎呀，真是麻烦你们了！”看着等着我们的服务员，老人内疚地说。面对因过节，食堂专门精心制作的菜，老人惋惜地摇了摇头，对我们说：“你们快吃，一定要吃完，不要辜负了人家的一片心意。”“您老也吃一口吧！今天特意为您做了汤面。”老人摆了摆手。医生说：“您现在这个情况，很容易引发脱水，我建议您还是住院吧！”“我要住院就回北京了，我来这里是为了工作。在这里，我所采访的每个人，都深深地感动着我，无论命运多么坎坷，但他们都能笑对生活，这是一种精神，一种伟大的精神！”

下午采访仍在继续，不同的是，我把老人喝的白开水，换成了糖盐水。

结束了一天的采访工作，老人显得很疲乏，晚饭一点儿也没吃，就连每天的遛弯也省去了。

老人吃过药后，一直催着我早点儿回家。我放心不下，当晚我就睡在老人的隔壁房间。躺在床上，我根本无法入睡，脑海里一直浮现着：“采访就要深入生活，普遍撒网，重点捕鱼。”这是老人经常挂在嘴边的一句话。为了写《加油站的故事》，老人花费夏秋冬三季，走了九个省区，采访了 73 个加油站、163 个加油员；《丹东看守所的故事》之所以能打动许多人的心，就因为在其他人都与家人欢度春节的时候，老人还在看守所与犯人们同吃同住；为了书写处在脱贫攻坚最前沿的《永和人家的故事》，老人先后五次来到深度贫困县体验生活。想到这里，《生活之水浇开创作之花》、“李迪现象”也就不足为怪了。

迪老像一团火，一团熊熊燃烧的烈火，燃烧了自己，温暖了读者，也照亮了自己。

一名作家，一名“无愧于时代和人民的作家”就这样完成了使命。我想，假如有来世，让迪老重生，他还会这样活。

站在空荡的文庙里，往事扑面而来，多少悲伤的欢乐的经历的相逢，在这一刻交汇。望着《永和人家的故事》，听着“热馍馍—花卷—糖角角”，泪如雨下！

年年有此事，岁岁有人遇，写下这份离别的亲情，离别的殇，有一份怀念，更多的是想写给与迪老相逢的日子！迪老，安息吧，您一路走好……

听迪老讲述永和人家的故事

马毅杰[1]

惊悉著名作家李迪先生于2020年6月29日上午9时38分逝世。想起李迪先生在永和采访的日日夜夜，心情万分悲痛，谨以此文悼念李迪老师。

说来还真是惭愧，作为永和人，本该向首都来的老作家李迪先生讲述永和人家的故事，谁承想，永和人家的故事倒让他讲述得活色生香，跌宕起伏，感人至深，震得我等本地人一愣一愣的，只能“哎呦！哎呦！”地惊讶、惊叹、惊喜！我便想，难道这就是传说中的“不识庐山真面目，只缘身在此山中”？

① 马毅杰，山西省临汾市作家协会副主席、永和县文联主席。

一

己亥年5月8日，天阴沉沉的。

一大早，我便驱车行驶在延永高速公路上。此行的任务是去延安南泥湾机场迎接北京来的几位尊贵的客人，参加永和县第三届槐花节。

晋陕两省虽只隔着一条黄河，气象却有些不同，河这边的晋人还在仰着脖子眼巴巴地等待雨滴的到来，河那边的雨已经下得很是畅快淋漓了。地里的庄稼、山上的树木、断流的小河，还有焦躁的农人，都因这场久违的雨水得到泽润，变得活泛、生动起来。

多么难得的一场及时雨啊！

到达南泥湾机场，距飞机落地的时间还早。但提前坐在候机大厅那绵软的座椅上，心自然是踏实的，所谓“赶早不赶晚”，这是我迎接客人的习惯，只怕耽误了，那就有些大不敬了。

从北京飞来的客机是准时落地的。

等候在出口处的我，还未站立几分钟，就看到客人们走了出来。领队的李培禹老师之前就认识，我们热情地握着手。培禹老师向我一一介绍着同行的作家。其中有一位身穿大红上衣，白裤子，戴着一副茶色小墨镜的客人，更是让我关注。培禹老师说：“这就是大作家李迪。”

啊，他就是李迪先生？

培禹老师继续介绍：“李老师今年都七十岁了。”

什么？这哪像一个古稀老者，这分明就是当下一位“时尚男”。我俩的手握在一起时，我能明显地感触到他那绵润的掌心中传导而来的热流。

此时，是上午十一点，本打算接上客人立刻返程。可就在这时，我的手机铃急促地响起，一看，是单位办公室主任打来的，一接，还是一道“密令”。那意思是说，最好能让客人在下午三点之后到达永和，原因很尴尬：永和宾馆接待能力有限，三点前，省里来的客人还走不了，客房一时腾不出来，如果北京客人三点前到达，只能在门厅里等候。如果那样，可就真“洒醋”了。

这让我着实犯了难。延安到永和也就两个小时的车程，按正常速度行驶，最晚一点钟就能到达。拖到三点之后，让我如何给客人解释？

正愁眉不展，培禹老师走过来了，他和我悄声商量：“如果方便的话，咱们的车是否能绕个弯？”

“去哪儿？”我问。

培禹老师说：“既然来到革命圣地延安了，大家都想和宝塔山照个相。”

啊！真是太好了！太好了！我欣喜得几乎要喊出声来。

看来一切都是最好的安排！

我们的车就这样顺顺当当地驶出了机场，拐着弯，一路前行，开进了延安城，开到了延河畔，来到了宝塔山下。同行的作家们仰望着宝塔山，都情不自禁地朗诵起贺敬之的《回延安》：

> 心口呀莫要这么厉害地跳，
> 灰尘呀莫把我眼睛挡住了。
> 手抓黄土我不放，
> 紧紧贴在心窝上。
> 几回回梦里回延安，
> 双手搂定宝塔山……

二

李迪先生的名字，其实早就熟悉于心了。

之前，我经常能在《人民日报》、《光明日报》等名报大刊上读到他的作品：《风雪日月山》、《凝望月黑夜》、《牡丹花开》、《你可知道，那草帽在何方》、《天使》等。

“李氏笔法”独特，特别以写“小人物”见长。这在当下的中国文坛，堪称是一道独特而亮丽的风景。在他笔下的那些小人物身上，你能看到世事沧桑、人间正道，看到“位卑未敢忘忧国”，看到平常人的大情怀。尘世间，他们像小草一样默默无闻，苦苦实干，为这个社会奉献着光和热，爱与情，这些被他挖掘和书写的小人物，总能感染读者的心灵，让人感佩不已，过目难忘。先生这次来永和，不仅是来参加槐花节的，他还有一个重要的选项，就是要采访生活在吕梁山中、黄河岸畔形形色色、各行各业的永和人，特别是那些奋斗在脱贫攻坚第一线的劳动者，从而创作他的另一部新作——《永和人家的故事》。

可“永和”到底有故事吗?

这方土地，到底有多大的魅力?能否吸引住这位大作家的笔?

早晨，和李迪先生一起吃早饭，我还担心黄土山地的粗茶淡饭是否能合他的胃口。这时，一碗永和小米粥端上来了，闻着那散发着黄河米香的味道，他先喝了一碗，接着又盛了一碗，一连喝了三碗，并一个劲点头说好喝、真好喝!我一下子踏实了许多，心想，既然先生能将黄土山地的小米粥喝得这样有滋有味，那他一定会爱上永和的。

饭间，大家都尊敬地喊他“迪老”，我觉得这个称谓之于先生是再恰当不过了，更有几分亲切感，也就随着大家称他“迪老”。

槐花节，是在一个叫花儿坡的山岗上举行的，那场面还真是热闹和喜庆。有精彩的文艺演出，有品尝当地特产的展示台，还有山地别样的观光项目等，总以为，迪老是会按照主办方的安排，一项一项地来参加、体味、融入，谁知，迪老半道上就“溜”了，原来，他更关注的是山庄窝铺里那一孔孔土窑洞，和窑洞里头住着的一户户人家。

头一脚迈入的是双腿残疾的农民——刘书祥的家。

那年冬天，这位三十二岁的山村汉子，上山放牛，脚底一滑，掉入了深崖，摔坏了身体，瘫痪在炕。医生说，他的神经摔坏了，治不了啦。一个活蹦乱跳的男人，就这样倒下了，从此吃喝拉撒都在炕上，还要人伺候，照他自己的话说，活着，就好像死人多出一口气。还不如早点儿死了算啦！

经过日夜思谋，他真决定去死了。

就在他准备死的那个晌午，忽然听到了女儿的喊声：“爸爸，我回来啦！”

刚上小学二年级的女儿，每天放学回来，还未进家门，都要喊上一声：爸爸，我回来了！这是女儿用自己的方式，对他的安慰。幼小的女儿知道爸爸一个人躺在炕上的孤寂和难受。

这个时候，本来万念俱灰的他，猛地被惊醒了，他痛心地号哭起来：我不能死！不能死！如果我死了，女儿回来还管谁叫爸爸？

刘书祥想，他不能就这样废了，他要振作起来！双脚没有了，还有一双手。就凭着还能动弹的一双手，他要把自家的破烂日子再拾起来，继续过！

两年后，他让朋友帮着买了一辆带斗的旧三轮车，开始了收破烂的营生。其间不知遇到了多少个难和苦，刘书祥都挺过来了。

后来他又开始收药材、收粮食。

一个没有腿的人，却变成了乡亲们的腿，帮着大伙儿在脱贫致富的路上奔。

整整一上午的采访，迪老一直被感动着，他的脑海中已经为这篇报告文学想好了题目《我是你的腿》。

走进第一户永和人家，就让迪老对写好《永和人家的故事》充满了信心。

这天下午，他顾不得劳累，又要马不停蹄地蹚过一条没有桥的河，去采访一个叫韩翠萍的妇女，和她的羚麝养殖场。

韩翠萍自小生活在农村，家里条件不好，早早就嫁了人。早些年，村里搞承包，他们夫妻俩承包了八个劳力的枣地，结果，赔了。背了两万块钱的债，她跟老公说，咱饿死不欠债，要不，咱没脸再见人。

为了还债，他们拼命了。

那时候，活儿不好找，只有做重体力活儿的砖厂要人，搬一万块砖给十八块钱，她要干，人家说这不是女人干的活儿，她说我能干！就这样干起来了。一天下来愣是搬了两万块砖，这一干就是八年！

欠债还清了，两手也空了，听说去内蒙古给沙漠插沙柳好挣钱，她去了，老公则下了煤窑，一干就是十二年。2016 年夫妻终于团圆了，挣下二十万元。于是，又开始了第二次创业——养羚麝。

可谁知这金贵的羚麝哪是那么好养的，一切从零开始。从此，她每天都要赤脚蹚过那条没有桥的河。

苦尽甘来，美好的日子终于开始了，致富后的韩翠萍一下子帮扶了八家贫困户，让大家共同富裕。她说，一家富，不算富，大家富了才是富。

整整一个下午，迪老又淘到了“真金”，他十分感慨地说，永和虽然是国家级贫困县，但在精神领域它可能是个“富矿”，急待我们去开采啊！

由于来永和之前，北京手头的事务还有很多，急需他回去打理一番，说好，第二天就得走了。但他告诉我们，过不了几天，他就会回来的。下次再来，他至少要采访一百多个永和人家。

三

十几天后，迪老风尘仆仆地回来了。

从北京乘高铁，越千里，到达山西霍州站是夜晚 8 点钟，再转乘汽车行驶两个多小时才能到达永和县城。

当然，这是说顺当的时候，可那天偏偏就不顺当。

去接迪老的车，不料在半道抛了锚。无奈，又等车、换车，直到午夜时分，他才入住永和宾馆。一位古稀老人，他怎会不疲惫？我们商量，明天早上谁也别去打扰迪老休息，好让他足足地睡上一觉，以缓解长途旅行的劳顿。

不承想，第二天一早，他起得依然那么准时。我们说：“迪老，要不，今天上午就别安排采访了，再歇一歇。”迪老摇头：“不、不、不，一切按计划来。”看着迪老那么有心劲儿，我们也不好多说什么，这一轮采访如期进行。

早就耳闻，迪老写作，下的可是最“笨”的功夫。

2012 年，为写一篇反映塔克拉玛干大沙漠中一对农民工夫妇的报告文学《004 号水井房》，他三进路途遥远、风沙弥漫的塔克拉玛干。朋友们都说，李迪是不是疯了？他难道忘记自己都是奔七十岁的人了？迪老笑答：我早就疯了！2018 年为写《加油站的故事》，他用夏秋冬三季，日夜兼程、风雪无阻，一口气跑遍了西藏、青海、云南、新疆等九个省区，采访了数不清的加油站、163 位加油员。这样的创作精神，在当今文坛是多么难能可贵。这次来千山万壑中的永和县采访，距 2012 年已过去七年，但他的精气神一点儿没减，他要采访一百多个永和人家。和迪老在一起，你时时能感知到他心中永远燃烧着一团炽热的火焰。

考虑到他的身体，我们问，可否缩短采访时间？迪老说：人家几十年的风雨人生路，用一上午或一下午给你倾诉，你还觉得长吗？可这么大的采访量，别说一个古稀老人了，就是风华正茂的年轻人，又有几个能吃得消？那要付出多大的体力和脑力啊！

这天早起，天灰蒙蒙的，还刮着冷飕飕的风。

迪老要到一个叫梁家坡的村庄采访一位灵芝种植户。迪老还是穿着那件大红色的 T 恤，迈着细碎的“芭蕾舞”步（迪老从小练过芭蕾舞）出发了。

到了梁家坡老高家，他被主人请进了几丈深的窑洞中。迪老盘腿坐在土炕上，听刚刚做了心脏搭桥手术的老高讲述自己七十年的人生故事。

黄土山地的土石窑洞，“冬暖夏凉”，可在这春夏之交的季节，置身其中，却让人觉得冷森森的。迪老这一坐就是近一个上午，尔后还去参观了老高家的灵芝大棚。这里刚结束，便马不解鞍地到城关镇河口村采访县晋剧团退了休的老团长。午饭后没顾得休息，又乘车直奔几十公里外的黄河老渡口，去采访老艄公于直环了，直到踏着浓黑的夜路归来。

第二天，是我国的传统节日——端午节。

我们商量得让迪老好好过个节。

为此，饭堂里准备了黄米粽子、糯米粽子，我的同人张步军，还给迪老备好了当地过节的传统饰品“五色线”，要亲自给迪老戴在手腕上，取吉祥平安之意。

早晨，我们欣喜地来到他的房间。一见面，还真吓了一跳。只见迪老面色通红，心慌气短，一脸虚汗。一摸他的额头，烧得滚烫，我们真有些慌张，急着问，迪老，这是怎么啦？怎么啦？

迪老倒处之泰然，他说，可能是中“箭”了。

我们都在寻思着他发烧的原因。思来想去，定是在灵芝种植户老高家的大窑洞里中的“箭”。

迪老回忆：“本来一坐在他家的窑洞里，就感觉身上有些阴冷，并且是越坐越冷，可正在采访，怎能叫停？那对被采访者是多大的失礼啊！”

我们要送他上医院，他不去。要不，就请个大夫来？他也不让。

他说，我有“灵丹妙药”，保准药到病除！

是啥灵丹妙药？我们都有些好奇。

迪老从挎包里取出一个小药盒，是广州何济药业生产的一种治感冒的药，传统的人工包装。打开小纸包，是粉末状的药面，他小心翼翼地将药直接倒在嘴里，用温开水送下，并一再说，管用！保准管用！谁也不知他这是安慰我们，还是安慰自己。

用过那包“灵丹妙药”，是起到一点儿降温的作用，但从迪老那通红的面颊上看，他还在发着烧。我们劝他，是该卧床休息了。

迪老不从：看来今天是不能外出采访了，那就做案头工作吧——整理采访录音！

老渡口做“艄公”营生的于直环，从小就跟随父亲在黄河上讨生活，在惊涛骇浪中，经历过许多传奇，采访他，是迪老很期待的，可惜在采访的几个小时里，于直环手舞足蹈说得眉飞色舞，滔滔不绝，迪老却一句听不懂。在场的我感觉，采访者与被采访者，一个急得紧蹙眉头，直想捶胸顿脚；一个却旁若无人，陶醉在讲述的快乐中，真有点儿“秀才遇见兵”的意思。

这种状态持续了一阵后，我瞅着迪老的眉宇慢慢舒展开了。只见他手握录音笔，守在于直环的嘴边，随着于直环的身体起伏而起伏，摆动而摆动，有点儿像跳“双人舞”，唯恐漏录只言片语。

迪老事后说，在那种情况下，他突然有招儿了，我听不懂，只能找当地人翻译了！只要录音笔恪尽职守，一切就都不在话下。

我的同人张步军成了迪老首选的翻译。

几个小时的录音得放一句，然后用普通话翻一句，再往电脑上录一句；再放一句，再翻一句，再录一句，这样的运作流程，将原先的工作量足足加长了好几倍。

满满的一天一夜，一直发着高烧的迪老坐在桌前，带病工作着，可采访录音的翻译任务，还未完成过半。其时，迪老的肠胃也难受得让他坐立不安，我们真为迪老的身体着急，只能向领导汇报了。

那是晚上，正在外地开会的县委书记加天山打来电话询问迪老的病情，并联系市医院的专家，来了个“远程诊疗”。县委宣传部白永明部长也守护在迪老的房间，观察着他的病情，步军一夜寸步未离。

两天后，险些病倒的迪老，终于挺过来了。

迪老又可以用他的“李式幽默”，和大家轻松地交谈了。

病愈后迪老采访的第一个人是永和县志愿者联合会主席张兰平，见他留着一脸大胡子，迪老调侃说：你这胡子长得可真是茂盛啊！这是为什么呢？

张会长答得也颇为风趣：迪老，这段时间雨水好啊！

两人都开怀地笑了。

四

和迪老在一起聊天，他会时不时地问一些关于永和的问题，比如他问：流经永和县城的芝河上到底有几座桥？

这还真是难住了我们，是四座，还是五座？

迪老肯定地给出答案：是六座。

作为常年生活在永和的本地人，实在觉得汗颜，只能一座一座地划拉了。

那天，采访完一位退休女教师，他又问我们，你们知道她耳垂上有几个耳环眼儿吗？

我们惊讶：迪老，你连这个也观察？

迪老笑而不答。

诸如此类的提问，让我们警觉，别以为自己是永和人，还得好好听迪老讲故事，讲永和人家的故事。

在陪迪老采访的过程中，我就老想，迪老为什么会有那么大的“魔力”，能让一个个采访对象，在很短很短的时间内和他掏肝掏肺，真心相交，甚至，流着泪，将自己深埋在心底几十年的“秘密”，和盘托出，这份信任到底来自哪里？难道就因为他年龄大？或是他那和蔼慈祥的面孔？

那天下午，天落着小雨，本来安排到一个较远的地方采访，因为考虑到山高路滑，临时改为采访就近的民间剪纸艺人刘灵翠。

刘灵翠，一位中年农家妇女，不善言辞。

迪老走进她家的剪纸展览馆时，被那满屋子的剪纸作品震撼了。这一定是个有故事的人家。迪老坐下来就想好好听听她的剪纸人生。

一开始，有些木讷的刘灵翠，似乎真没啥可说的，问一句，说一句，你不问，她不说。不到十分钟便“冷场”了。这是迪老万万没想到的。

迪老毕竟是迪老，这下，他不问她的剪纸艺术了，剑走偏锋，倒问起了她家建造这座漂亮小楼房的过程。这样一来，刘灵翠的话匣子打开了。

从农村种田，到收购红枣做买卖赔了个精光，再到一天徒步上百里，游走各乡村卖针头线脑，累得半死，却只能赚到几块钱；从三千元的债务，一还就是好几年，到省吃俭用，日积月累，生活富裕后在县城建楼房，再到自己的剪纸都可以卖钱了。刘灵翠坦言，这是她有生以来说的最多的一次话。她也不知怎么会说这么多。

真是人生如剪纸，剪纸如人生啊！

此时的迪老，大脑中思索的已不是这次的采访和文章，他想的更多的是，如何能将刘灵翠的剪纸推介出去，让更多的人欣赏，从而走上大雅之堂，走向更宽阔的天地。

迪老忙乎开了。

他举起手机，不停地拍摄着墙壁上那一幅幅或憨态可掬，或精巧灵动的剪纸作品，一连拍了好多。回到住处，连外衣也顾不得脱，便和《中国艺术报》的编辑联系，力推刘灵翠的作品。因手机拍摄效果不佳，他又请当地的专业摄影师到她家重新拍摄一遍，并第一时间发往北京，真是不厌其烦。拿迪老的话说，我能帮上的，就一定要帮。

无独有偶。

第二天采访“野菜大王”刘海宏，迪老又有“奇想”。

小刘为表达对老作家的敬意，特意带来两盒自家做的野菜食品，想让他尝尝。看着桌上的物什，迪老此时琢磨的却是如何能让小刘的野菜走向北京的市场。

小刘离开后，他就给北京一家超市联系，并叫来快递小哥将那两盒野菜快递出去，让对方检验，看能否打入市场。这一切，小刘并不知情。迪老也不让告诉，他说，等事情有了眉目，再告诉不迟。

最让我感动的是那天采访修车人李永宁。

年近七旬的李师傅，是 1968 年的老兵，迪老是 1973 年的老兵，他们虽然当兵一个早，一个晚，一个在浙江，一个在云南，但那份战友情却格外浓烈、厚重。

一见面，就有一种庄严的仪式感。

老兵李迪举起右手，向老兵李永宁行了一个标准的军礼；几乎是在同时，老兵李永宁也向老兵李迪敬了一个军礼。在场的我，顿时从心底涌动出一种想掉泪的感动来。

李永宁退伍已经快五十年了，但军人的本色不改，尽管几十年就在小城的街口摆摊修自行车，几十年的午饭就是一个烧饼、一缸子凉水打发。生活的担子像大山一样压着他，他那双像锉子般的手，握着都有些扎人，但几十年修车补胎的价格却始终不变，他坚守的依然是军人的本色、军人的担当和尊严。

同样对于老兵李迪而言，又何尝不是如此？几十年初心不改，志向不变，用自己手中的笔，书写着人间的真情大爱，虽已逾古稀，却依然不辞辛劳来到吕梁山里采写最基层的人物，为天地立心，为生民立命，这是何等的精神？

那天采访过后，迪老一直念念不忘那位战友，在工作的间歇，几次跑到街角的摊位上看望他，问生意咋样？当得知，今儿个生意不错，迪老高兴；当听说，一天只来了两个修车人，生意惨淡，迪老忧心，并买来一包当地的小吃“干个烂”悄悄地放在他的工具箱旁。

在回来的路上，迪老还一直念叨着：这一档生意也就赚个三两块钱，这两档生意才能挣几个钱？连一碗刀削面也不够买啊！

迪老的表情是凝重的。

五

魏老师每天晚上都会和迪老视频通话。

魏老师是迪老的老伴，两人结婚四十多年了。在迪老的言谈中，我能感觉到老夫妻俩对彼此时时刻刻的牵挂。

每天早晨，我们来到迪老的住处。一见面，他都会透露一些晚上和魏老师视频时的“悄悄话”。

迪老说，魏老师是个做事十分认真的人。退休后，每天都要到社区给那些大爷、大妈们教太极拳、太极剑什么的。魏老师是个太极高手，学的是“陈式太极拳”，迪老“诡秘”地说：昨天，魏老师生气了！

我问：为什么生气啊？

迪老道：还不是为太极拳的事。每天教完那些大爷、大妈，他们都说学会了。等第二天来，他们又说全忘了。第二天又教会了，第三天来又忘光了。让魏老师想不通的是，他们回家后为啥不抽点儿时间再练一练呢?

真有点儿恨铁不成钢的意思。

为教他们练太极拳，魏老师把自家的要紧事都给忘了。

一封从日本寄来的航空快件，送达他家门口，快递小哥打来电话给远在吕梁山中的迪老，要他来取。迪老托付，放到楼下看车棚的小李那儿，接着就给魏老师通手机，吩咐她去取，并告知邮件很重要：日本一家出版公司，要出一本汉语教材，选用了我的小说《豹子哈奇》的一部分，对方寄来版权合同请我签。这事就算结了。

晚上视频，迪老再问，魏老师猛然一惊：忘了！忘了！真的忘了！我这就下楼去取！

魏老师赶忙去了楼下小李看守的车棚取快件。小李不在，只见桌面上堆放着一堆邮件，她翻了半天，竟然找不到那个邮件。这下可急坏了魏老师，她慌张且内疚地打手机给老伴，声音都有些颤：快件不见了，怎么办？怎么办?

迪老安慰说：不急、不急，等小李回来再问不迟。

魏老师就呆呆地一步不离地守候在那里，直到小李回来。一问才知道，是他把迪老的邮件放到了安全的地方。此刻，她的心才算落到肚子里。这得夸老爷子的人缘好啊！

迪老笑吟吟地说，我家的魏老师，可逗了！

闲谈中得知，魏老师不是北京人，是云南人，以前就在云南工作。北京—云南，隔着几千里呢，迪老和魏老师当初是怎样走到一起的？想必一定有动人的爱情故事，于是，我们就向迪老“刨根问底”。

迪老倒不保守，甚至有些情不自禁。给我们“透露”了一些“内情”。听过他的讲述，我们真为老两口几十年忠贞的爱情、无私的付出而感动。

我对迪老说，下次来永和，一定得带上我们敬爱的魏老师。

迪老说，她哪能走得开啊？家里还养着一群流浪猫需要她照看呢!

据说，从“非典”那会儿起，他家就开始收养在街巷里无家可归的流浪猫了，尽心地善待和呵护那些脆弱的生命。

又一个清晨，我们来到迪老的房间。

一见面，迪老就说，你们猜猜魏老师昨天视频时说什么了?

我们情趣极浓，凑到迪老面前，支棱起耳朵。

迪老说：魏老师再三吩咐我，老爷子啊！你可不要在人家宾馆吃饭，人家可是贫困县。

迪老笑着问：那你说让我上哪儿吃饭去?

魏老师出了主意：“外边街上随便找个小饭摊解决吧。”

看看，一贯对迪老关爱有加的老伴，想到永和是贫困县，将老爷子的饮食生活都放到第二位了。

魏老师还说：我觉得，你写《永和人家的故事》这部作品，可别老写卖东西的，你要多写写种地的农民，他们面朝黄土背朝天，更辛苦啊!

魏老师并特别吩咐他说，你给我找几家永和贫困户的地址，我要给他们捐衣捐物。表达一位北京大妈的心意。

迪老当即就答应了。他对我们说，既然魏老师有“指示”，那你们就给她个地址吧，这叫“落实夫人指示不过夜”。

之后不久，永和的几家贫困户就收到了魏老师精心打理过的衣物，洗得干干净净，叠得整整齐齐，并进行了消毒处理，有些衣物上开了的针线，是她在夜灯下一针一线缝合的，还有不少是新买来搭配的。为寄这几大包东西，魏老师花了好几百块钱的邮寄费不说，光跑前跑后的就把她累得够呛!

这些天，在与迪老、魏老师直接或间接的接触中，我们能真切地感知到他们从骨子里生发而出的善良、贤惠、仁爱和悲天悯人的情怀。

那天下午的采访对象是养驴专业户樊海云。

采访前，我们听说樊海云不仅养驴养得好，他还在县城开着一家“驴肉馆”，据说，那家驴肉馆开得特火爆，食客很多。他可是靠养驴卖驴致富后，带领村里贫困户脱贫的典型。

一听说他还开着一家驴肉馆，每个星期都得杀掉一头驴的时候，我的心里“咯噔”了一下。因为在和迪老多日的接触中，我们知道他是最忌讳谈杀牛杀驴的。他说，牛和驴养着就不是为了杀着吃肉的，他们为农人耕耘劳作一生，怎么忍心杀掉它们呢？所以无论走到哪儿，无论在什么样的饭局上，他是绝不会吃牛肉、驴肉的。

了解到迪老的脾性，我们不免对这天采访养驴专业户有了顾忌，唯恐因他开驴肉馆的事，砸了此次采访的“锅”。

怎么办？

此时，采访对象已经来到门厅里，我们只好悄悄地溜出去，下了电梯，给采访对象悄悄地吩咐，要他切勿在接受采访时提杀驴开驴肉馆的事。

老樊起先还纳闷，这是为什么呢？杀驴开驴肉馆又不犯法。经解释，他终于明白了。还好，在之后近三个小时的采访中，老樊只说如何发展养驴的事儿，有关杀驴开驴肉馆的事儿，他只字未提，采访进行得十分顺利。

六

夏日炎炎，酷暑难挨。

迪老正在永和日以继夜工作着，手机铃声一阵阵急促地响起。

有北京中石油宣传处打来的。急切地邀请他去甘肃玉门采写一位英年早逝的石油英模。

有中国作家协会鲁迅文学院打来的。又一期作家高研班要在无锡开班了，邀请他去讲课，课时都安排好了。

有江苏公安厅打来的。厅里在盐城举办全省公安作家培训，他是受邀的重量级嘉宾，大家期盼已久，翘首以待。

……

怎么办？怎么办？

迪老只恨自己没有“分身术”。

盛情难却，责任义务，只能多头兼顾。

整整半个月，迪老先是去了江苏无锡，后又飞抵甘肃玉门，又在西安折转盐城，行程万里，跑了四个省，讲了两大课，采访十九人，日理万机，一位七十多岁的老人啊！

忙完这一切，匆匆回到北京，休息了一晚，第二天又要去千里之外的永和了。

魏老师看着心疼，说：为啥不能多休息几天呢？

迪老告诉老伴，走时说好半个月一定赶回去，采访对象都在那儿等着呢，我又怎能食言？

这天，买好的是下午 1 点的高铁票，迪老却“骗”老伴说，是下午 4 点的火车，为的是不让她操劳。

吃过午饭，看着老伴去歇了。迪老便轻手轻脚开始了行动，他将拖鞋悄悄换下，悄悄提着旅行箱，悄悄出门，向北京西客站一路而去。

多少年，多少次，每当他要出门远行，魏老师总要去送站。那时候，他们都年轻，迪老一般不拦着。现在年纪都大了，寒来暑往，他怎忍心让老伴操累呢？他有“招儿”了，每次出门，当老伴问起他坐的车次、开车时间，他都会“推迟”几个小时地说。老伴信以为真，看时间还早，就忙别的去了，而就在这当口儿，他会神出鬼没地离开家，等老伴反应过来，他已坐上火车，然后再用短信告知，让她放心。这样的办法，屡试不爽。这次，他还是沿用的老套路。

正午，北京 39 度的高温，大太阳炙烤得人能流出油。走在去车站的路上，他心里窃喜，总算没打搅老伴的休息。

孰料，不多会儿，魏老师骑着自行车气喘吁吁地从后面赶来了。

一见面，话没出口，泪水却涌出来了。他哪里知道，魏老师虽躺在床上，却是假寐，两耳一直警觉地听着动静，只怕又被老爷子给“诓”了。

当听到慢慢的推门声，她就赶紧从床上下来，就要下楼，就要骑着自行车去追，可车钥匙找不着了，把魏老师那个急得啊！都有些头晕目眩了，好在还算找到了，骑着自行车就追。

终于追上了。当看到迪老在“烧烤”天推着行李箱，佝偻着背赶路的背影，她心疼地哭了。

迪老说老伴，说好不来送，为什么还要送？

魏老师没言语，只是落泪。

坐在火车上，迪老收到魏老师发来的一条微信：“老爷子，你太辛苦了！这是干吗呢，这么辛苦！你总是这么南来北往地跑，让我心里很难受，这本书写完后，也该好好休息一下了……”

这段话，是迪老给我们读的，不知怎么着，听着听着我的眼眶也潮湿了。

分别半月，归来仍是“少年”。

第二天，迪老对永和人家的采访又紧锣密鼓地展开了。

从《刘三点豆腐》、《大个卖粉条》到《海云养驴》、《老李修车》；从《快递姐冯琴》、《武平学艺》到《建华守爱妻》、《老木匠唱秧歌》；从《蹚过没有桥的河》、《我是你的腿》，再到《三皇里的传说》、《鸡蛋上的笑脸》，迪老的足迹踏遍了永和的山山水水。那个身穿红T恤、白裤子，戴一副茶色小墨镜，走着“芭蕾步”的北京老头儿，成为永和大街小巷、山庄窝铺很耀眼的“一点红”。很多永和人都成了他知心的朋友。那位在街巷里推着三轮车卖食品的李师傅，就是其中一位。

热馍馍—花卷—糖角角——

这声高亢悠扬的永和叫卖，在永和城萦绕了多少年，也为永和居民的饮食生活方便了多少年。李师傅凭着卖“热馍馍、花卷、糖角角”，不仅养家糊口，还培养出了三个大学生。

迪老就是寻着这声叫卖，找到了李师傅，学会了永和叫卖，挖掘到这声叫卖后面的故事。并将这声地道的永和叫卖，叫到了鲁迅文学院的大课堂，叫到了西安繁闹的书市，叫到了美国密西西比河畔。

大胡子早点铺，是迪老常去的地方。起先他只是好奇这个老板的胡子到底有多长，敢拿“胡子”做招牌？结果一看，傻了！这家老板并没有胡子，迪老就在这“大胡子”与“没胡子”之间，探究出了十分动人的故事。

为写《永和人家的故事》，迪老付出了巨大的辛劳。

7月14日是迪老的小孙子北北一周岁生日。这对他们全家绝对算是大喜事一桩。含饴弄孙也该是这个年龄的老头儿最大的乐趣。

可这天，他真想回去，可真回不去。他只能对着手机和家人视频，对着小北北咿咿呀呀的声音，动情地说：宝贝，爷爷回不去，爷爷在山西永和想你！

现在，《永和人家的故事》这本书，已由作家出版社出版了。中国作家协会副主席、著名作家高洪波先生题写了书名。在出版前，《人民日报》、《光明日报》、《天津日报》、《中国艺术报》、《文艺报》、《文学报》等多家报纸选载了其中的一些篇章，这是对永和的鼓舞，也是对迪老辛苦采访写作的回报。

迪老有句常爱说的话：生活是口井，找到井，有水喝。

多少年来，他都在寻找这口井，他的作品都是那么接地气，接人心，是那样受到广大读者的喜爱。这在中国文坛被称之为“李迪现象”。

那天在手机上，我看到一位读者在读过迪老的作品《风雪日月山》后，写下的一段幽默的小品文字，颇有趣，从中可以感知到读者对迪老作品的喜爱程度。现摘录如下：

上班时间

上着上着，张美丽哭了。

科长吓了一跳，赶紧贴过去安抚：美丽啊，为什么？

张美丽指着《风雪日月山》：太感人了。

科长说：别哭啊！办公室就我们两个人，让别人看见，还以为我把你怎么了，求你了……

张美丽低声抽泣。

隔墙有耳。

翌日，科长和张美丽被领导叫去问话：怎么个情况？

科长吓得前言不搭后语。

张美丽把来龙去脉说了一遍。

领导不屑：怎么可能？想耍我啊，是不是？

张美丽掏出手机，从收藏里打开《风雪日月山》，让看。

领导还没看完，早已两眼落泪。他喊道：去把红衣老头儿李迪叫来！

秘书难为地说：局长，这样不妥吧，李迪七十多岁了，怕经不起……

领导擦着泪说：经不起什么？我只是想买他的书，给大家看！

还有一位读者半夜给迪老来微信说：读了您的作品，感动大半夜，让人泪流满面……

迪老回答：为了你的泪，我会更努力的！

己亥年，从春到夏到秋，迪老五下永和，几次险些病倒，但为写《永和人家的故事》，他硬硬地扛过来了！苦过来了！也笑过来了！

和迪老相聚相处的日子，是那样地充实、快乐。

作为一名写作者，我会永远记住他的话：生活是口井，找到井，有水喝。

作家李迪与塔里木的生死之交

李佩红[①]

惊闻作家李迪病逝，悲痛不已。

李迪是对塔里木石油文化作出贡献的人。

2012年到2013年，应中国石油集团公司和塔里木油田公司邀请，李迪三下塔里木，先后采访了克拉2气田、轮南油田、西气东输首站、沙漠公路、004号水井房、塔中油田、塔中4井区，穿越522公里长的沙漠公路，马不停蹄前往和田、喀什、克州等气化南疆利民工程现场采访，一路风尘。

每到一处他又是记录又是录音，问这问那生怕遗漏每一个细节。

① 李佩红，新疆巴州作协主席。

在004号水井房，李迪坐在小板凳上与反映坚守塔里木油田沙漠公路水井房的邓东平夫妻聊家常，一只卷毛京巴狗亲热地摇着尾巴，欢跳着用湿湿的舌头舔迪老的手指，一个一个地舔吮指头，从第一个手指肚儿到第五个，然后，再从第五个舔回到第一个。这只名叫“小沙漠”的狗，孤单得只有自己的影子相伴。迪老说，它是把我的手当成火腿肠了。要不它就是闻到了我身上有我家狗“欢欢”的味道，以为找到了同类，才会兴奋欢喜。懂得尊重动物的迪老，有一颗良善柔软的心。时隔半月，迪老再到塔里木采访，特意买了一大包火腿肠从北京带来，想给“小沙漠”一个惊喜，让它大饱口福。令他万万没有想到的是，“小沙漠”被“十一”期间过路的游客偷去了。这只在沙漠里生活了六年、快乐而孤独的小狗，命运从此成了未知数，留给孤守沙漠的老两口无尽的思念。当迪老从包里掏出火腿肠的刹那，邓师傅哭了，李迪也哭了。

塔中4井区距离库尔勒近七百公里，距离塔中油田一百二十多公里，遥远得仿佛走到了天边。

花甲之年的李迪整整坐了七个小时车，赶到塔中4井区，他不顾鞍马劳困，腰疼难耐，饶有兴趣地参观列车房围成的井区，工作间、图书室、员工宿舍，还跑去食堂看厨师做啥菜。听说这些叶子蔫蔫的蔬菜是从五百多公里以外的轮台县运过来，一周运输一次，他唏嘘不已，心疼这些年轻的石油工人。在李迪眼中这里的一树一花一草摇曳着生命的欢愉，工人们的一言一语一行传递着青春的乐观和自信。他们忍耐、坚守，卓立于沙漠深处，把孤独寂寞的时光转换为对生命的热望。李迪说，早该来看看了，若知道石油来的这么不易，谁还舍得浪费。

2012年秋，气化南疆天然气利民工程如火如荼展开，管道焊接绵延几百公里，采访地点横跨克州、和田、喀什三地州，施工地全在野外、荒漠，无论路途多么难走，李迪从不叫一声苦和累，总是怀着满腔的热情与工人们交谈，迅速打成一片，融入平凡而沸腾的工地。红衣，白裤，浅棕色小眼镜，几乎是李迪的标配。他像一把热情的火，走到哪儿燃烧到哪儿，加上他讲话诙谐幽默，天生一个顽童性格，走到哪里石油人都亲切地称他红衣少年。

习近平总书记在文艺工作座谈会上的重要讲话中深刻论述了文艺与人民的关系，人民需要文艺，文艺需要人民，文艺要热爱人民。新时代广大文艺工作者的根本道路，就是深入生活、扎根人民。塔里木石油人相信李迪这样愿意扑下身子走进基层走进人民之中，向生活的最深处挖掘、探寻，感受时代与生活脉动的作家一定能写出好作品。

果然，李迪回到北京不久，用滚烫的笔墨完成了报告文学《004 号水井房》。

这篇报告文学开篇简洁明快：

> 天还不亮，小沙漠就叫醒了大沙漠，也叫醒了邓师傅。
>
> 邓师傅摸黑爬起，耶——刚刚梦到回锅肉端上来，你就叫喽！你等一会儿叫要得不让我吃口嘛！
>
> 小沙漠摇摇尾巴，终结了邓师傅舌尖上的美梦。它的时间掐得很准，该开发电机抽水啦！
>
> 小沙漠是一只可爱的京巴，灰黄的绒毛，大大的眼。刚来时只有巴掌大，一个鸡蛋黄儿要舔两天才能吃完。
>
> 邓师傅把袋装牛奶挤在手心里，一滴滴地喂，生怕养不活。含在嘴里怕化了，顶在头上怕摔着；白天揣在怀里，晚上搂进被窝。他脸对脸亲着小东西说，你毛色像沙子，又来到塔克拉玛干大沙漠，就叫你小沙漠吧！
>
> 就这样，大沙漠里有了小沙漠，邓师傅家再也不寂寞。

受限于石油行业的专业性，石油行业的文学作品不好写，写不好很容易陷入数据加口号的老套，如何以全新的视角和生活的层面写石油人，非常考验一个作家的驾驭能力和文字水平。作家李迪从守护 004 号水井房邓师傅一家的小切口进入，逐渐向深度和广度掘进。作品巧妙地分为一条主线和一条辅线。主线把塔里木石油人亲身经历、切身感受，用人物对话聊天这种轻松愉快的方式，把读者带入塔里木石油人几十年来在极其恶劣的地上和地下的条件下，战酷暑斗严寒，勇闯死亡之海，修筑世界最长的沙漠公路、勘探开发建设一座座油田、完成西气东输的世纪壮举，取得令人瞩目的成就。辅线则借一只叫小沙漠狗狗的眼，反映塔里木石油勘探开发中注重绿色环保、实现人与自然和谐相处。完全契合了习近平总书记提出的“环境就是民生，青山就是美丽，蓝天也是幸福”的要求。李迪在歌颂真善美的同时，通过小沙漠的丢失不忘鞭挞人间的丑恶。这篇报告文学写出了“小人物的悲欢，大时代的一角，两个人的世界，一群人的感动”！中国作家协会副主席高洪波读完《004号水井房》即兴赋诗一首：“水滴有梦入流沙，催生几许多情芽。二人世界水井房，泪润大漠绽心花。”

《004号水井房》2012年11月13日在《北京日报》首发，引起各大媒体的关注，《人民日报》和《光明日报》分别转发。该篇报告文学荣获全国第23届中国新闻奖报告文学金奖。根据作品提供的素材，编剧崔民、张万一两到沙漠公路004号水井房体验生活，创作了剧本《极致水滴》。通过护路工王大水与封小沙在沙漠公路辛勤护路和他们的爱情故事，以及他们与自然、动物的和谐相处，折射出平凡劳动者扎根边陲、爱岗敬业的精神。许多人评论“记录他们就是记录塔里木油田，记录一个以石油命名的地方；记录他们就是记录一群人，就是记录这个我们正在经历的时代”。

电影《极致水滴》在塔里木油田放映，塔里木石油人深受感动，纷纷写观后感，激发出“我为祖国献石油”的强大精神动力。

文艺是时代的号角。一个民族的复兴需要强大的物质力量，也需要强大的精神力量。五十六万平方公里的塔里木盆地蕴藏着丰富的石油天然气，它的恶劣、复杂、诡异、多变，充满了挑战性和无穷的魅力，吸引了一代代石油人奋不顾身地探索和创新；五十六万平方公里的塔里木盆地也是新闻和艺术的富矿，著名作家魏巍、刘白羽、贾平凹、何建明、雷抒雁、李若冰、刘亮程、雷达、白描、周晓枫、艾克拜尔·米吉提、王必胜、李迪等来塔里木采风，创作出一大批反映塔里木石油人精神风貌、触及石油人灵魂的文学作品，这些宝贵的精神财富激励着年轻的石油人前仆后继、勠力同心、开拓创新，向着更高、更难、更险的目标迈进，去创造更加辉煌的成就。

如今，写《征服塔里木，再上一重天》的魏巍走了，写《塔里木油田的呼啸》的刘白羽走了，写《彩色的荒漠》的雷抒雁走了，写《塔克拉玛干之谜》的李若冰走了，写《依奇克里克》的雷达走了，今年6月29日，写《004号水井房》的李迪也驾鹤西去。但是，他们留给塔里木油田的精神财富是永恒的。

石油人会记得他们，塔里木油田会记得他们，塔克拉玛干沙漠也会记得他们。

今天，塔里木油田一路向3000万吨大油气田逼近，更需要新一代的作家去记录、去书写、去讴歌、去鼓舞，最终登上物质和精神的双高峰。

忆与李迪老师的几件小事

赵晶[1]

最近，重读了《加油站的故事》，又忆起了关于李迪老师的几件小事。

细想起来我和李迪老师还是有些粗浅的缘分的。

第一次，我听到李迪老师的名字，是 2018 年接到内蒙古公司的电话时。当时内蒙古公司从基层寻找“有故事”的员工，接受李迪老师的采访。我怀着好奇心，在第一时间打开网页查找李迪老师的信息。在百度百科中第一次看到了李迪老师的介绍，还惊奇地发现自己小时候看过的小说《傍晚敲门的女人》，竟然就是李迪老师的文

① 赵晶，中国石油内蒙古乌兰察布销售分公司团委书记、党群办副主任。

学作品。好奇心下，又搜索了几篇李迪老师的文章，印象最深刻的还是他给好友写的一篇悼文，文中没说一句哀悼与思念，只是娓娓道来地记录了友人的二三事，却在回忆旧情中让人看到了故人离世的不舍，情深感人。我第一次真切地感受到什么叫作“哀而不伤，痛而不发”。

第二次，我听到李迪老师的名字，是从接受采访的同事口中。我们派去内蒙古公司接受采访的是个蒙古族女孩塔娜。她在短短的四年间，经历了癌症、车祸、丧子、离婚，人生四苦不过是生老病死，她在短短四年间都反复经历了，却还乐观地生活、努力地工作，积极参加各类竞赛。塔娜当时和我说，当她把自己的故事说给李迪老师听时，李老哭了，而且是短短的两个多小时泪沾衣襟三四次。很久以后才知道，李迪老师来内蒙古公司采访时，去过呼和浩特、去过呼伦贝尔，去过锡林郭勒、去过阿拉善、去过鄂尔多斯，足迹踏遍了内蒙古的东南西北，辛苦可想而知。为避免李迪老师太过奔波，每到一处都是就近的分公司派受访者过去。他在内蒙古采访九天，九天没有停顿，采访十四人，成文九篇。就像李迪老师在《加油站的故事》的序中写的那样：“我以七十高龄奔走边疆九省，包括年轻时都没有去过的青海、西藏，来了一场说走就走的采访。”是啊，七十高龄，古稀之年，寻常百姓都在坐享同堂之乐，他却奔走在边疆九省之间，走进了一座座的加油站，倾听着一位位员工的讲述，体会着他们的悲欢离合。我想这大概就是他对文学执着热爱最直观的体现吧。

第三次，我看到李迪老师的名字，是在内蒙古公司的公众号上，九篇成文都在公众号上刊登了。我看李迪老师写的塔娜的故事《黑龙江流域的珍珠》，恰巧是在去经营部的路上，一边赶路一边抱着手机看。人是熟悉的人，事是早就知道的事，我却看哭了，可能是受情绪影响，到经营部时我居然破天荒地晕车了。那些在常人看来平淡无奇的事儿或者早已耳熟能详的事儿，李迪老师却能用独特的视角、精彩的语言，写出生动的故事来，让人读得欲罢不能。九篇文章写的都是加油站里普通的小人物，都是加油站里的芸芸众生，为什么李迪老师总是能在看似平淡的文字中触动我们，也许是因为他总能与受访者共情，感同身受地体会着受访者的悲苦欢乐，总能抓住人性最柔软的部分吧。

第四次，我有幸见到李迪老师，是2019年冬天在内蒙古公司举办的通讯员培训班上。当时李迪老师穿着一件红色的冲锋衣，走起路来步伐矫健，一点儿都没有垂垂老矣的感觉，反倒像是位生龙活虎、激情四射的“红衣少男”。一个课时是三小时，李迪老师一口气讲了四个半小时。考虑到李迪老师的身体状况，工作人员中途提示了两三次，李迪老师才休息。课上，我们的情绪被李迪老师带动着，李迪老师讲到感人的故事时我们潸然泪下，李迪老师讲到采访趣闻时我们哈哈大笑……李迪老师就这样用一个个生动的事例，深入浅出地教会了我们如何采访、如何讲好故事、如何写活人物、如何让语言更精彩。印象最深刻的是李迪老师的口头禅“哎哟喂”，“哎哟喂，当时我就想啊”，“哎哟喂，我当时就定下了文章的题目”……简简单单的三个字，却把老作家发现好素材、找到灵感时的欣喜完全地表现了出来，也让我们从“哎哟喂”里感受到了李迪老师对写作深厚的感情。

第五次，我看到李迪老师的名字，是在《加油站的故事》这本书上。历时夏冬秋三季，走访了新疆、西藏、内蒙古、黑龙江等边疆九省区，采访了73个加油站、163位坚守在偏远地区的加油站员工，收录了40位一线员工的真实讲述，个个栩栩如生、活灵活现，可以说书中的每一篇文章，都是李迪老师用双脚走出来的，是用他的心血凝结成的。在李迪老师笔下，每一位加油站员工都很有个性，绝无雷同。那是他从采访过的163名加油站员工中挑选出来的精英——既然是精英，必定有个性。“奔走在加油机之间是你的常态；‘您好，欢迎光临！’是你每日不离的话语；轮换吃饭是你工间唯一的休息；打扫卫生是你收工的必修课。”短短数语，一位加油员的形象已跃然纸上。回顾全书，语言生动、鲜活，少用甚至不用长句子。李迪老师作品中的人物对话，完全是人物自身说出来的，顾客像顾客、站长像站长、加油员像加油员，而不是作家“自造的”。这都得益于李迪老师贴近生活，观察仔细，打磨用心。

最后一次，我看到李迪老师的名字，竟是在他去世后的悼文中。从悼文中我知道了，李迪老师始终奔赴一线深入生活采访，积劳成疾，最后一次采访是在新冠肺炎疫情之前，他像战士一样倒在了他毕生书写的真情文章案前。

李迪老师用一生，向我们展示了一个文学挚爱者的执着。著名作家铁凝评价李迪老师是“无愧于时代和人民的作家”。这句评价李迪老师当之无愧。

追忆李迪老师

赵明月[①]

去年 11 月，在广西南宁，我有幸参加了一次由汽车生活报社举办的“2019 年销售业务新闻宣传培训班”，听了一堂李迪老师讲的写作课。

李迪老师是北京人，1984 年加入中国作家协会。他曾任中国报告文学学会理事，是全国公安文联首批签约作家。他创作了《野蜂出没的山谷》、《这里是恐怖的森林》等中长篇小说和报告文学作品共计四十多部。很多作品被拍成电影和电视剧。李迪老师曾荣获国家多项文学奖。他的代表作《傍晚敲门的女人》相继在俄罗斯、法国、韩国出版，开创了中国推理小说走向世界的

---

① 赵明月，中国石油广西销售公司员工，文学爱好者。

先河。

初见那天，七十岁的李老师穿着一件火红的T恤衫，戴着一副墨色水晶眼镜，头发乌黑，笑声爽朗，讲起课来声若洪钟，中气十足。要不是主持人多次提到李老师的年纪，我以为他最多五十岁出头而已。

那天，李老师给我们讲课的题目是《如何在销售企业采访中发现好故事、写好好故事》。课时安排是两小时，但李老师一打开话匣子，就停不下来了。主办方工作人员提醒他该“中场休息”了，李老师却说：“大家有事可以自由活动，我继续和你们说，有一回……”就这样，李老师讲了两个半小时，越讲越起劲。说来也怪，一百多人的教室里，很少有人走动，“中场休息”也没几个人离开座位。去厕所的都是一路小跑，“光速”返回。为啥？听李迪老师的课，就像听“故事会”，谁都能听懂，谁都能有收获，他把枯燥的写作理论都巧妙地包裹上了故事外衣。不出几句话，听众就会被他吸引，情绪就像坐上“过山车”，跌宕起伏，时而跟着李老师一起开怀大笑，不一会儿又要分享面巾纸，偷偷擦拭眼泪。

李老师看似信马由缰地讲着各种故事，我们却在不知不觉中理解了他要教给我们的写作方法。轻松愉快一堂课，李老师带给我们很多重要启发：

“文章的语言不需要化妆，要像白开水一样，‘咕嘟嘟’喝起来，朴实平淡，却解渴。”

“生活中的真实小事最能感动人，要细心观察生活、感悟生活，用生活之水浇开创作之花。”

“开头是文章的眼，要学会拐个弯儿，留个悬念。”

“采访前，要先给采访对象留三个作业，让他自己想好三个故事。”

“文章要想感动别人，先要感动自己。前面多少快乐，后面多少眼泪，不要悲伤到底或快乐到底。”

……

这也是我当上公司通讯员以来听的第一堂写作启蒙课。培训结束后，回到家乡，我马上网购了一本李老师为我们石油销售人创作的故事集——《加油站的故事》。据说为了创作这部作品，七十岁的李迪老师来了一场“说走就走的采访”，他去了边疆九省区，青海、西藏都留下了他的足迹，他听过163位一线员工的故事，最终写成了这本书。

四百多页的书，四十个小故事，每一篇都在讲述着我们石油销售人日常工作和生活中的点滴。我一直想静下心读一读，可是还没等我抽出时间打开书页，6月29日一个噩耗传来，李迪老师因为常年深入一线夜以继日采访写作，积劳成疾，于当日9时38分永远合上了双眼。

今天，我从书架上再次拿起这本书，拆开塑封，静静翻看着。“春天来到了没有春天的罗布泊。极目四望，寸草不生，漫漫荒漠，无尽凄凉……”我轻声读着这篇《罗布泊的春天》，李老师的音容笑貌悄然浮现，恍若昨日。愿李迪老师一路走好，在天堂依旧乐观爽朗，宛如春日阳光……

润物细无声

赵程皇[①]

我叫赵程皇，是中国石油青海销售公司的一员。李迪老师受邀采访中国石油延边加油站的故事，所以我有幸认识了李迪老师。第一次见到李老师已经是 2018 年 9 月末的事情了，采访日程安排得非常紧张。那一天，从早上 8 点开始直到天色暗沉，李迪老师保持一个坐姿，倾听了八位基层员工的故事，我作为青海销售负责接待和协调的人员，多次进去都被李迪老师示意安静，甚至示意减少倒水的频率，甚至推迟午饭两个小时。李迪老师总说，讲故事都是一气呵成，中间容不得打断，思绪打断了，就会错过精彩的细

① 赵程皇，中国石油青海销售公司员工。

节，所以我拍照都是偷摸进行的。就是这一天，我看到了李迪老师时而开怀大笑，时而感同身受地抹泪，时而惊讶，时而感叹，他在听，认真地听，没有多余的交谈，只是用表情告诉讲述者："我懂你！"

李迪老师深入一线到海拔 4600 米的玉珠峰加油站近距离了解颜世秀一家的故事。他鼻子上扣着吸氧设备，神采奕奕地望着对面的颜世秀，脸上没有表现出任何一点儿不适。两天后，李迪老师回到西宁，时间也就接近我们相遇的尾声。去机场接李迪老师的时候见到了蒙古族小伙东德布。东德布大字不识一个，却硬生生地学会了加油站大小零管系统，学会了接卸油品，学会了计量算数，抱着新华字典愣是认完了所有汉字。我觉得东德布有故事，奈何他不爱讲话，不善交流，从西宁机场回市区的 30 公里，车开得很快，东德布嘴里却没说出几个字。李迪老师对司机说，我们可以开慢点儿，让东德布再讲讲，就是这一慢，东德布讲起了自己那苦难的前半生……

再后来，我才知道因为东德布汉语不流利，李迪老师在采访当时都并未全部听懂，他却不曾打断东德布，而是选择回去以后一遍一遍地翻听录音，找人翻译，于是东德布在进入中国石油前所有的苦难，汇集成了那篇故事，这也算是对东德布所有苦难结束，最圆满、最好的交代。

而我这个被胖困扰几十年的女孩儿，一直活得努力卑微且心酸，也有幸成了李迪老师笔下的主人公，一篇《风雪日月山》让我对生命重新审视。见到《风雪日月山》作品时，手机上多了几十个未接来电，有单位领导的，有同事的，还有李迪老师的。这个时候我已经租住在了肿瘤医院对面那条街道，每个简陋的房门背后，都有一个因为肿瘤而变得悲伤的家庭，房门开开合合，有人走了，有人没了，而我就在这样的环境中挣扎着仅有的希望。那一年，我刚刚 28 岁，事业稍稍有点儿起色，可是不幸也随之降临，吞咽包子的时候，被异物卡嗓子一个月，最后去医院检查才知道是肿瘤，位置刁钻，青海不能手术，而联系外地又需要时间。我知道这一场病会花很多钱，所以我选择了继续上班，陪同李迪老师的采访便成了我的工作任务之一。其实我这一生觉得自己很失败，我孝敬父母，尊敬长辈，性格开朗，学习、工作、生活都格外努力，而偏偏一个胖，毁了之前的所有，李迪老师的到来就像是上帝给你关了门，却给你留了一扇窗。一天的采访结束，李迪老师还在回忆采访的内容，他感叹着我就随口插了几句，没想到，这几句愣是让李迪老师采访出了一篇故事。李迪老师走后我也去了北京开始了我的求生之旅。我的乐观开朗，在身边一声声抽泣和哀号，一遍遍名字的呼喊中渐渐消失，我开始逃避，暴躁，自闭，我拒绝和所有人沟通，我想不明白我这么好的女孩儿为什么要经历这些。那天妈妈拿着有几十个未接电话的手机走到我面前，说让我回一个，我才知道那篇关于我的故事《风雪日月山》刊登在了《人民日报》上，妈妈特地买了回来给我一个字一个字地读了起来。就是这篇故事，让我重拾了信心，让我知道了自己是多么勇敢多么努力的女孩儿，让我知道了自己又是多么幸福。

在李迪老师眼里，是不分男女老少、不分高矮胖瘦的，有的只是一个个活生生的人物和他的故事。他热爱创作并且带给很多人希望，我想这便是李迪老师的初心。

忆先生李迪

魏桂兰①

李迪去世之后，妻子魏桂兰组建了“李迪感恩亲朋挚友”微信群，将李迪的朋友们汇聚在一起，抒发着对李迪的怀念，讲述着与李迪的知交故事，《怀念李迪》文集的一篇篇文章也是通过这个群收集起来的。在这个群里，魏老师和李迪的朋友们深情互动，互相汲取力量，共同走过痛失李迪的悲伤日子。

我们撷取了一些魏老师在微信群中的“发言”，这些片段，记录了许多李迪不为人知的生活细节，也从侧面展现了这对文学伴侣相互扶持走过的跌宕而又纯粹的一生。

① 魏桂兰，李迪的妻子。

一

尊敬的李迪生前的各位亲朋挚友们大家好！

我是李迪的妻子魏桂兰，我全家在这里向群里的亲朋挚友们，向全国各地李迪的好友、朋友们深深地鞠躬致敬！自先生生病直到离世至今，全国各地慰问声、祝福声、加油声、叹息声、悲痛声，声声不绝于耳！紧接着关于先生的各种文章、诗歌、照片，汇聚于群里。他的音容笑貌，他的神采奕奕，他的一举一动，让我撕心裂肺，让我痛彻心扉！看一次哭一次！如果让我用一百次的死去换他回来，我不会犹豫！这也是我一直的信念。为他去死，值！他对我来说，亦父亦兄亦师亦友！他爱家人，爱朋友爱事业，爱猫爱狗爱花草！他是个好人，是个好人……我愿意为先生去死！这是我多年来藏在心里的一句话！可老天爷看错了眼，看错了人，让他过早离去……

悲痛之余，我们全家深深感谢中国作家协会铁凝主席，在李迪生病期间，多次委托中国作家协会李朝全主任电话问候！6月29日先生离世，7月2日，中国作家协会李敬泽副主席和李朝全主任受铁凝主席委托亲自到家里吊唁，安慰了我们，并充分肯定先生的为人和作品，说一定要把先生写的《十八洞村的十八个故事》出版好！这些暖心的话，我相信先生会听到，他会非常高兴的！作品得到肯定，这是每个作家的愿望！

在这里还要特别感谢中国作家协会高洪波副主席、《北京日报》文艺副刊部原主任李培禹老师、《解放军报》原社长孙晓青将军、中国人民公安出版社李国强副总编辑，老战友、资深媒体人杨浪先生等许多文学界挚友为先生李迪做了大量的工作，在精神上和经济上对我们鼎力相助，使我们母子在突如其来的打击下，在惊魂不定中有了依靠，有了方向！谁说世间人情淡泊冷，我说人间自有真情在！这样的真情温暖着我们全家，这样的真情可以跃然纸上教育子孙。群里群外的好友们也都是真情四溢，温暖着我们一家！这些深情厚爱我们全家铭记于心，先生李迪的在天之灵也会深深地感动！

二

郑健社长您好！您的文章让我想起第一次去部队看李迪，他陪我去美丽的蒙自南湖散步，想起了种种情节，心痛美好的回忆。说起王定一副主任，那年，李迪为了感恩，亲自出钱请王定一副主任和他老伴儿到北京玩，整天陪着他们，住在我家另一处房子里，李迪陪着，大概是玩了一个星期，非常高兴。王主任回去寄了十几棵千层大牡丹花棵，每年开花近百朵，都非常大，漂亮极了。开花的季节，每天都有好多人来看，成了我们小区的一个骄傲！牡丹仙子也被李迪的爱花护花感动，我们离开北京三年，儿子每天忙上班，顾不上管也不懂，但是牡丹依然每年都开得非常好。2009 年我们回到北京，看到牡丹长势非常旺盛，特别感动！现在我们种牡丹真的是怀着一颗感恩的心，感恩三年里无人照管仍然繁花似锦！

前几年我家院子里修了一个车库，把牡丹移到东边，因为移的时间不对，只有三棵活下来，后来又补种了好几棵，虽不是原来的品种，开得也不错。现在我每天清早起来，第一件事就是要到花园看牡丹，看李迪种的各种花草，花园的每个角角落落都留有李迪的汗水和脚印。院子里有柿子树、山楂树、月季花、牡丹花、大叶兰花、紫藤。我每天早上呆呆地看着这些花花草草，回忆李迪在花园劳动的身影，无尽的泪水洒在叶子上，滴答滴答，叶子来回晃动，似乎李迪在跟我招手，让我别只顾哭泣，还是要把花花草草照顾好。想到这儿，泉涌的泪水就会突然收住。以前都是李迪伺弄这些花，现在我得赶紧学这些养花的知识，慢慢把花养好，让李迪放心！我的一位邻居说，以前每天清早散步，李迪已经在花园弄花。现在仍然看见他在花园弄花。我惊得眼睛眨不下来，他赶紧说，这是原来的印象，感觉他并没有走。直到现在，我从南边走向我家小区西门，总看见李迪穿着红羽绒服米白色裤子，手在拉领子的拉锁，笑眯眯朝我走来，几乎天天如此……他真的没走，他真的走了。

三

永和县委书记加天山写的文章《永和人和迪老的“三重缘”》昨天看了两遍，今天看了一遍，觉得还没看够……真切、真实、真情……你们没有看错人，如加书记所说：“迪老答应的事，就一诺千金，认准的事，就一干到底！”是的，他曾是个当兵的，言必行，行必果！在他的生命里，我回忆起来，没有戏言。他的原则就是信守承诺！如他在《十八洞村的十八个故事》里写道：就是悬崖我也要跳！他去世前写《十八洞村的十八个故事》，当时已经非常虚弱，吃不下饭，走路拄着拐棍儿我还要搀着他。我对他说：“这个稿子咱不写了，看病要紧。”他用尽全身力气对我大声说：“5月份交稿，6月份出书，没有时间了！你不懂。我不能辜负中国作家协会对我的信任，人不讲诚信怎么去做事……”我心里恐慌流泪，但是，我知道即便当时我变成九头牛也撼动不了他信守承诺的意志！为了他心中的责任，他抛弃了所有，包括生命！当他知道书顺利出版时，已经没法儿睁开眼睛了，他用尽全身力气点了两下头，让我知道，他放心了……老李啊！

四

看了无数遍张琳主任的这篇文章！幸福温暖、悲伤痛苦裹挟在一起，心痛他最后那段滴血为墨、耗尽生命的可怕日子！回忆他给家人带来的温馨，亦如他还在家里和我们一起享受家庭的温暖！他常说，小魏，我晚上回家看到厨房灯光亮着，心里特别温暖满足，心情真好！我听了特别感动，说，好啊，以后我就不关厨房灯，等你回来我再关，厨房灯亮着，说明我在家里一直等你！美好的记忆逐渐抹去让人窒息的忧伤，温暖的回忆会让人增强免疫力，忧伤的回忆会让人免疫力低下。我选择温暖的回忆，继续家庭的温馨。他没有离开我们！携子之手，替他整理发丝，替他拉上拉锁，摆好碗筷，请他上桌吃饭，老李他永远在家里、在朋友圈里……

五

李国强副总编辑和张晔编辑刚才来我家看我，带来了浓浓的年味儿，带来了满满的真情实意。温暖的话、鼓励的话带来不少，吃的喝的也带来很多。贾宁前两天来的时候也是带来不少好的东西，还亲自打开沙棘浆果递到我手里让我喝，说是软化血管的，再三嘱咐我一定要坚持喝，把自己照顾好。徐桂红和周娅千里迢迢把鲜花寄过来，让我把家装点得生机勃勃，温馨热闹很多。一些不知名的包裹寄到家里，也不知道是谁寄的，后来才知道是作家出版社的宋辰辰和中国进出口图书总公司的刘怡。我的天，都说人走茶凉，可是从始至终我一直都在接收着大家无尽的关心和帮助，把我从冰凉的眼泪和心成死灰的困境里拉出来。大家为先生李迪写的文章和做的那些暖心的事，都变成一股巨大的力量让我坚强起来。这是对先生李迪的安慰！也是对所有帮助、爱护过我们的老师和朋友的回报！

六

老李老李，你每次去采访，我都要送你，说不完的叮嘱，看着你渐渐远去，追着你还要大喊一声：“一定要早点儿睡，不要太累了……”你每次回来，我总是早早在约定的地点等你，刚看见你那一袭红衫就赶紧跑过去接你手中的行李，让风尘仆仆的你喘喘气。最爱听你那句：这次出去有故事、有收获！好！你高兴我也欢喜！谁知，这次你又要远行，要远远地行，这次我坚决不同意，我不同意……我撕心裂肺地哭喊，我惊魂不定地去拽你，可你却毅然离去……每天夜里，我惊恐地醒来，看不到您的身影，屋里黑漆漆凉凄凄，我痛哭失声，哭您再不回来……白天我追着你的足迹去寻找你，我走到接你的老地方，是的，我看到你那一袭红衣，疲倦而笑眯眯拖着行李箱朝我走来，我跑过去接那熟悉的行李箱，可我却两手空空没有东西也不见了你……难道是我眼花，难道是我情急，难道是你生我的气？你，你终没回，你终离去！你给我留下背我而去的那袭红衣，让我永远看你远行！你给我留下了忍不了的心痛、流不尽的泪水、止不住的哭泣，何时是休期……老李，永远等你回来也无休期……

七

老李，照这张照片的时候，你的眼病虹膜睫状体炎还没好，每次犯眼病，全身神经疼痛难忍，我特别心疼你，恨自己不能代替你。1988 年你带着眼病从日本回来，直到 2008 年才没有复发。你的坚强让我佩服至极，这么多年反反复复地发作，在眼球上打的针多得没法儿数！每次陪你去医院打针，我都不敢看，可你却非常平静，甚至还和大夫们开玩笑。什么难事在你那里都能迎刃而解，你从未皱过眉头，你总说，没事没事！生眼病这些年，你不能写作，这是你心中的痛。后来，你重返文坛，你厚积薄发，你珍惜时间，你把所有机会用到极致，把你的善良与才华尽情释放直至生命殆尽！大家都问，中间这么多年你为什么不写作？就是这可怕的虹膜睫状体炎害苦了你！但，你从不跟别人说起这些，因为你是个要强的人！我相信无论你走到哪儿，都会生活得很好，因为你的善良和真诚！

八

老李啊！今天我们的小猫黑黑安详离世了！

按人的一岁等于猫猫七岁算，黑黑 19 岁了，相当于人的 133 岁，黑黑比你长寿啊。我把黑黑抱在怀里喂药的时候，总想起你柔声叫黑黑、黑黑的声音，心里的酸痛自不必说。你对所有猫猫一视同仁，总说，它们生命短，给它们吃好点儿。你自己很节省，但是给猫猫看病或者买猫粮你从不吝惜，总是让我买最好的。看着它们低头吃得那么香，你都会笑出声，像极了一个慈爱的父亲。曾经，一百多只鸽子不知从哪里飞来我们小区里，每天早上六点半已经到齐了，等着我们一桶粮食一桶水给它们送上，狼吞虎咽猛餐一顿后，又齐刷刷飞走了。鸽子粮每次都是买五百斤，可那次你出去的时间长，你怕我麻烦，竟然买了一千斤鸽子粮，放在花园里。尽管盖得很好，可6月份的瓢泼大雨下来，还是把下面的粮食淹了，我一个人搬腾这些粮食，重新挪地方垫高，累得我一个星期都直不起来腰，现在落下一个腰疼病。对救助小动物，你从来不吝惜钱，好像钱都是大风刮来的，只要它们需要，真是不眨眼睛地花。给猫猫看病动辄几百元，多的时候甚至几万元，家里家外的猫猫病了都要看医生。有时候整天整夜守着它们打点滴，当然是我守着啦，因为你经常不在家，回来又很忙，不能让你劳累分心。我们的生活配合默契，好像是上帝给我们安排好就这么自然安静地生活着，互不干扰但又相互支持，觉得一切都是很满足了。

上午家里又空了一块儿，我静静地坐在沙发上，回忆黑黑从出生到现在，一直都是那么乖巧，总是安安静静待着，总是默默地依偎在它妈妈的身边。在最后的这几天，我特别心疼它，经常抱起来喂它水，但是，它非常坚强，非要自己去盆里喝，尽管已经伸不直腿，跌跌撞撞，还是要自己去喝。小小的个子大大的行为，让人心里很感动、很佩服。看着这些买来还没吃完的猫罐头，心里很难过，又是潸然泪下。

黑黑一路走好！愿你得到超度，看见生前爱你疼你的好主人李迪！

用生命书写十八洞村的故事

——追记作家李迪

李笑萌①

“村里来了个李老师。”

2019年初冬，李迪拖着行李住进了十八洞村的苗寨吊脚楼里。青山环抱，木楼相依。十天的时间里，他冒着毛毛细雨，踏着青石板路，爬山串寨，穿梭行走在十八洞村。或帮着村民卖菜吆喝，或陪着老乡种地聊天，或钻进饭店后厨给老板打打下手，逮着谁就饶有兴致地听对方说说村里脱贫攻坚的故事。很快，李迪的到来就成了十八洞村人尽皆知的新鲜事，老乡们都说：“这个

① 李笑萌，《光明日报》记者。

从北京来的李老师，没什么派头！”他们把“李老师”当成了拉家常、话脱贫的老朋友。

大山深处，这个爱穿红衣服的老头儿总是活力充沛、激情澎湃，像一团火闪耀着、跃动着，不知疲倦地聆听着、记录着。

2020 年 6 月 29 日 9 时 38 分，71 岁的李迪离开了这片他深爱着的土地。弥留之际，他在病榻上完成了最后一本书——《十八洞村的十八个故事》。作为作家，他的追求是做一个有情的人，做一些有情的事，写一些有情的作品。

中国作协主席铁凝说，李迪把全部生命投入与时代同行的路上，把滚烫的心放进与人民同心的作品中。

他在红土地上燃起明亮的火苗：“创作就像是一根火柴擦出了一点点亮，你要保护它，让它慢慢地生发起来。”

李迪爱讲故事，爱把故事写成书。他一生创作了《野蜂出没的山谷》、《傍晚敲门的女人》、《丹东看守所的故事》、《警官王快乐》、《听李迪讲中国警察故事》、《英雄时代——深圳警察故事》、《加油站的故事》、《永和人家的故事》、《十八洞村的十八个故事》等中长篇小说、报告文学 40 余部，他最喜欢用“故事”标注自己的文字。其中，《听李迪讲中国警察故事》、《十八洞村的十八个故事》被列为国家主题出版重点出版物，他也先后获得中国作家出版集团奖、解放军报长征文艺奖、鄂尔多斯文学奖、中国报告文学金奖、“三个一百”原创图书出版工程奖、公安部金盾文学奖、全国报纸副刊作品评选金奖等。

李迪的文学之梦是在边疆萌芽的。

1968 年，李迪从北京师范大学附中毕业后，响应国家号召投身边疆建设。在云南生产建设兵团期间，发表了小说处女作《革命后代》，引起云南文坛的关注。1973 年，做梦都想当兵的他被招进云南蒙自师部，在师宣传队里写节目。

刘学伦第一次见到李迪是在师部大院里。“他正在摆弄脚上的白网球鞋，把牙膏挤在手上往鞋帮上抹着，那时候没有鞋粉，李迪倒是很会想办法!”快五十年了，这个画面在战友刘学伦心中一直清晰。李迪和刘学伦一个爱写，一个会画，很快就熟了起来。李迪和刘学伦一起分在师宣传队当头的一间小屋里，刘学伦记得，“经常是我要睡觉了，他还在屋里转悠，有时候低着头挥着胳膊在纸上写个不停，嘴里还不时念叨上一句”。那时候李迪常常给《解放军报》和原昆明军区的《国防战士报》投稿，红土地上的竹楼、养蜂场、郁郁葱葱延伸到边境的密林……都被李迪糅进了故事。小屋里，刘学伦就看着他一遍遍推敲自己的稿子，涂涂改改，直到满意了再从头到尾誊写一遍。正是在这儿，这个北京知青对文字的热忱让刘学伦对李迪从认识变成佩服。有时李迪的稿子实在誊写不过来，也会把刘学伦拉来“出苦力”。“稿子可是他的宝贝，他的要求高得很，我错了一个字或者打了一个污点，他就要我从头开始，好苛刻!”夜深人静，灯光昏暗，刘学伦边誊抄边心想：瞧他这个神圣的态度，还真有几分大作家的样子。

到部队没多久，政治部副主任王定一就对李迪说，你是知青，如果只是种地喂猪，不知当兵到底是怎么回事儿，还怎么写兵？就这样，李迪作为战士下到连队锻炼。“千里野营拉练的时候，李迪这个城市兵可没少吃苦头!”老班长鲁江记得，李迪走路有个小特点，总是前脚掌着地，脚后跟踮着，行军时背上四十多公斤负重，一踮一踮地，走在队伍里特别显眼。每到一个驻训点，李迪还至少要完成一期战地小报。白天，训练、助农劳动一样不能落下；晚上，李迪就找个有条件的老乡家开始写作。待他完稿，战友们就开始在钢板上刻字，铺好白纸、夹上蜡纸、调好油墨——行军队伍里战士们干了又湿、湿了又干的军装，驻训时候战友们的飒爽英姿，瑶族大妈为感谢卫生员治好腿疾献上的舞蹈……“唰”地一下，经过油印机的滚筒一滚，就成了第二天人人手中传阅的故事。战地小报、长篇通讯、活报剧、节目唱词……李迪一路走一路写。他随身带着一个小本，写满了潦草的字迹，这里打个五角星，那里画上个圈。有时，别看他好像在跟人没边没沿地聊着，扭过脸他就开始在小本子上写写画画了。这样一本本潦草的“密码本”大概只有李迪自己能解开，留在战友心中的则是一首首脍炙人口的诗歌，是提振人心的精气神。“红米饭、南瓜汤，革命传统永相传”，“打草鞋、打草鞋，艰苦奋斗放光芒”……鲁江至今还清楚记得《打草鞋》的快板词。“不只这个节目，李迪参与创作编导的相声《军民鱼水情》、表演唱《幸福的合影》等，也一直是连里演唱队的保留节目，离开连队后他还专门回来看我们表演过。”

晴天一身汗，雨天一身泥，李迪这个城市兵和来自农村的战友们摸爬滚打在一起，经受住了考验。李迪在连队里入了党。他的视线再没离开过身边可爱的战友，也再没离开过广袤土地上顽强生活的普通人。李迪曾对刘学伦说，创作就像是一根火柴擦出了一点点亮，你要保护它，让它慢慢地生发起来，就能看到火越烧越大、越烧越旺。黑夜里，刘学伦看到李迪眼中好像映出了火花。这火花燃起的一把火，一烧就是一辈子。

他用一团火焰映出百味人生：“人家几十年风雨人生路，用一上午或一下午给你倾诉，你还觉得长吗？”

永和的芝河上到底有几座桥？永和人都不一定知道，李迪说得准。开农家乐的黄河老艄公眼里藏着多少惊涛骇浪？永和人不一定听说过，李迪道得来。临街的修车摊一天能迎来几个主顾？路过的人不一定留意过，李迪码得清。2019 年 5 月，李迪来到革命老区山西永和县，他揣着一块“槐花饼”，上山、蹚河、转田间、探枣林，抽丝剥茧，寻找着掩藏在晋陕大峡谷里一个个朴实动人、充满力量的故事。“迪老最会和人聊天了，他总有本事几句话就和人熟络起来，让人家心甘情愿对他掏心掏肺。”陪同采访的永和县文联主席马毅杰见识到了李迪和人聊天的“魔力”。

一个飘着小雨的下午，他们走进了民间剪纸艺人刘林翠家的剪纸展览馆。满屋子火红的作品让李迪惊喜，想坐下来听听她的剪纸故事。“可是刘林翠不善言辞，问一句答一句，不问就不说，不到十分钟就冷场了。”马毅杰说。李迪不慌不忙，起身转了转，看了看刘林翠家漂亮的二层小楼，话锋一转：“您家这房子是哪年盖的呀？这得有多大呀？”这下，刘林翠打开了话匣子，从以前种田，到后来收购红枣，到游走乡村卖针头线脑，再到现在自己的剪纸都可以卖钱了，一股脑儿地都倒了出来，刘林翠都觉得这是自己有生以来说的最多的一次。考虑到李迪年逾古稀，马毅杰曾和他商量把采访时间缩短一些，李迪却婉拒了：“人家几十年风雨人生路，用一上午或一下午给你倾诉，你还觉得长吗？”

李迪五去永和，走遍了这个只有一条马路的小县城。槐花饼、大红枣、剪纸、豆皮、粉条……永和县党员干部带领群众决战脱贫攻坚的奋斗故事，李迪用充满烟火气的文字一一镌刻下来。他热爱采访过的每一个人物，在生活百态中，他总能发现人性之美，为每个故事中的人都注入了自己的感情。看到村里贫困老人衣衫破旧，李迪就托老伴儿整理了三大包干干净净的衣服寄到永和，不少都是新买来搭配的。

李迪写作有个特点：“捞”到好故事就走不动路。2012 年秋天，李迪跟随北京日报组织的作家采风团到中石油新疆塔里木油田采风。经过塔里木沙漠公路时，路边一座不起眼的水井房“绊住”了他的脚步。

塔里木沙漠公路穿越塔克拉玛干沙漠腹地，是塔里木油田的生命线。2004 年春天，邓东平带着爱人谷花来到塔里木油田工作，把家安在了 004 号水井房：二十多平方米的小屋里，一张矮桌，两张单人床，地上摆着三个装水的大号塑料桶。在 004 号水井房管辖的四公里路上，树木保护着公路不受流沙侵蚀，邓师傅夫妇就保护着这些树。三千多个日日夜夜，其中，会有多少艰辛、多少故事？李迪迈不开步子了。“我们的大部队路过水井房，休息了一下就继续前进了，李迪却跟邓师傅聊上了，没想到胡杨林、库尔勒香梨都拉不走他。”带队采风的时任北京日报副刊部主任李培禹回忆说。更让李培禹震惊的是，一个多月后，他在北京接到李迪的电话：“培禹兄，我在004号水井房。”原来，李迪为了写好这篇《004号水井房》的故事，来来回回往南疆跑了三趟。

写好一个故事，要采访几次？李迪也没有明确的答案。但总要看清了、聊透了，才能下笔吧？李迪写作，下的是最“笨”的功夫——为了把《丹东看守所的故事》写好，他干脆住进了在押人员隔壁。2009年11月，李迪跟随“中国作家进警营系列活动”第一次走进丹东市看守所。“我们也没想到自打那以后他陆陆续续来了七次，还和我们一起过了两个春节。”辽宁省丹东市公安局监管支队政委王晶说。那时候她还是丹东市看守所的副所长，也是李迪故事里的主人公之一。高墙内善恶交锋、爱恨纠缠，有多少悔悟就有多少辗转难眠。李迪看准了这个地方，请求所长为他在所里找一间屋子，“最好能住在那些在押人员隔壁”。李迪坚信，真正的深入生活不是走马观花、给人家徒增麻烦，而是要扎下根来，与故事里的人生活在一起。住在丹东看守所里，李迪和警察的交谈就在饭桌前，在谈话室，在洗衣房，甚至是在外出的警车里。和在押人员的谈话也方便多了，或走进监号席地而坐，或趁着他们放风时一起晒晒太阳，他就这样打开了这些特殊人群的心扉，在他们口中，李迪从“李作家”、“李老师”变成了“老李”、“李老汉”。“我们都特别佩服李迪老师，总是充满活力，有时候和在押人员一聊就是三个小时，常常是人家哭他也哭。”王晶和所里的教员们都对那个六十多岁的老头儿心生敬意。在李迪眼里，鸭绿江畔的老看守所虽然破旧，可是那扇大铁门一开一关都是故事——他用自己的笔一字一句剖析着另类人生走向“极端”的原因，记录了管教民警尊重和保障在押人员权益诉求的人文关怀，他笔下的看守所更像是一个灵魂改造所，给读者以深深震撼。今年2月，永和县脱贫摘帽了，病榻上的李迪仿佛又看到晋陕大峡谷最美的黄河湾、槐花海，他比永和县的老百姓还高兴。今年6月，《永和人家的故事》出版，封面就选用了刘林翠的剪纸作品《送公粮》，质朴的乡村气息伴着墨香扑面而来，红彤彤的，火热热的，让人想起李迪——他爱穿红衣服，大红色的衬衫、T 恤、羽绒服……熟悉他的人都喊他“红衣李迪”，说他心中燃烧着一团炙热的火焰。

他给时代留下了温暖的火种：“有时候在门外，我能听见他在里面呜呜地哭，边写边哭。”

2013 年 11 月 3 日，习近平总书记来到湖南省湘西州花垣县十八洞村考察，首次提出了“精准扶贫”，指导全国脱贫攻坚战。沉睡在贫困中的十八洞村自此蝶变，飞翔在脱贫奔小康的春风里。2019 年 9 月，中国作协启动“脱贫攻坚题材报告文学创作工程”，在遴选出的 25 位作家中，李迪是年龄较大的一位。11 月 10 日，带着寻找大山里精准扶贫、自强不息故事的使命，李迪动身去往十八洞村。像以前无数次的分别一样，老伴儿魏桂兰在北京等着他回来。没人想到，十八洞村的故事会是李迪和我们最后的告别。李迪和魏桂兰相伴四十余年，走过人生的风风雨雨。李迪在云南人民出版社创作《遥远的槟榔寨》的时候，魏桂兰是出版社文教组编辑。出版社办公楼和作家招待所在一个院子里，一来二去，两人从朋友变成了恋人。1978 年的一天，李迪从昆明风尘仆仆地赶到魏桂兰下村工作的生产队，那天的情景对魏桂兰来说一辈子也忘不了，“他告诉我，他要复员回北京了，我一下就觉得，我俩的事情要吹了！”没想到，李迪这次来就是拉她去领结婚证的。“那时候身边好多人都说我太傻了。李迪人聪明，长得也精神，肯定不会回来了。”但“他当过兵，特别忠诚，最看重诚信”。魏桂兰笃定。看着李迪写了一辈子稿，魏桂兰从来没觉得他痛苦过、心急过。她印象里，写稿时的李迪总是陶醉又快乐。

李迪的书房不大，挤着一张床和一个书桌。书桌置于窗前，埋在书稿里的李迪一抬头，就能看到他和老伴儿种在小院里的牡丹花。“老李采访回来就关着门开始写作，我进去都要先敲门的。”之所以有这个规定，是因为李迪被魏桂兰吓到过——“有次端了盘水果进去，走到跟前我问了一句‘老李，吃点儿水果吧？’”谁知道李迪一心都在创作上，根本没听见魏桂兰进门，猛地一惊，“哎哟，你进来怎么没声响，吓我一跳!”钻进故事里的李迪，也不完全是安静的。“有时候在门外，我能听见他在里面呜呜地哭，边写边哭。”这时候，魏桂兰就赶紧敲敲门：“老李啊，不哭了啊，你写的人日子都过得好了，这样哭伤身体的。”她知道，老李把自己和故事里的人融在一起了，人家的“柴米油盐”就是他的“柴米油盐”，人家的喜怒哀乐就是他的喜怒哀乐。李迪往外跑的次数多，老伴儿每次都要送站，李迪心疼她，常常谎报“军情”。原本下午一点的火车，偏告诉魏桂兰自己四点走，待到魏桂兰准备送他的时候，他已经拖着行李箱偷偷钻进了北京西站。魏桂兰不明白，“别人写东西是不是也要费这么多工夫，在家里多休息休息不行吗？这么大岁数了一趟趟往外跑，还总去条件艰苦的地方”。她常跟李迪打趣说：“你是娶了写作。我呢，是嫁给了桌椅板凳。”可是，每次李迪在外采访的时候，魏桂兰还是喜欢在电话里、微信视频里听他讲讲一天里的收获。“小魏啊，这个村子里的故事特别多，特别感人，我可得给人家写好了……”有时候说着说着，电话那头的李迪就掉了泪。“湘西那边天气潮湿，寒气重，回来以后他先是发了烧，后来腰疼得厉害，那种钻着脑袋的疼，医生说只能在床上静养。”魏桂兰总忍不住地想，如果那时候能劝住老李，别再写了，是不是他就不会走。3 月 30 日，中国人民公安出版社副总编辑李国强收到李迪发来的微信：战斗开始了。卧床静养两个多月的李迪刚刚能坐起来，就开始撰写十八洞村的故事，每写完一篇，就给李国强传一篇，请他这个资深编辑帮忙校对。近十年间李迪为公安战线写的书稿都经李国强把过一道关，李迪信任他。“后面几篇迪老写得太艰难了，完成之后他已经没精力再从头顺一遍。”字里行间，李国强感受到李迪是在拼了命地坚持。“写稿子一直是老李最幸福、最快乐的时候，但这次他是一篇篇数着写的。”魏桂兰说。计划里十八洞村的故事李迪一共要写十八篇，在完成第十二篇的时候，魏桂兰看到李迪在来来回回地数稿子。“哎哟，小魏啊，我记得我写了十三篇了，怎么才十二篇，那第十三篇到哪儿去了？怎么没有了？”

老伴儿、儿子、儿媳，把书房翻了个底儿朝天都没有找见那第十三篇稿子。李国强把微信对话框滑到了头，也只数出来十二篇。是李迪记错了，他太着急，太怕自己写不完。“老李，这次算了吧，咱们不写了。”魏桂兰心疼极了，可她哪里劝得住。扶贫工作队队长龙秀林、村主任隆吉龙、村支书龙书伍，十八洞小学教师蒲力涛，饭店老板龙拔二大妈、金娣，村民龙先兰、杨超文……李迪一直惦记着十八洞村里这些可爱的人。“我怎么能说撂挑子就撂挑子？我不写了，他们的故事谁来说？”5 月 25 日下午四点，李国强收到了李迪发来的消息：胜利结束。在病床上，李迪完成了十八洞村的最后四个故事。

6 月 29 日上午，积劳成疾的李迪终没能扛过心脏手术的术后感染。这团红色的火焰熄灭了。

十几位作家好友，和着泪一个字一个字地完成了讣告：李迪一生洒脱，性情率真。作为一位作家，他深入生活，扎根人民，孜孜以求，倾心创作。他像战士一样倒在了他毕生书写真情文章的案前……

诗人高洪波为李迪古稀之年走访十八洞村作诗：乐为脱贫竞折腰，湘西烟雨走几遭。一笔挥洒十八洞，罗汉群像看素描。

在作家张策的印象里，李迪始终快乐，即使是悲剧，在他的笔下，也会有泪中带笑的滋味，有带着咸味的希望。

作家马达说：天空中又多了一颗火红火红的星。

作家出版社总编辑张亚丽说，捧着溢满墨香的《永和人家的故事》，仿佛那个总是一身红衣、热情似火的李迪就站在我面前，绘声绘色地讲述采访中的感动……

他真的走了吗？有人说，那些生动的叙述里，那些温暖的感动里，到处都有李迪火热的影子。因为燃烧自己写出的故事，总是在岁月中磨砺得越久，就越发明亮。

（原载《光明日报》2020 年 8 月 4 日）

把滚烫的心放进与人民同心的作品里

邓凯[1]

李迪的老伴儿魏桂兰说，李迪写作的时候常常在书房里呜呜地哭，边写边哭。她知道，老李把自己和故事里的人融在一起了。他泪中带笑，他和故事里的人同笑同歌。

一位作家，如何能做到这样情动于衷、物我两忘？

看看李迪吧，为采访新疆沙漠公路旁的一口水井和常年守护公路的一对夫妇，他会从北京万里迢迢跑三趟塔克拉玛干；为书写山西永和县脱贫攻坚，他五去永和，山山水水走遍；为讲好警察和在押人员的故事，他七进看守所，甚至要求

① 邓凯，《光明日报》文艺部执行主任。

住在在押人员的隔壁；即使在病榻上，他也要拼尽最后的力气，为十八洞村那些可爱的人写完最后五个扶贫故事……他下的是“笨”功夫，也是苦功夫，他心无旁骛地用笔，诚恳地向生活的深处、再深处开掘。

正如燃烧是火的天职，写作则是作家的使命。李迪深爱着中国广袤的土地，深爱着这片土地上的人民和每天正在发生着的活跃跃的创造。他的热爱催生了舍我其谁的使命感，他的使命感驱使着他自觉地将“脚力、眼力、脑力、笔力”付诸文学实践。面对新时代日新月异的社会变革，李迪不做旁观者，不做空谈者，俯身大地，扎根人民，像一团传递着温暖和光明的火，用燃烧的激情感知时代的脉搏，用深情的笔触书写着人民的故事、时代的故事、中国的故事、中国共产党的故事。他在书写的“墨水”中配比了高浓度的血，因此他能够与笔下的人物同声相应、息息相通。他以对文学的虔诚、对时代的责任、对人民的深情，完成了生命最耀眼、最令人动容的升华；从他作品的字里行间，读者也会感受到文学塑造人类灵魂的高贵品质和无上尊严。

一个波澜壮阔的新时代，期待着深刻、诚意而细致入微的文学书写。在这条生机勃勃的道路上，李迪是其中一个醒目的路标。

（原载《光明日报》2020 年 8 月 4 日）

李迪，像雪一样纯洁，像火一般炽热

明江　宋晗　教鹤然　康春华[1]

数十年来，李迪的足迹几乎踏遍了祖国各地，云南西双版纳、辽宁丹东、江苏无锡、新疆塔里木、山西永和、湖南十八洞村……每一处他曾经走访、生活过的地方，都留下了他的文字、思想和情感；每一个曾与他攀谈、交心的人，也都以不同的方式怀念、铭记着他的温暖。

李迪是能写出好作品的优秀作家，他为许许多多的普通人奉献自己的情感，用挥洒自如的笔墨为万千世界书写斑斓。遗憾的是，他已于2020年6月29日永远地离开了我们。

李迪辞世以后不久，中国作家协会主席铁凝

① 明江、宋晗、教鹤然、康春华，《文艺报》记者。

在《一位无愧于时代和人民的作家》一文中，盛赞他是“时代的记录者，是人民的歌者”，并高度评价他的文学成就：“他的作品是质朴的，没有华丽的修辞，他努力写出人民心里的话，他的风格温暖明亮，他的态度情深意长，这从根本上源于他对人民群众深切的情感认同。”

日前，本报记者追随着作家李迪生前的脚步，寻访生活在云南、辽宁、江苏、山西、新疆等地的受访者，通过他们生动而丰富的细节回忆，尝试勾勒出一幅人民心中的李迪画像。

火热的心，火热的生活

李迪曾说过：“文学，存在于火热的生活中，我写作的动力和信念，一直来源于火热的生活。”火热的心与火热的生活，是李迪能够数十年如一日笔耕不辍的动力源泉，更是他把握自我、认识世界、理解文学的重要思想资源。

20世纪60年代末至70年代初，李迪曾在云南生产建设兵团当知识青年，其间发表小说处女作《革命后代》，彩云之南的风土人情、水色山光成为他早期文学艺术创作的基色。据旧日战友、媒体人杨浪回忆，当年在昆明军区从事文学创作的人里，李迪是“很有天赋，呈现异彩”的一位，他的性格与文风一样鲜明，“是有着火热的心的、不老的老家伙”。

在原云南生产建设兵团一师宣传队队长周恒的印象中，李迪是一个“朴实真诚，古道热肠，疾恶如仇，快人快语”的人，他的文学创作“功底扎实，思路敏捷，作品活泼有生气”。在1971年8月到9月，李迪从一团十营借调到一师宣传队担任创作员，1973年李迪从兵团入伍到陆军第42师文化科担任创作员。在这个过程中，李迪非常热心地积极参与到宣传队的节目排演、文艺创作等活动中去，他创作的《去云南的姐姐探亲回来了》等文艺作品深受兵团干部战士和各地知识青年的喜爱。

多年以后，李迪参加“中国作家走边防”活动，重新踏上了这片阔别已久的云南热土。一同参与采访活动的公安作家李晓重回忆自己与李迪曾由活动方带着参观希望小学，尽管他们事先准备了一些书包和笔记本，但到实地后发现当地小学的教学条件特别恶劣。看着好学的孩子们求知若渴，李迪非常动容，当场号召大伙儿捐钱，一行人纷纷掏出身上的现金，最后凑了几千块钱，由李迪代表大家把募集的善款捐赠给了学校，为当地小学条件的改善尽了绵薄之力。

去年，李迪走访湖南湘西十八洞村，采访村民脱贫致富的艰辛历程时，他为十八洞村能顺利脱贫、走向小康而欢欣鼓舞，也为当地只有一所学校、一个老师几度落泪。他给报告文学《十八洞村的十八个故事》的责任编辑发来自己拍摄的当地学校的照片、孩子们的视频，讲述他们的状况，含泪倾诉孩子们和小蒲老师的艰难不易，希望当地富裕后能够更重视教育，真正实现精神和心灵的脱贫。可以毫不夸张地说，几十年来，李迪始终保持着一颗热情、真挚而单纯的初心，以他的火热感染着身边的每一个人。

李迪与人民警察结缘于 20 世纪 80 年代，他到北京市公安局七处体验生活时，完成了侦探推理小说《傍晚敲门的女人》，随后在《啄木鸟》杂志 1984 年第 4 期刊发。这部小说的缘起，是李迪在位于半步桥的公安局预审处，被一份女死刑犯的卷宗吸引，他以此为线索找到了当年的预审员，并深挖出了一个扣人心弦、如泣如诉的爱情故事。倘若没有对犯人的悲悯与同情，没有对生活的理解与热情，作家就很可能和一个好故事擦肩而过。

正如中国人民公安出版社副总编辑李国强评价的那样，李迪是一个重情义的人，他最大的追求就是“做一个有情的人，做一些有情的事儿，写一些有情的作品”。负责李迪作品审校工作的《啄木鸟》杂志责编张璟瑜也在文章《99℃李迪》中有过类似的表述：“李迪，是我见过的血最热的作家，常年保持 99℃，稍一加热，即刻沸腾。他被圈里人称作‘红衣少年’，一团红色，既是他的色彩，也是他的温度。接触过他的文字的人都能感受到这份热量，而接触过他本人的人，都知道，99℃是他的体温。”

以《傍晚敲门的女人》为开端，这位火热的“红衣少年”与人民警察的文学联系越来越紧密。2009 年底，李迪作为报告文学作家代表，参加中国作协、公安部监所管理局组织的“中国作家走进公安监管场所”活动，七次走访辽宁省丹东市看守所，与干警和在押人员同吃同住；2014 年到 2016 年，李迪六下无锡、三下扬州，深入公安基层采访，聆听数百名各警种人民警察的动人事迹；2017 年到 2018 年，李迪先后三次走访深圳，扎根公安生活、深入警营采访，历时八个月共收集了 160 余位深圳警察的真实故事。

根据十年来奔走于各地公安基层积累的素材，李迪先后创作出《丹东看守所的故事》、《社区民警是怎样炼成的》、《警官王快乐》、《英雄时代——深圳警察故事》等警察题材纪实文学作品，真正为当代报告文学创作填补了空白。全国公安文联副主席张策高度评价了李迪对于改革开放 40 多年来公安文学创作的重要意义：“他是一位在公安文学发展进程中的每一个节点上都有贡献的重要作家……他是个激情充沛的人，又是个善良快乐的人，对朋友，特别是基层同志有着深厚的感情，保持着真诚正直而友善的态度。他对待文学创作有近于疯狂的热爱和严肃认真的精神。这是每一个和他交往过的人都有的印象。”

正如张策所言，当记者采访辽宁、江苏和深圳各基层民警，问及他们对作家李迪的情感和印象时，各地受访民警的回答几乎如出一辙——“我爱李老师”。他们爱李迪热情开朗的性格、积极乐观的态度、充满激情的创作风格，以及对于生活、对于人民毫无保留的一腔热忱。在访谈和交流的过程中，李迪始终扮演着聆听者的角色，他耐心倾听、认真记录，对普通干警的关怀就像朋友之间的交往一般随性、平等和亲切。

生活中的李迪就是如此的平易近人，一点儿也没有作家的架子和长者的威严。他关心爱护小动物，熟悉柴米油盐与人间烟火，了解具体的人在现实生活中的困境，也因此更能深刻透视人性、时代与社会的丰富性。群众出版社资深编辑易孟林和李迪交往多年，最为他身上的仗义和热情打动，他告诉记者：“李迪与我发微信时，常常带着一排惊叹号，或者鲜花、大拇指的表情，一连发六个才能表达心中的热情。他眼中人与人没有身份、地位的差异，他能在油田上和石油工人聊家常，也能在十八洞村里和语言不通的村民坐下来聊天，也能和家附近修鞋小摊上的师傅聊得起劲。他就是这样一个对生活特别有激情的人，幽默、自信、热情，对社会大众又是平等博爱的。他获得大家的尊重和喜爱，是实打实的人格魅力使然。”

热心、热血、热情，几乎构成了亲人、朋友、战友，以及每一个和作家李迪有过交往的人对他的主要印象，这种火热的温度熨帖着他深入生活、扎根人民的文学追求，也深深地烙印在他的每一篇故事里、每一个人物身上。

不能去宾馆里“打井”，要自己“下火线”

优秀的报告文学，往往不是来自于书斋，也不是依靠网络搜集素材拼贴而成的，而要自己“下火线”，到人民生活的现场去。作家李迪有个众所周知的创作方法“打井”。他到当地采访的习惯是能不住宾馆就不住宾馆，他曾说过，绝不能去宾馆里“打井”，这种“住在宾馆里的写作”脱离了生活的源泉，必然没有感人、动人的生命张力。

因此，在各地走访时，李迪在衣食住行方面非常简单质朴，毫不讲究，即便在条件极为艰苦的监所，也坚持和受访者同吃同住，绝不搞特殊化。李迪来到丹东看守所旧址进行考察采访的时候，已是北国的初冬时节。他为了真正深入干警与在押人员的真实生活之中，也为了不给看守所的同志们添麻烦，婉拒了让他住在条件更优越的城里宾馆的安排，而是对干警和在押人员们说：“你们吃什么我就吃什么，你们住哪儿我就住哪儿。”在李迪的主动要求和执着坚持之下，他就住在在押人员的监房隔壁——一间由监室改造的没有暖气的干警休息室内，每天与留所服刑在押人员共用食堂和盥洗设备。

为了更全面地搜集素材，李迪抓紧一切机会跟警察和犯人们交谈。据看守所青年干警曲楠回忆，李迪在监所过年时总是兴致很高，他笑呵呵地说："在这里过年多好，热闹！你们不也是在这里过年吗？我必须和你们在一起。"此后两年多的时间里，李迪先后七次赴丹东，与看守所民警和犯人们同吃同住，共同生活了七个多月，度过了两个春节和一个"五一"假期。他与干警们一同准备年夜饭、为犯人包饺子，为他们买衣服和生活必需品，甚至心无芥蒂地与艾滋病犯人一起抽烟，聊到动情之处，他也毫无保留地和他们一起笑，一起哭。慢慢地，看守所的干警和在押人员打心眼儿里接纳了他，对他的称呼也从"李作家"、"李老师"变成了"老李"、"李老汉"。

"他总是穿着红色的上衣、白色的裤子，这个积极乐观的'红衣少年'经常牺牲自己宝贵的休息时间，只穿着单裤，在没有暖气的屋子里与在押人员促膝长谈直至深夜。在谈心的过程中，他曾经为许多干警、犯人答疑解惑、打开心结，甚至有犯人情不自禁地下跪感谢他，他也会和犯人一起抱头痛哭。尽管采访的时间非常紧张，他还曾主动帮助看守所筹备联欢活动、修改宣传文稿，甚至义务为定点公安监管系统做了大量的专业服务和文学培训方面的工作。"曾任看守所副所长、女监室管教，现辽宁省丹东市公安局监管支队政委王晶真诚地表达了对李迪的感激与怀念。"李迪老师给我们丹东看守所的干警们坚定了一个信念：我们做的是对的，我们给国家减轻了负担。可是，我们还没有来得及报答他的恩情，他怎么就离我们而去了呢？"提及李迪的辞世，王晶数次哽咽，情不自禁地流下了泪水。

在丹东看守所采访的这段时间里，李迪几乎记住了所有干警的名字，他不仅发掘了北国边地人民警察的生动事迹，也发现了在押人员这一群体内心深处的矛盾与困惑。他被这个特殊场所蕴含的人性光辉，以及其中深藏的波澜起伏、爱恨情仇的故事深深吸引，更被看守所干警们长年累月透支生命、承受常人难以承受的心灵冲击，以及为社会默默无闻工作的精神深深打动。

据易孟林回忆，搜集完素材以后，李迪最初准备将素材写成小说，但随着创作过程的推进，他选择采用纪实文学的体裁来写。最终，李迪完成了近30万字的长篇报告文学《丹东看守所的故事》，真实记录了他在看守所度过的一个个不眠之夜的所见所想，书中饱含着他对公安监管战线的人民警察的讴歌，以及对误入歧途、失足遗恨的犯人的扼腕叹息。戴晓军、王晶、韩峰、陆春子、魏红召……作品中这些鲜活的人物，在采访结束后仍和李迪保持着密切交往，时常交流近况。正因为李迪是如此地热忱率真，诚以待人，他才能与被采访对象建立起深厚而长久的友谊。

无锡市公安局滨湖分局政委桂明强曾全程参与、陪同李迪在江苏无锡基层进行采访，根据他的回忆，李迪曾先后六下无锡，共采访了100多个警察，他用朴实的语言和基层民警彼此交谈，问的都是接地气的话，让他们讲故事。一般来说，与每个民警的聊天时长安排在两三个小时左右，但基本上每次李迪与他们的采访都要超过四五个小时。虽然已年近七十岁，但李迪仍然有着很高的热情和很快的反应能力，文章的标题、思路和情节往往就在采访的过程中，自然地流露于笔端，有时候前一天进行采访，当天晚上整理录音，第二天上午稿子就能够完成，第三天文章就可以刊发。他扎根无锡基层民警生活的深度和广度，是很多作家都难以比肩的。

江苏省扬州市公安局四级高级警长、全国公安一级英模陈先岩是李迪笔下《社区民警是怎样炼成的》、《警官王快乐》等系列作品的人物原型。根据他的回忆，在他接受过的采访中，要数李迪的采访形式最为与众不同："他诙谐幽默，全程贯穿着那独具魅力的爽朗笑声，那笑声发自肺腑，是鼓励，是期待，接着便是'很生动，继续说'。我讲，他记，面前还放着录音笔，不知不觉，几天过去了，直讲得山穷水尽。最后，他来上一句：'好，差不多挤干净了，明天咱们去你的工作单位和社区。'他背着小挎包，弓着背，在我工作的社区走家串户，召开座谈会，凡是之前提及的人物，他都要求逐一见面再分别采访，这是我从来没有遇到过的。"为了写好陈先岩的故事，李迪三下扬州只为更深入地了解陈警官回到八大家社区当基层民警的细节和过程，甚至表示愿意自费出版，这是对公安事业的负责，更是讲好警察故事的执着。

李迪曾在陈先岩的留言簿上写下赠言“人民至上”，数十年来，他用自己的行动真正践行着题词的精神，俯身贴地走进人民的生活、事必躬亲地参与人民的劳动，把人民的喜怒哀乐实实在在地放在心上。

时代的记录者，人民的歌者

生活的真实远比文学的虚构丰富得多，李迪的每一篇作品都从不同的侧面呈现了现实的市井世界和普通的人民生活，他的文学创作在展现温暖的同时从不回避黑暗，但又不耽于暴露和批判，他善于书写平民的英雄，能够走向生活的深处，发现别人发现不了的人性的闪光。

2012年7月至2013年，在《中国作家》、《北京日报》和中国石油集团公司与塔里木油田公司的相继组织筹备之下，李迪跟随作家采访团先后三次来到塔克拉玛干大沙漠。艾克拜尔·米吉提、李培禹、李佩红等人全程参与、陪同作家李迪在新疆各地采访，他们先后走访了克拉2气田、轮南油田、西气东输首站、沙漠公路、004号水井房、塔中油田、塔中4井区等地的石油工人，穿越了长达500余公里的沙漠公路，前往横跨和田、喀什、克州等地的气化南疆利民工程现场进行考察。

在初次横穿塔克拉玛干沙漠的时候，李迪被当地多年坚守在沙漠守护滴灌水井和流动公路的农民工邓师傅夫妇所打动，坐在简陋的小板凳上与他们促膝长谈。在沙漠中生活、陪伴夫妻俩六年的一只名叫“小沙漠”的卷毛京巴狗，深深地吸引了喜爱动物、善良柔软的作家李迪。回到北京后不久，李迪即完成了长篇报告文学《004号水井房》，故事以小狗“小沙漠”开篇，新鲜而灵动，充满了生活的诗意：

> 天还不亮，小沙漠就叫醒了大沙漠，也叫醒了邓师傅。

邓师傅摸黑爬起，耶——刚刚梦到回锅肉端上来，你就叫喽！你等一会儿叫要得不让我吃口嘛！

小沙漠摇摇尾巴，终结了邓师傅舌尖上的美梦。它的时间掐得很准，该开发电机抽水啦！

小沙漠是一只可爱的京巴，灰黄的绒毛，大大的眼。刚来时只有巴掌大，一个鸡蛋黄儿要舔两天才能吃完。

邓师傅把袋装牛奶挤在手心里，一滴滴地喂，生怕养不活。含在嘴里怕化了，顶在头上怕摔着；白天揣在怀里，晚上搂进被窝。他脸对脸亲着小东西说，你毛色像沙子，又来到塔克拉玛干大沙漠，就叫你小沙漠吧。

就这样，大沙漠里有了小沙漠，邓师傅家再也不寂寞。

守护004号水井房的邓师傅夫妇是平凡的英雄，“小沙漠”在这个孤寂的大沙漠里，给了他们很大的心灵慰藉。作品以两人的小家为切口，通过风趣幽默的人物对话、充满生活气息的日常细节，把孤独坚守在祖国最偏远的新疆塔里木石油人的亲身经历和切身感受呈现给读者。

李佩红告诉记者，在接受采访的石油工人心目中，李迪给他们的印象非常深刻：“他讲话特别逗，没有架子。无论走到哪个地方，他都能很快地跟工人们打成一片。他对一切都充满好奇心，每到一处都喜欢到处看、到处问，看得仔细、问得详细，哪怕是一只小猫小狗，都十分关心。大家都说，他是一个可爱的老人。”

新疆之行结束以后，李迪曾与作家丰收交流在沙漠腹地采访的感受，据丰收回忆，他们聊天的主题还是围绕着那只生活在塔克拉玛干沙漠腹心的小狗：“迪兄感慨万千地和我说着‘小沙漠，小沙漠，它还在004号水井房吗？我很怀念那一段时光，丰收老弟啊，新疆可真是大山大水大境界啊！’”遗憾的是，“小沙漠”已经被开车路过的游人偷偷带走，下落不明。负责沙漠公路防护的004号水井已不再是塔里木油田的管理范围，改为中国石油运输有限公司沙漠运输分公司管辖。记者辗转找到了相关负责单位，得知邓师傅夫妇是季节性临时工，现在也没有人知道他们在哪里继续工作和生活。关于小沙漠、关于邓师傅夫妇、关于004号水井的记忆，已随着时间的淘洗慢慢褪去了颜色，但却永远鲜活在李迪笔下的故事里。

2019年5月，李迪在山西省临汾市永和县贫困村采访的时候，五次走访这个只有一条马路穿城而过、15分钟就能走遍的小县城。李培禹陪同李迪一同深入永和，他目睹了李迪在采访中对山村和小人物的热爱。他看到老乡身有残疾，就想着帮忙治疗；了解到农户加工的野菜卖不出去，就给北京的朋友打电话推销；发现贫困户拉下“亏空”，就毫不犹豫地慷慨解囊。据多次陪同李迪赴各地采访、参与报告文学《永和人家的故事》出版工作的作家出版社副总编辑颜慧回忆，李迪每次从永和采访归来都会买几大箱衣物，和老伴两人想办法拉到邮局，寄给永和县打石腰乡辛舍沟村的村民们。当地村民给他寄来的感谢信上写着：“是你给我们偏僻的小山村送来了温暖，给予我们物质上的支持以及精神上的鼓励；是你把党和政府对脱贫攻坚事业的支持和对贫困老百姓的关心传递给我们；是你把中华民族的美德传递给我们，使我们从内心深处感受到了社会的温暖。我们用语言难以表达对你的感激之情！”

感谢信上朴实的语言，仿佛能让我们在这个几乎一眼能望见全貌的“山沟沟”里，看到李迪和村民一起徒步上山、赤足蹚河，走农户、闯田间、探枣林的忙碌身影，在这个过程中，他收获了许许多多质朴而动人的平民故事。《永和人家的故事》精选了33位具有代表性的当地人物。第一个故事《我是你的腿》是这样开篇的：

> 这道石坎儿，他不止一次踩过。
>
> 可是，这回，他忘了。前两天刚下过雪，石坎儿上还留着残渣。
>
> 他一脚踩上去，鞋底一滑，整个人就掉下了山崖，像一棵被砍倒的树。那一年，他三十二岁。

在这个阳光灿烂的早晨，我来到上罢骨村，走进他家的小院。坐在轮椅上的他，迎着我，一脸笑。那样阳光，那样灿烂，像见到久别的老友。

他向我讲起自己的故事，难忘的岁月如水流淌——

受访者自述前的寥寥几笔，将那些"在磨难中长大，像一棵旱天的玉米"一般的庄稼汉形象，以及烙印在他们生命里的苦难与沧桑，尽数呈现在读者眼前。从《傍晚敲门的女人》到《永和人家的故事》、《十八洞村的十八个故事》，李迪始终保持着语言的本味，圆融、流畅而"接地气"，具有泥土的芬芳和清新的野味。他汲取各地风土人情的文化精华，最大限度地保留故事的"原汁原味"，不搞先入为主和脸谱化的写作，更不会老调重弹、自我重复。因此，在他的作品中，我们能够读到新鲜活泼、热气腾腾的故事，能够看到沾满泥土、血肉丰盈的人物。

近日，李迪的遗作《永和人家的故事》、《十八洞村的十八个故事》等讲述山西省临汾市永和县及湖南湘西十八洞村人民脱贫攻坚奋斗历程的纪实文学作品，已相继由作家出版社出版发行。据李迪的夫人魏桂兰回忆，李迪为了完成最后一部书稿，忍受着巨大的病痛。在坚持完成十三个故事以后，他躺在病榻上用电话和速记口述，讲完了另外的五个故事。5 月 27 日，他即将接受手术治疗前夕，仍通过微信语音联系出版社，安慰书稿责编："书稿已经交齐了，放心吧！这是我最大的心事，也是我最大的心愿。在我手术之前，没有辜负大家的期望，没有辜负出版社的期待，应该说，这是一本成功的书！"

"先生李迪是在用生命写作，他的笔管里流淌着的不是墨水，而是自己的热血。他把自己的生命和热血燃烧殆尽，又用自己的灵魂去远行。"魏桂兰告诉记者，"他的坚强、他的快乐、他的温暖通过文字传递给了大家，我们应该痛并坚强着，生活必须继续向前，把生活过好，这是李迪的希望"。

优秀的写作者，应该在平凡而纷扰的人间烟火中，保持一颗最纯洁的初心和一腔最滚烫的热血。李迪正是如此，他像雪一样纯洁，又如火一般炽热。初心与热血是他进行文学创作的源头活水，正因为有着对世界的好奇、对生命的敬畏、对生活的真诚和对人性的悲悯，李迪的作品才是有温度、有重量的，饱满结实、气象万千的好作品。显然，李迪并没有离我们远去，他的故事也远远没有讲完，他的精神会伴随着这些感人、动人的中国故事，像熊熊燃烧、可以燎原的一团热火，如璀璨明亮、指引方向的满天星辰，不断影响传递至一代又一代的后来。

（原载《文艺报》2020 年 8 月 5 日）

风华正茂

——记儿童文学青年作家李迪

周延军

一九八二年“六一”前夕，首届儿童文学园丁奖评奖揭晓，儿童文学青年作家李迪创作的中篇小说《这里是恐怖的森林》荣获优秀作品奖。这部以云南边疆剿匪斗争为题材的中篇小说，在少年儿童出版社出版后，深受读者欢迎，先后由《解放军报》连载、中央人民广播电台连播，吉林人民出版社把它收入了《小学生文库》，人民美术出版社等几家出版社将它改编成连环画。最近，上海电影制片厂的同志又将它改编成电影文学剧本。

李迪今年刚满三十二岁，现在人民文学出版社做编辑工作。他是怎样走上了创作道路，为孩子们写出了这样一本好书呢？当我带着这个问题访问他的时候，这位直爽开朗的青年人，深有感触地说：“在创作道路上我还刚刚起步，谈不上有什么成绩。但回忆起自己的成长，我感到最难忘的是我的老师。我从小受语文老师的启蒙，之后在云南边疆经历了生活的磨炼而提起笔来的时候，又得惠于严文井、袁鹰、崔坪等老作家的热情扶植，才使我一点点成长起来。”

还是在小学四年级的一堂作文课上，语文老师张兴家用充满深沉情感的男低音，朗诵了一篇小说《黎明的河边》。随着老师的朗诵，在李迪的眼前闪现出一幅胶东半岛阴云密布、硝烟弥漫的悲壮画面。他仿佛看到，被地主还乡团反绑双手的老大娘在潍河边的沙岸上，冲她的儿子小陈高声喊道：“不！不要听这老狗的话，打死这些强盗。打吧！孩子，朝我这里开枪！”小说读完了，李迪的心久久不能平静。他眨着眼睛问老师：“这是谁写的?”老师答：“是峻青。”李迪又问：“峻青是谁啊？他为什么写这么好呢?”老师笑了：“峻青是作家。丰富多彩的生活一旦到了作家的笔下，就感人极了！”李迪说：“我长大了也要当作家！”少年立志，使他心中有了一个追求和奋斗的目标。从此，李迪爱上了作文课。每上一堂作文课，每读一篇好的文学作品，都使他沉浸在无比兴奋之中。

一九六五年，李迪以优异的作文成绩考入了北京师大附中。一天，又上作文课了。语文老师高福增出了作文题，让同学们当堂交卷。李迪提起笔来，却没按老师的题目写。因为那几日，他正被一个同学所做的有趣的事情吸引着，很想写写自己的感想，就自己给自己另出了个题目写起来。写完后，他在这篇作文后面给高老师写了一封短信：“高老师，我没按您的题目写，是因为我感到交给您的这篇作文的内容是我最熟悉和最想写的。请您原谅我吧。”交卷后，一连几天他都忐忑不安，不知道等待他的是什么样的“评语”。终于，熬到了下一周的作文课，语文课代表发回了上次的作文。李迪急切地打开一看，天啊，他怎么也不敢相信自己的眼睛。高老师不但认真地批改了作文，而且在评语中大加称赞地说，作文本来就应该不受拘束地写自己最熟悉、最想写的生活。从这以后，李迪除了按时完成作业外，每周还要自己出题另写一两篇作文交给高老师。有一次，高老师看到李迪的课外作文《读杨朔的散文有感》写得很好，就亲自推荐给当时的校刊《长风》。可是，还没等那篇作文刊登，一场“史无前例的文化大革命”就爆发了！

这场“革命”剥夺了李迪继续读书的权利，他敬爱的高福增老师竟因为遭受迫害而过早地离开了人世。一九六八年五月，汽笛一声长鸣，李迪告别了北京，来到云南西双版纳种植橡胶。生活在朴实豪放的爱尼人中间，他受到了深刻的教育和锻炼。他永远不会忘记，在那遥远的地方，有苍苍莽莽的森林，有幽深莫测的山谷，有竹掩花映的寨子，有草顶木墙的矮楼。他在这富饶美丽的土地上洒下了汗水，与勤劳勇敢的爱尼人结下了友谊。艰苦的生活激发了他的创作热情。每天收工回来，他就点亮油灯提起笔。灯油熏黑了他的额头，蚊虫咬肿了他的双腿。功夫不负有心人。一九七二年二月他的处女作、短篇小说《革命后代》终于问世了。此后，他开始不断在报刊上发表作品。一九七三年，李迪在云南参了军。部队紧张的战斗生活，又像另一块大磨石磨炼着他，他光荣地加入了中国共产党。创作的激情也随着生活的沸腾更加高涨了。他完成了第一部长篇小说《遥远的槟榔寨》之后，又投入另一部中篇小说《野蜂出没的山谷》的写作。在部队千里野营途中，白天走了一天路，晚上，他把班里唯一的一个又洗脸、又烧饭的铝盆翻过来，扣在膝盖上，擦净烟黑，以盆底当桌子，一写就是半宿。后来，这部以云南边疆反特斗争为题材的中篇小说由人民文学出版社出版后，受到了孩子们的欢迎。《人民日报》发表了评论，中央人民广播电台安排了连播，在全国第二次儿童文艺评奖中又荣获了创作三等奖。

一九七八年深秋，李迪结束了整整十年的边疆生活，从密林深处又回到了首都北京。在人民文学出版社党委和各级领导同志无微不至的关怀和爱护下，在少儿组老同志们热情耐心的帮助下，他在努力学习编辑业务的同时，仍旧抓紧时间搞好业余创作。

春华秋实果满枝。几年来，李迪已经先后为少年儿童写作出版了一部长篇小说《遥远的槟榔寨》和四部中篇小说《野蜂出没的山谷》、《这里是恐怖的森林》、《代号叫蜘蛛》、《你死我活》；在报刊上发表了《不见兔子不撒鹰》、《玉米挂包了》、《小猫刮胡子》等几十篇短篇小说和散文、童话，编写出版了十七本连环画。严文井、袁鹰、崔坪等许多儿童文学界的老前辈，对这株儿童文学园地里的幼苗十分爱护。他们经常找李迪谈写作，从写作文法到创作方向上，不断指引他一步步提高。特别是以热心扶植文学青年为崇高职责的严文井同志，更是熬夜为李迪看新作，并亲自动笔批改。谈起这些，李迪感慨地说："如果没有人民文学出版社的各级领导同志从政治上关心爱护，没有儿童文学界众多老前辈像园丁一样的辛勤哺育，我这棵幼稚嫩弱的小苗也许早就被阴风冷雨给摧残了!"是啊，老一辈的心血就像点点春雨滋润了这个年轻人，使他的创作方向更明、创作干劲更足。在北京七月一个炎热的晚上，当我又一次推开李迪家的房门时，他正沉浸在为《小溪流》写作中篇小说《豹子哈奇》的兴奋之中……

让我们预祝他成功!

（原载《小溪流》1983 年第 1 期）

这就是李迪

郭晨　王大伟

性别：男。

年龄：三十一岁。

从事本职业年限：十年。

文化程度：高中。

主要成就：

已出版一部长篇小说《遥远的槟榔寨》；四部中篇小说《野峰出没的山谷》、《这里是恐怖的森林》、《代号叫蜘蛛》、《你死我活》；发表了《玉米挂包了》、《不见兔子不撒鹰》、《捉马鹿的孩子》、《贴心》等四十几个短篇小说和散文等。

父母职业：

父母均是国家干部。父亲仅读过几年私塾，母亲是解放后才扫盲的。

幼年、少年对您影响最大的人，在什么方面：

我一睁开眼，就看到了晴朗的天空和美丽的鲜花。像泡在蜜罐里一样，在甜甜蜜蜜中度过了童年。过于顺利的童年，几乎没给我留下什么记忆。但是，小学四年级的一节语文课，却让我永远不会忘记。语文老师张兴家用充满深沉情感的低音，为我们朗诵了一篇小说《黎明的河边》。他没有把我们看成是还不太懂事的孩子，他完全沉浸在作品中。他的深沉的叙述，竟像电影一样在我眼前展现出一幅阴云密布、硝烟弥漫的画面。我仿佛看到，被地主还乡团绑住了双手的老大娘站在潍河边的沙岸上，冲她的儿子小陈高喊："不！不要听这老狗的话，打死这些强盗，打吧！孩子，朝我这里开枪！"张老师读完了，我还没听够，真想让他再读一遍。我问老师："这是谁写的啊？"老师答："是峻青。"我又问："峻青是谁啊？"老师笑了："是作家。""作家？作家为什么写得这么好呢？""因为他们有生活。生活到了作家的笔下就感人了！"我突然说："我长大了也要当作家！"老师愣了一下，同学们也都笑了。张老师把他的书借给了我。从这以后，我对小说产生了兴趣，觉得里面有一个无穷奥妙的世界，我想要知道的东西都在书里面。我拼命地找书来读，以至于连张老师都感到惊讶，常问我："那么大厚本的书，你能看懂吗？"读书多了，满肚子是好词，对作文就特别喜爱，总盼望上作文课。但对老师的命题作文又不感兴趣，觉得没意思。就自己给自己出题，写自己最想写的人和事。每个星期除完成课堂留的作文外，总要另外写两三篇，请老师给批改。真正开始走上创作的道路，还是高中毕业后，我去云南西双版纳种植橡胶。在边境的深山老林里生活了整整十年。在那里，我入了党。在那里，我和几乎处在原始社会生活状态下的勤劳勇敢的爱尼人交了朋友。我受到了教育和磨炼，感到有很多想写的东西，我就提起了笔，在那大山脚下四面漏风的竹楼里，在那常常不知不觉地熏黑了我鼻子的微弱的油灯下，写出了第一篇小说。

在您成功的道路上，有哪些特点帮助了您：

首先是艰苦的生活。一帆风顺的道路和优越舒适的环境，可能会毁掉一个本来可以有所作为的人才。十年的艰苦生活，像一块磨石磨炼了我。要上山劳动了，我手脚并用，在陡峭的山上攀登，多少次因为抓扶路旁的灌木枝子，而手却攥在盘卷在树枝上的冰凉的蛇身上。只用一把小锄，每天在山坡上要挖出七个一人深的树坑。汗水像雨水滚满了我的光脊梁。我只穿一个裤衩，还热得想再揭下一层皮。天啊，是因为我离太阳太近了吗？一阵刚刚能摇动树叶的山风吹过，我就发狂地扬起双手，大声喊道："啊，好风！"当听到寨子里有人把病死的猪埋在树林里了，我们几个许久没闻肉味的知青，就发疯似的冲进树林，从豺狗群里夺下死猪，那肉已经腐烂得离了骨，隔几里都能闻到臭味。我们仍高兴地叫喊着，吆喝着，把它抬回去烤着吃了。半夜里，风掀了草屋的顶棚，冷雨哗哗地灌进来，我就裹着棉被，钻到木床底下去躲雨，一直熬到远处的深山里传来野鸡的啼叫。可恶的蚊子，大得像葵花籽，号称"三个蚊子炒一盘菜"。它们拼命地争抢着吸我的血。因为水土不服，被蚊子咬一口，身上就烂一块，流血流脓的。特别是两条腿，被咬得烂稀稀的，像两根捂发了霉的玉米杆。就是这样的生活和劳动，锻炼了我的意志，也改变了我的性格。我从一个心里总是充满了美好幻想的白面书生，变成了一个坚强的黑小子。一切都现实起来，现实到每天早上用什么充饥，晚上到哪儿去睡个安稳觉。生活在质朴的爱尼人中间，一切都是坦率的。我的性格也变得粗野豪爽起来，要喊，就大声喊；要笑，就开怀地笑；要哭，恨不得让所有的人都听到。十年的边境生活，让我尝到了人生的艰辛，也让我积累了丰富的创作素材。

有生活，并且有激情，能从生活里不断地发现和挖掘出使你激动的东西，提炼并组合它们，这就能使你成为一个作家。

好激动：一遇到什么，一想起什么，往往就激动得热泪盈眶，不能自已；能吃苦：再苦再累，一咬牙一跺脚就挺过去了，从不因为面临苦累和困难而皱眉头；爱琢磨：凡事爱动脑筋，一句话，一个表情，一个动作，我听了看了，总爱前因后果地去琢磨。上火车对号入座，旁边的位子空着一个，我就琢磨这个人为什么没来，他可能是男还是女，是老还是幼。给他不能按时上火车想出很多原因或编出几个故事；爱跟陌生人闲谈：从闲谈中注意发现他的忧愁苦闷和喜怒哀乐，注意他的哪怕是一句闪光的话，从中总结出人世的艰辛和生活的规律。我从不愿意随大流地对一个人或一件事下结论，一窝蜂地去拥护或反对什么，总想通过思考，得出自己的答案；醉心写作：醉心写作到入迷的地步，一天下来再疲倦，心情再不好，可一旦坐下来打开台灯，铺开稿纸，要写的人就都跑出来跟我说话，跟我打架。这时候，一切都忘记了，灯光、笔和纸，这本身就是一首诗，一首醉人的诗！

以上的性格特点，都帮助我走上创作之路。

您在一生中性格变化的重大因素：

没有什么能比我的家庭巨变更刺激我改变性格了。我是以出身革命家庭、个人学习成绩优秀的双重资格考入当时的名牌学校——北京师大附中读高中的。优越感一直像春风一样荡漾在我的心头。可是，高一还没读完，“文化大革命”就开始了。一夜之间，把我降到了社会的最低层。爸爸被打成叛徒关起来，几个月没有音讯；姐姐和妹妹按照“黑帮子女一律不留北京”的方针给分配走了，一个往福建，一个去山西；妈妈为拆得七零八落的一家人的命运四处奔走求人。空旷的家里，只剩下我和未成年的弟弟。人人都用鄙视的眼光看着我们，而揭露爸爸是“叛徒”的大字报就糊在家门口。家庭的巨变，让我吃惊、难过、委屈和辛酸，但也让我在白眼和冷嘲中懂得了这样一个道理：世间的一切，都不是永恒不变的。现成的东西，会在一夜之间失去。要顽强地生存下去，只有不低头地去奋斗！我坚信，奋斗会改变我的命运，也坚信，只有奋斗，才是我唯一的出路！这时候，轮到分配我了。管分配的人问我：“想去哪儿呀？”我反问他：“哪儿最远？要走我就远远地走！”回答是：“西双版纳！”我一咬牙：“西双版纳就西双版纳！”一句话，决定了人生的重大转折。一副铺盖，一个旧帆布箱，一背，一提，就踏上了南去的列车。望着在窗外疾闪而过的高楼大厦，我感到，它们对我是那样地陌生！我在心里一遍又一遍地念叨着：奋斗！奋斗！

奋斗！

请您确定您的气质：多血质+胆汁质。

请您确定您的性格类型：外倾型+独立型。

您的业余爱好：

喜欢字、画，只可惜自己写不好也画不好。爱钓鱼，特别喜欢到水草丛生的小池塘里去钓，以为那里有无穷的情趣。

您的几句人生格言或是要讲的话：

不要抱怨，只要奋斗！坚信奋斗能给你带来一切。

认准的路就照直走，别管路两旁的人说什么。

（原载《你想了解他们吗？——人物性格心理调查》，天津人民出版社，1984 年 3 月）

附录一

李迪生命的最后九十天

——著名作家李迪抱病创作完成报告文学《十八洞村的十八个故事》记

李国强

李迪先生2020年6月29日已经离开我们远行了。但是，如果你要是问，李迪先生真的走了吗？恐怕我们一帮文友们没有谁会相信李迪先生真的已经走了。但是，我们一帮文友们也都知道，也都不得不承认这样一个残酷的现实：平时热情似火、生龙活虎的迪老迪兄真的已经走了，真的已经离开我们远行了！

2019年10月16日，《人民日报》在“心系人民，书写时代”专版头条刊发了著名作家李迪先生的创作随笔《生活无穷尽，故事写不完》，他在文末写道：“永和的路还没有走完，中国作家协会与国务院扶贫办共同开展的‘脱贫攻坚题材报告文学创作工程’，又向我发出召唤，下一个目标：湘西十八洞村！一边走，一边写。生活无穷尽，故事写不完。”就在《人民日报》发表他这篇文章的当天，他与高洪波、李培禹等几位作家朋友一起，应邀赴美国参观考察，并参加文学交流活动，11月4日回到北京。稍稍休息几天，11

月10日一大早他就乘坐高铁奔向长沙，当天下午即在湖南省作协组联部副主任贺秋菊陪同下赶到湘西土家族苗族自治州花垣县双龙镇十八洞村，住进村里农户开的农家乐“爱在拉萨”，开始了他在十八洞村整整十天夜以继日的采访。11月20日午饭后乘车离开十八洞村，是那天特意来看望他的湖南作家纪红建送他出的村。

李迪先生回到北京没几天就感冒了。当时他还以为就是普通的感冒发烧，吃点儿药烧就退了，过几天感冒就好了。他太相信他的身体了，家人太相信他的身体了，一帮文友们也都太相信他的身体了，所以大家对他这场感冒都不是特别在意。谁也不会想到，谁也不可能会料到，这场开始看起来普普通通的感冒竟会愈来愈严重，并由此引发急性肾炎，造成心脏瓣膜严重感染、损坏，术后又引发严重的药物过敏，以致最后竟要了他的命！让他为采访、创作《十八洞村的十八个故事》付出了生命的代价！

由于新冠疫情，由于小区、医院封闭管理，在李迪先生患病和住院手术期间，我们一帮平时交往比较多的文友，竟然谁也没有能够到家里、到医院去看他一眼、见他一面，乃至在他撒手人寰后送他最后一程！他走时，连个简单的遗体告别仪式都没能举办，就这样一个人孤独地走了！当然，这期间，我们都相信李迪先生手术后身体一定会慢慢恢复好起来的，即使在他因术后药物过敏昏迷后，我们还盼望还祈祷他能够战胜病魔，甚至相信生命的奇迹一定会在他身上出现的！我们始终不相信他会走！我们始终不相信他会这样仓促地离开我们，离开广大爱他的读者！

让我们看看李迪人生的最后九十天是如何度过的吧，让我们看看人民的好作家李迪是如何抱病创作完成报告文学《十八洞村的十八个故事》的吧。

一、2020年3月30日—4月30日：开工了

3月30日，农历三月初七，这天是周一。天气晴好，春暖花开。

下午，李迪先生给我打电话说，卧床静养几个月，腰疼也好多

了。从湘西回来至今，因为病痛，十八洞村的故事一个字还没有写，不能再拖了。计划写十八个人的十八个故事，十五万字左右，今天正式开工。争取5月底前完稿。这样一个月左右需要写九篇，十天左右就要完成三篇。时间还是很紧迫的。他还说，这样又要麻烦国强兄（我平时习惯称他迪老，他习惯称我国强兄）替我做校对了，每篇写完后我就发给你，你还要给我做校对啊。我说好啊，我就愿意、乐于给你做校对啊，我这也是先读为快啊！于是我们两个约定，他每写完一篇，就通过微信发给我来校对文字。

4月4日下午4点，李迪给我发来《十八洞村的十八个故事》的第一篇文稿《就是悬崖我也要跳》，并附言："十八洞村故事首篇，老友得闲批评！"我回复他说："好的。"4月6日凌晨1点我发微信给他："英足看完，写得好！主旋律、正能量、有志气，脱贫致富，造福乡里！这篇可以上人民日报！""英足"是这篇故事的主人公，养猪致富的隆英足，是个典型的不怕困难不怕吃苦、永远不服输的女强人。我随后给他发回去了校对过的、需要改动的地方。他收到后随即给我回复："多谢国强兄！看得真细！明天改，你休息吧！"

4月7日上午11点，李迪给我发来第二篇文稿《让我在山上把眼泪哭干》，并附言："国强兄，再来一篇。"我给他回话说："好的。十八洞的文稿，都可以发给我担任校对，我们现在还没有让到单位上班，有时间我就看。我应当是一个比较称职的校对。"他回复我说："我的国强兄！太专业了！"我说："先读为快！我这也是学习的过程啊！"

4月7日中午，我微信问他："十八洞的故事在哪个刊物发？在哪个出版社出版？"他发来语音给我说："国强兄，这本书呢，是在作家出版社出版，这是颜总定的啊。这本书还计划申报中宣部主题出版重点出版物，因为十八洞村是习主席首次提出'精准扶贫'的地方，全国各地都是以十八洞村的经验为一个标杆。作协分配习主席首倡'精准扶贫'的十八洞村写作任务给我，当时我其实压力也很大，因为新闻报道太多了，也有人写过长篇什么的啊太多了，所以我就说我就不去了吧。人家说，那哪儿行啊，这个地方必须去写，而且必须你去写，我们想来想去，你是最合适的人选了。”他又说：“那天开‘脱贫攻坚题材报告文学创作工程’启动会的时候，作家社颜慧副总编给我说，李老师你这本书我们社出，你就不用再联系别的社了。杂志方面呢，我还没有联系啊，因为刚开始写，所以我就没有联系。”我听后给他回复：“这个作协组织采写情况我知道。那我就替作家社颜慧他们提前把一下门吧。这个作品应当能够获奖!”同时告诉他，我会安排我社主办的《啄木鸟》杂志选发几篇，脱贫攻坚题材作品也是今年我们重点要刊发的作品。他回复我说：“非常感谢国强兄！我努力写好!”下午4点，他又给我发来了《让我在山上把眼泪哭干》，并附言：“国强兄，我自己又校了一遍，再发你，请以此稿校!”当天晚上我即把此篇又校对了一遍，并给李迪说：“此篇错情不多。”

4月8日早上7点，李迪在微信中给我发来四张红牡丹盛开的图片，并附言：“我家的洛阳牡丹今春第一棵为国强兄开放了!”晚上9点，他给我发来微信：“国强兄，悬崖篇，被文艺报要走了。眼泪篇，被小金要走了。我跟他说，这篇是国强兄昨夜帮我校对的。首篇，也是他帮着校对的。经他一校，我真的非常放心！国强兄是好人！再谢国强兄!”“小金”，是《中国艺术报》副刊部主任金涛。同时他告诉我：“我参加这个活动是文艺报推荐的，梁总说，写出来首篇一定要给文艺报。”“梁总”，是文艺报总编辑梁红鹰。他还截图发来了与梁总的微信对话：“梁兄，你好！根据兄的要求，我把刚完成的十八洞村的首篇故事发兄批评！谢兄厚爱！我边写边养腰，力争全书年中完成。”梁总回复：“太好了！兄德艺双馨，所到之处无不受人喜爱和尊敬!”随后，他给我发来了第三篇文稿《黄桃金灿灿》，并附言：“谢完了，第三篇又来了。这篇我还没有校对，也许错情有点儿多。”同时发来几个“呲牙”、“害羞”的表情。

4月8日晚上7点，我发微信给李迪：“黄桃看完。此篇错情比较多。”并把改动之处一一截图发给他。他回复我说：“对，此篇我还没自己校一遍，腰疼厉害，就先发兄了，给兄添麻烦了。今天躺一天，没开电脑。非常感谢！我现在，写久腰疼。真是矛盾！”还同时发来了三个“流泪”的表情。我回复他：“还是要注意身体！”

从第三篇开始，包括此后李迪发给我的每篇文稿，我能看出来，我也能感觉到，他写完一篇文稿后，基本上已经没有力气自己再校对一遍了，因为文稿中的文字，甚至数字、标点符号差错确实比较多一些，个别篇章行文顺序也有些混乱，甚至重复，这在我以前校对他的作品时是从来没有过的现象！他的文字多精到啊！我想，我就替病中的迪老多尽些绵薄之力吧。也以此表达对他的敬意，表达对他近十年来对公安文学发展、繁荣作出的突出贡献的感谢之情！

4 月 11 日夜里 11 点，李迪给我发来第四篇文稿《龙秀》，并附言：“国强兄，来了！写了一天，腰疼！来不及校对，上床了。委屈兄了！”11 点 33 分我回复他：“龙秀看完。标题困惑，是龙秀，还是龙秀林啊？另外，如果以名为标题，似乎风格也不大一致。”4 月 12 日凌晨零点 08 分，他回复我：“龙秀是我做的记号。这篇其实也是不好写的。没故事，或者说素材太散。我抓住群体性事件的化解，做足文章，打开出路。”我回复他：“非常理解！”他随后发给我以下文字：“题目：你们谁不服，冲我来！”我说：“这个标题太扎眼了。《新来的扶贫队长》也可考虑。”他回复：“软了。”我说：“有悬念。”他说：“不新。”我说：“还可再酌。或把标题改为《担子既然给我了，我就要担起来》，这是文中的话。”他说：“也可考虑。用的都是文中主人公的狠话。”我回复他说：“比较有担当，正能量满满，符合报刊正能量要求。”他回复我：“对！这个和黄桃让他们选一。明天开写第五篇，金兰蜜。”并给我发来了一个“晚安啦”的表情。但是，凌晨零点 20 分，我还是给他发去微信：“此文写到‘猕猴桃’，上文写了‘黄桃’，两个桃都有吗？如果都有，此文中也应提到：猕猴桃、黄桃。如果就是黄桃，此文猕猴桃应当改为黄桃。”他回复我：“那时，隆主任还没有回来。没有黄桃。”我回他：“明白了。现在是猕猴桃、黄桃都有了。”他回我：“十八洞的两大支柱经产。明天我认真改！黄桃得到隆主任肯定。他有文化，见多识广，必须给他看。他提了几个技术性问题，提得很准！我今天一一改过，松一大口气。”随即，他给我发来了与十八洞村村委会主任隆吉龙的对话截图：“隆主任，写你的。请多批评！因为已有你当主任的素材很难写成故事，我就抓住黄桃，把故事做足！让读者爱看！当主任以后的所作所为和发展计划，我就一笔带过，让人感到你是一个心怀全村的好主任。”隆吉龙回复：“李老师，辛苦你了！刚看完你写我的文章，写得很好！有几个地方我建议稍作修改，是否妥当明天再截图发给你。现在太晚了，不打扰你休息，多注意身体，晚安！”李迪回复：“多谢肯定隆主任！明天截图修改！非常感谢！在床上敬礼！”

4月12日下午1点，李迪给我发来两张牡丹盛开的图片，这是他忍着腰疼来到自家屋外的小院里拍的，并附言：“国强兄，小院洛阳牡丹开放！黄桃已给文学报。龙队长稿名，初定：关键时刻。”“龙队长”就是十八洞村新来的扶贫队长、花垣县委宣传部副部长龙秀林。

4月14日晚上8点，李迪我发来第五篇文稿《金兰蜜》，并附言：“来了！又麻烦国强兄了！我写一天了腰疼，休息了，没改错。”

此文我还没有来得及看，4月15日上午11点，李迪又给我发来一稿，并附言：“国强兄，我上午又校了一遍，请兄在这个稿上校对。”当天夜里11点，我回复他：“这一篇比上一篇好！准备接收金兰蜜。”随后，把校对过的文稿一一截图发给他。

从3月30日动笔写《十八洞村的十八个故事》，到4月14日，十五天的时间，李迪共完成了五篇文稿，即：《就是悬崖我也要跳》、《让我在山上把眼泪哭干》、《黄桃金灿灿》、《关键时刻》、《金兰蜜》，正好平均三天完成一篇，其中第一篇《就是悬崖我也要跳》从3月30日开笔到4月4日完成，用时五天，用时最长。

4月16日晚上7点，因为两天没有接到他的文稿，我给他发微信：“有新篇乎？”他回复：“正写中。”晚8点，我又发微信给他：“读过迪老五篇十八洞新作，我又有感了。饭后闲来无事，刚作拟古打油一首，献给迪老。”随后给他发去。

紧步时代写新章

——读著名作家李迪湘西十八洞村报告文学新作有感

足迹踏遍十八洞
践行四力挨户访
述说苗寨农家乐
铺陈乡村新气象
精准扶贫显成效
脱穷致富奔小康
年过古稀笔力健
紧步时代写新章

当晚9点，李迪给我发来第六篇文稿《头上剃字的人》，并附言：“强兄，你的诗写的太好了。我真的深受鼓舞。不辜负国强兄写诗！新的来了！忍受腰疼，完成全书的三分之一！”当晚，他还给我发来了《开篇》，文字不长，相当于一个简短的引言。

4月17日凌晨零点30分，我发微信给他：“头上看完。差错比较多。”并一一截图发给他。他回复我说：“没有校对啊！你催我，我写完就发给你了。麻烦国强兄了！”当天上午8点，他给我发来微信说：“准备用兄的诗当代后记，高主席的诗作代序。”我说：“不大合适吧。水平有限配不上啊！我就是昨晚闲来无事，想想看过的你那些文稿内容，觉得应当写一首读后感，就这样才写的。”他说：“我看了几遍，觉得合适。你是你！我认同！我的文，你的诗，我做主！就这么定了！”我随后打电话给他说：“迪老，我还是觉得不合适，我从来没有见过一本书用两首诗作代序或代后记的啊！要不就保留高主席那首诗作代序，我那首就算了吧。再说，你自己辛辛苦苦写十八洞村，你也应当把有关采访情况和自己的感想介绍一下写个后记啊。”他说：“正是因为以前没有过我才这样安排，这也叫出奇、新奇，你别再说了，就这么定了！”

4月19日下午3点，李迪给我发来第七篇文稿《压力山大压不垮》，并附言："新篇来了！我腰疼，还是没有校对。"当天夜里 11 点，我将此稿校对完毕。

4 月 22 日晚 8 点，李迪给我发来第八篇文稿《经过的事不会随风而去》，并附言："国强兄，来了！打扰了！还是没校对！写完就腰疼了！"还发来了两个"流泪"的表情。此稿我连夜校对，第二天上午 11 点将校对过的文稿发给他。

4 月 23 日，《文学报》用一个整版发表了《黄桃金灿灿》，这是写十八洞村村委会主任隆吉龙带领村民种黄桃致富的故事的。隆吉龙看到这篇作品后给李迪发来微信："李老师，你为了我们村的每一个故事费尽心思，带病写作，我为你的这种写作精神由衷敬佩！再次说一声你辛苦了！感谢你为十八洞村的辛勤付出！感恩及荣幸认识您！"

4 月 29 日，《文艺报》用一个整版发表了《就是悬崖我也要跳》。

4 月 29 日下午 5 点，李迪给我发来第九篇文稿《开满鲜花的十八洞小学和小蒲老师美好的愿望》，并附言："国强兄，又来打扰了！还是没有校对，全权交给你了。"当天夜里 11 点，校对完此稿后，我发微信给李迪："这篇标题太长了，建议改为：开满鲜花的十八洞小学。另外，他（小蒲老师蒲力涛）的那篇文章，建议不要附在后边，与整篇、整部书稿都不搭。文中的一些问题、想法，可以你问他答，或他给你说的形式，写到这篇稿中，可能更好一些。请酌。"他回复："题目是长了点儿，我再考虑。"

至此，李迪已经完成了九篇文稿，按计划抱病完成了全部书稿一半的写作！

4 月 30 日下午，我给李迪发微信："我们五一后正常上班。五一我在北京，继续等着大作先读为快！"他回复："好的！多谢国强兄！"

二、2020 年 5 月 1 日—5 月 25 日：胜利结束

5 月 2 日，李迪给我再次发来《开篇》。我再次看过后，给他发去微信："这一段开篇文字虽然短，但写得很有情调很有情怀！"

5月6日上午8点，李迪给我发来第十篇文稿《万事开头难》，并附言："国强兄！来了！打扰又来了！我还是没校对，赖上兄了！"还一下发来了五个"呲牙"的表情。

当天，《人民日报》用一个整版发表了《腾飞的十八洞村》。

5月8日，《中国艺术报》用大半个版发表了《让我在山上把眼泪哭干》。

5月8日夜里11点，我校对过一大半《万事开头难》后，给李迪发微信："迪老，这一篇要改动的地方太多了，有些地方我都看不明白，我看了一半多点儿就截了这么多图了，个别小的不当处，包括标点和重复的地方我还没有截，估计看完要截上百幅图了，光发给你再说明如何改估计就得小半天，目前已经有63处。咋办？"他回复我："对不起兄弟！我重写一次。我现在就重写！"

5月9日中午12点，李迪给我发来《万事开头难》的修改稿。我再次校对后发微信给他："这次比上次精炼、精彩多了！这次截图少了一半还多，一共有38处需要改动的地方，晚上发给你。"

5月10日下午4点，李迪给我发来第十一篇文稿《对联的故事》。当天，中宣部"学习强国"转发《让我在山上把眼泪哭干》。

5月11日夜里10点，李迪给我发来第十二篇文稿《金娣花开》（图书出版时改名为《姐妹农家乐》），并附言："这是第十三篇了。"实际上是他记错了，这篇是他完成的第十二篇，至此，已经完成了全部书稿三分之二的写作。

5月12日下午，李迪给我发来微信："作家社催稿了。我要抓紧！克服困难，全力完成十八洞村故事！也麻烦老兄了！"并发来了作家社该书责任编辑史佳丽和他的微信对话截图，他告诉史佳丽："5月底发动总攻。6月交稿没问题。主要是久坐腰疼。"当天夜里10点，我发微信给他："花开看完。文中多处上下语句没有你说、他说的过渡，有些语意不明，个别语句还是有重复。有些字我只能猜。"并把需要改动之处一一截图发给他，同时附言："本篇我标出的有39处需要改动的地方，但行文中还需要把人物角色、语言再明确一些，个别重复的地方还要删掉。"

5月13日下午4点，李迪给我发来《金娣花开》修改稿，并附言："重新写，才发现叙事是乱的，现在，归到金娣一个人从头到底给我说，就顺了。我腰疼，实在麻烦兄了！"我看过这个修改稿后，发微信给他："此稿人物角色明确了，比上一稿顺畅多了，也好读多了。但差错依然很多啊，还有35处左右。"并一一截图发给他。他看后发微信给我："想不到还有这么多错。全改了。多谢我兄！"

当天晚上8点，李迪给我发来语音："国强兄，我觉得应该有十三篇了，怎么数来数去才有十二篇，你能数得出来吗？"我数过后告诉他："到学校是九篇，学校以后共三篇：万事开头难、对联的故事、姐妹农家乐（金娣花开），共十二篇。"他随后给我打来电话说："怎么会是十二篇呢，我怎么记得是十三篇呢。"我说："你是不是把开篇算上了，如果把开篇算上，也可以说是十三篇。"他说："那不能算。十八篇，就是要写十八个故事。十二篇就十二篇吧，我抓紧接着写。争取这个月底前完工。"

5月13日夜里10点，李迪给我发来第十三篇文稿《火塘夜话》，并附言："这篇写的太累了！"

5月14日上午，李迪给我打来电话说："《金兰蜜》那篇太长了，我想了想，决定把这篇分成上、下两篇，这样就十四篇了。你以前也都校对过了。"

5月14日夜里11点，李迪给我发来微信："在兄的大力支持下我已完成十四篇。对兄充满了感谢！对最后四篇，我又充满了信心。"我回复他："加油！"

5月15日，李迪在夫人魏桂兰女士陪同下到301医院检查身体，确诊为急性肾炎。

5月17日下午4点，李迪给我发来第十五篇文稿《一朵永不开败的莲花》。下午5点，我与李迪通话11分钟，交谈改稿事宜和医院身体检查情况。因为他马上要住院治疗，定下此后几篇文稿我修改、校对后都先转发速记王进改样，并把王进微信名片推荐给我。他随后给我发来了301医院"住院申请单"。这个住院申请单显示：

入院方式：急诊；病情：急；门诊诊断：双下肢水肿，急性肾损伤，高血压，室缺，心功能不全；申请住院科室：肾病科监护室。我看后心头一紧，急性肾炎，迪老怎么会突然得这个病啊！马上发微信给他："迪老，积极治疗，祝早日康复！"随后又马上打电话安慰他说："急性肾炎比慢性肾炎好治，你就安心住院治疗吧！稿子的事儿也请迪老放心，我和王进尽快整理，保证按你说的时间在月底前把全部书稿交给出版社。"这时候，我等还不知道，更不会想到，迪老的心脏也已经出现了严重问题——两个心脏瓣膜均已感染坏死！由于新冠疫情不便去医院检查身体等原因，由于迪老和家人，包括朋友们也都误以为他只是患了感冒发烧的小病小痛，检查的实在太晚了！发现的实在太迟了！以致最终酿成不治之大疾！如果早发现早治疗，也许他就会战胜病魔了！

从第十五篇文稿《一朵永不开败的莲花》开始，最后四篇，由于需要修改之处较多，由于有的段落、结构还需要调整，我都是先打印出来，在纸面上进行改动。此篇改过后，我一页一页拍照后发给李迪，并建议定稿改名为《不败的莲花》。由于李迪身体更加虚弱，由于马上就要住院动手术，我和他商定，最后四篇，我改过后就不再发给他了，均直接发给王进，由她在电脑上改过后再发迪老过目，最后审定。

5月18日夜里11点，王进给我发来第十六篇文稿《杨在康双喜临门》（定稿改名为《双喜临门》），5月22日下午5点改毕后我同时发给李迪和王进。这时候李迪已经住进301医院了（20号住院），这也是他在医院病床上审看的第一篇文稿。

5月21日下午2点，李迪在医院给我发来第十七篇文稿《一个淡定的电影人物原型》，并附言："国强兄，这篇讲得有点儿乱。就请兄大杀大砍吧。然后转给小王改正。此篇费大劲了。"下午3点，李迪给我发来微信："我的心脏手术名称：换一个心脏瓣膜。"

5月22日下午7点，王进给我发来全书最后一篇文稿《摆摊儿的小石》，李迪同时给我发微信语音说："最后一篇小石，我们就结束战斗了，我准备随时动手术了。这篇精短但非常有意思啊，一个普通家庭妇女的形象跃然纸上啊。这篇，我打算放在全书的倒数第二篇，最后一篇是金——黄桃金灿灿。”注意他对于这部书稿的写作，用的是“战斗”这个词！5月25日下午6点我将此稿改毕后同时发给李迪和王进。这是他完成的全书最后一篇文稿，也是他在医院病床上审看的最后一篇文稿，也是他一生写作的最后一篇文稿！

5月23日上午10点，李迪发微信给我：“又决定做两个了！两个都坏了！”这个时候，他，他的家人，我等文友们，谁也没有想到，谁也不会想到，他的生命已经进入了倒计时！他的生命只还有短短的36天！

5月24日中午12点，李迪给我发来一张他穿着病号服，坐在医院病床边的椅子上，打着点滴、吸着氧气的照片，并附言：“已经输了两次血了，估计手术时间快了。”我一看，他已经瘦得脱形了，那个平时健健康康生龙活虎的李迪已经看不见了！禁不住为他担心，也在心中默默为他祈祷：手术成功，早日康复！我知道此时他最关心的还是稿件的进展，下午1点发微信给他：“昨晚原型已发给王进，她正在改。这个又整了两天，昨晚11点多才整理出来。”他回复我：“这篇让你费大劲了，谢谢我的国强兄！”

5月24日下午6点，李迪再次给我发来《开篇》和全书目录。在目录中，我看到他真的把我写的那首诗作为“代后记”，还特别加了一个注：“本文写作的每一篇完成后，国强兄都帮我认真校对并提出宝贵的修改意见，在此一并感谢！”

5月25日凌晨4点，李迪给我发来《金兰蜜上》。上午7点至10点，分别给我发来四段语音：“李总，人物原型那篇小王整完发我了，非常好！哎呀砍杀得非常好！现在就是还有一篇《金兰蜜上》，我昨天晚上找到了，因为这是全书的第一篇，所以呢，还请你再给溜一眼，有没有错字赶紧发给小王。”“这样李总，你那儿就还有两篇，一篇是《金兰蜜上》，一篇是《摆摊儿的小石》。拜托了啊，这两篇你改完以后我就准备发出版社了。我四天以后手术，这个时间，也就是这四天里，咱们还可以联系书稿的事。”发完这段语音，他好像还是不放心似的，又接着给我发来一句语音：“咱们只有四天的联系时间了！”万万没有想到，实际上，李迪此生与我直接联系的时间只有最后两天了！上午10点40分，李迪再次给我发来两段语音：“先看看《金兰蜜上》，两千多字，有没有错儿，马上发给小王啊。现在我已经开始给出版社发稿了，但是因为这是第一篇，咱不能出错儿啊！”他到这时候还仍然惦记着书稿不能出什么差错！下午3点39分，李迪再次给我发来语音：“国强兄啊，那两篇还没有改出来啊，你要抓紧啊！”下午3点56分，我回复他：“金兰蜜改完了，已发给小王了。”随后，下午4点他又给我发来语音：“李总，我已经把全部书稿发给出版社了。我现在呼吸困难，不能给你多说话了。”下午6点02分，我发微信给他：“小石也改完了，刚已发给小王。”下午6点42分，我发微信给他：“没有了吧，全部完了吧。”晚上8点06分，他给我发来微信：“胜利结束！非常感谢！”接着发来五个“心形”、六个“庆贺”表情。我给他回了两个“拳头”、两个“胜利”的表情。他给我回了六个“流泪”的表情。还说：“回头我们再在纸样上改吧，还有什么错的话在纸样上再改。”注意他把这部书稿的完成，用的是“胜利”这个词！注意他在把全部书稿发给出版社后还仍然惦记着书稿质量，还想着在身体康复后再在纸样上改错！他哪里知道，他再也不能在他的书稿纸样上改错了啊！我看了一下，这一天，他一共给我发来了十条语音、六条微信，全是心心念念着十八洞村的故事！他的声音再也没有以前那么洪亮，而是非常微弱、低沉，还有点儿沙哑，且断断续续的，说几句，甚至说几个字就要喘一口气。我的迪老啊！

三、2020年5月26日—6月29日：奇迹没有出现

5月27日下午3点，李迪给我发来微信：“一本书，十八个故事，《人民日报》选发三个，《文艺报》、《文学报》、《中国艺术报》分别选发一个，其中，《中国艺术报》选发的故事上了学习强国。应该说，这是一本成功的书。没有辜负了大家的期望。”我发微信

问他："还有什么需要我做的没有?"他回我说："国强兄，多谢兄了，书稿出版社已发排。"同时把4月23日《文学报》、4月27日《文艺报》、5月6日《人民日报》（大标题《腾飞的十八洞村》，选发三篇故事，小标题分别是《金兰蜜的故事》、《爱在拉萨》、《回乡种黄桃》）、5月8日《中国艺术报》发表的作品微信版转发给了我。

5月27日晚上7点30分，李迪与我通了十分钟的电话，说的主要还是十八洞村的故事编校出版的事。他说，你最后校改的那两篇，小王改正后，也发给我看过了，也都发给出版社了，这样我就放心了，也算全部完工了。末了，我给他说了请高洪波主席为作家社计划给我出版的一本诗集题词、请李培禹先生作序的事，他说，好啊，太好了！电话完后，他又给我发来了一条微信："祝贺国强兄!"没想到这通电话、这条微信，竟成了我们今生最后一次通话，竟成了李迪今生发给我的最后一条微信！我的迪老啊！我多想再听听你的声音、你的大嗓门儿啊！我多想再看看你在微信中给我的指教、鼓励啊！哪怕是批评、发火也好啊！我多想再替你校对几篇、几部你的文章、你的书稿啊！

301医院大夫原计划5月29日给李迪做心脏瓣膜手术，但由于他身体虚弱，有些指标还需要观察，手术时间又推迟了两天。6月1日早上7点，李迪被推进了手术室。我们都祈盼、都希望他手术成功，健康归来！手术果然很成功！但他需要服用排异药物。哪承想，几天后他突然产生了药物过敏，病情越发危重！我们请他的夫人魏桂兰女士每天及时通报他的病情，并劝慰她说，相信好人一定有好报，迪老这次一定能战胜病魔！因为李迪住院、手术需要很多花费，而他又没有公费医疗，可以报销部分费用，我们一帮文友就自发为李迪捐助了一些医疗费用，以表心意。

6月5日至6月16日，李迪病情越来越重，此间多数时间处于昏迷状态，虽曾几度苏醒，但时间都很短暂。主治医生对代表我们一帮文友特意去医院看望他（遗憾的是由于医院严格执行疫情期间有关管理规定，没能见到他本人）的孙晓青将军和李培禹先生说，各种办法都用了，看来很难控制病情了，家属需要考虑后事了！因为李迪没有工作单位，我们一帮文友经征得李迪夫人同意，就自发组织起来，开始准备料理他的后事。经过大家商议，决定请李迪在云南军区的战友，著名作家、诗人杨浪提前撰写“讣告”和“李迪同志生平”。杨浪先生把“讣告”和“李迪同志生平”发到群里后，我们几经修改，但是都没有敢发给李迪夫人看，担心她难过受不了！

6月16日晚上9点，《中国作家》副主编、李迪的多年好友高伟给我发来微信：“国强兄，听说迪兄病危，你知道近况吗？”我告诉他：“医生说，应当是基本没有生命体征了，现在主要是靠呼吸机维持。医院下午5点多已经明确告知家属了，不行了。”我还发微信给他说：“迪老主要就是为了写十八洞去年11月去湘西山区采访受寒感冒了，回来后就卧床不起了！春天又拖着病体卧床写作！迪老真的是为文学而死啊！迪老就这么突然要走了，难以想象啊！”

当天晚上10点，李培禹先生在群里发来微信：“魏老师告知：迪老已处弥留之际，医院全力救治已无回天之力。亲友无法见本人，我和孙将军明天上午去301医院见魏老师及医院医生，商议有关情况的后续事项。请大家有个思想准备。祈祷迪兄平安度过今夜及明天吧！”

6月16日，中宣部公布2020年主题出版重点出版物目录，《十八洞村的十八个故事》光荣入选。那天，正是医院给李迪下病危通知的日子。看到这个好消息，朋友们怎么也高兴不起来！

6月17日下午，孙晓青、李培禹联名在群里发来微信：

各位朋友：

今天上午10点，我们在301医院与迪兄主治医生姚名辉见面沟通，情况如下：

一、迪兄仍在抢救中，医生与家属都没有放弃，但希望很小。迪兄在使用呼吸机的情况下，肺有呼吸。在血透的情况下肾能维持，在各种药物及激素治疗下，心脏一直平稳。但药物过敏没有解决，减轻用药，生命体征就恶化，属矛盾疗法。医院说目前只能精心平衡各种情况。就怕有一处出毛病，比如肺、肾救治失效，整个抢救就失败了。姚医生说这种情况维持几天应当可以，他们不放弃，盼奇迹出现，但可能性微小，请家属做好思想准备。

二、迪兄的主治医生姚名辉，只有 36 岁，是 301 医院泰斗级专家高长青院士的博士生，十年临床经验，参与过不少老同志的手术救治，迪兄的手术由他的主任和他两人主刀，顺利成功。但术后恢复期遇到的情况十分复杂，在院领导的高度重视下，及时组织全院有关科室的专家进行了全科会诊，问题无解。但医院仍在尽全力救治！

6 月 18 日，我在群里发出微信：

祈祷上苍有灵
让我迪兄苏醒
祈祷上苍发善
还我快乐迪兄

6 月 19 日下午，我给多位关心李迪病情的好友们发去微信："刚医院传来最新消息：迪老又奇迹般地苏醒了！应当也恢复一点儿意识了！医生说，有希望！有希望！有希望!！这是我今年听到的最让我激动最让我泪流满面的三个字！迪兄挺住！让我们共同祈祷生命的奇迹出现吧！"高伟看到后激动地回复："太好了太好了！希望奇迹发生，迪兄归来！一定要坚持，我们一定要有信心！我始终不相信迪兄会真的离开，我依旧存有幻想——我的迪兄最终满血复活！他是多么鲜活的一个人啊！——眼泪流出来了。"我回复他："我们现在，就等就盼奇迹出现了！"

6 月 20 日晚上，李迪夫人根据与主治医生交流的有关李迪病情转好的情况，发来微信：一、病情稳定。二、过敏已经明显消退了。三、消化道出血控制住了。四、循环平稳，这很重要。肾功能在透析的情况下不错。五、呼吸机拔下三个小时再插上去，慢慢训练他的肺功能。肺里还有痰，继续抗感染。过敏会不会反弹，还要观察。六、意识清楚，就是有点儿不配合。总的情况还不错！比较平稳！

6 月 21 日是父亲节，上午，李培禹先生在群里发来了好消息："重磅！奇迹很可能发生在迪兄身上！姚医生是 301 医院心血管方面的顶级专家，他已有信心啦！迪兄挺住！亲们加油！"大家都纷纷在群里为李迪祈福、祈祷。高洪波："父亲节为迪兄祈祷了！"孙晓青："迪兄是称职的父亲，祈福迪兄！"我也在群里发了下边这段文字："奇迹一定会发生在迪老身上！在父亲节为迪兄祈福！迪兄挺住！迪兄加油！"这时候，尽管内心都知道希望还是很渺茫，但我们都盼着还是有奇迹出现！相信奇迹一定会在迪老身上发生！

6 月 22 日中午，果然传来了李迪苏醒过来的好消息！李迪夫人发来微信："报告好消息！李迪今天早上 7：30 气管插管拔除了！姚大夫说这是一大进步！祈愿他一天更比一天好！一天更比一天强！"我们得知这个惊人的好消息都甚是高兴、甚是激动！高伟说："真高兴啊！这是今年以来最让我激动高兴的事了！我一直不相信迪兄真的会离开我们，那样一个鲜活的人！真的那样的话，我的心里会留下一个填补不了的坑！"我对高伟说："奇迹真的会出现啊！本来主治医生就已经没有信心了！等迪老病愈出院后，我们兄弟伙一定要好好地大喝一场了！酒我备好！"大家都说，我们最希望看到的事是我们给李迪写的这个"讣告"、这个"李迪生平"就此作废！要是迪老健康归来看到这个"讣告"、看到这个他自己的"生平"，他就知道大家对他的感情、对他的尊重了，那他该多高兴啊！我们大家又该有多高兴啊！一定要他把这个"讣告"、这个"生平"收藏起来！或由他自己亲手撕掉！

但时间不长，李迪又处于昏迷状态了！

6 月 27 日，在中国作协和作家出版社领导的关心支持下，《十八洞村的十八个故事》的责任编辑史佳丽、李亚梓和《永和人家的故事》责任编辑宋辰辰等加班加点，特意赶制出了两本装帧精美的《十八洞村的十八个故事》的样书，带上刚刚出版的《永和人家的故事》，通过在医院等候的李迪夫人和李培禹先生，交到了李迪的主治医生姚大夫手里。姚大夫拿着这两本书，来到昏迷着的李迪面前，打开手机摄像头，对着李迪大声说：迪老，报告你个好消息，你的两本书出版社都出版了，你的《十八洞村的十八个故事》也得奖了！令人震惊和感到神奇的是，昏迷中的李迪好像听到了姚大夫的声音，好像知道了他的两本书都已经出版了，《十八洞村的十八个故事》也得奖了，他的眼睛微微眨了几下，他的嘴唇微微动了几下，似乎想要说什么，但他的眼睛再也无力睁开，他也再无力开口说话。这时候，几颗眼泪从他眼睛里溢了出来！这个场景，李迪夫人当时当场就在手机屏幕上看到了！我的迪老啊！

6月27日上午11点，我发微信给李培禹："迪老现在还有意识吗?"他回复："没有。受大罪了!"晚上7点，李培禹先生发出令人极端失望、悲伤的消息："各位朋友，迪兄病情这几天继续恶化，上午医院通知魏老师准备后事。刚刚魏老师电话中告知，迪兄心脏也被感染了，大量抗生素已无效果，回天无力！可能明天将放弃。我们面对现实，进入最后的迪兄后事准备工作吧。"直到这时候，我们才知道，术后李迪又感染了鲍曼不动杆菌！因为感染已经控制不住，新做的瓣膜手术，生物瓣膜也已经感染了，抗生素已经无效了！

6月28日夜里11点，得知李迪还有呼吸，高伟给我发来微信："今晚，迪兄至少还呼吸在这个他如此热爱的世界。当明天来临，我的迪兄可能就走了，再也看不到了！想到这里，我就充满了心痛和不舍!"

李迪病危牵动众多文坛领导、朋友和他的采访对象的心！在他离世前的几天，中国作家协会、公安部新闻宣传局、全国公安文联、作家出版社、群众出版社、中国石油、深圳市公安局等有关单位的领导都给予了极大关注并派员前往医院探望（都未能见到本人），或打来电话、发来信息安慰其家属。

6月29日上午9点38分，李迪先生停止了呼吸！迪老走了！迪兄走了！人民的好作家李迪走了！带着遗憾，带着他还没有写完、他永远也写不完的中国故事与世长辞！

噩耗传来，悲伤满屏！

圈内群内，网上网下。

他的家人们，他的战友们，他的文友们，他的采访对象们，他的读者们，无不感到震惊、悲痛！

泪流一片。一片泪流。（仿李迪句式）

下午3点35分，中国作家网在李迪逝世后第一时间发表《文艺报》记者明江、教鹤然的文章《李迪：深入生活、讴歌新时代的热情劳动者》。

四、2019年9月19日—2021年4月23日：讲故事的人活在我们心里：应当忆及的时日

有些日子，有些事，因为与李迪有关，因为与李迪创作《十八洞村的十八个故事》有关，因为与当代中国文学创作与研究、发展与繁荣有关，我想，在此，有必要忆及一下。

2019年9月19日，中国作协召开“脱贫攻坚题材报告文学创作工程”启动座谈会，作为应邀参与“脱贫攻坚题材报告文学创作工程”创作的25位作家之一，李迪参加了这次座谈会，并领受了采访、写作湖南省湘西苗族土家族自治州花垣县双龙镇十八洞村的写作任务，这是2013年习近平总书记首次提出“精准扶贫”的地方，意义可谓重大，任务可谓艰巨。

11月10日至11月20日，李迪不顾年迈体弱，忍着初冬山区的寒冷潮湿，在十八洞村翻山越岭、走家串户进行热心、认真、艰苦的采访工作，精心采集写作十八洞村的故事的素材，用他的话说，叫“捞”故事。11月20日下午离开十八洞村，然后马不停蹄，从长沙直飞南宁，给中国石油广西销售公司的文学爱好者讲课，22日才回到北京。没过几天，我们即知道他因在山区采访，受

寒感冒了，时常发烧，甚至时常发高烧。12 月 24 日在给我的微信中他第一次提到了他的病情，他说：“我因突发腰椎疼，已在家平躺十余日了。”看来他 12 月上旬即已出现腰疼病状了。

从湘西回京后，且在床上忍受了几个月的病痛后，2020 年 3 月 30 日至 6 月 25 日，李迪继续忍着病痛的折磨，拖着病体，在简陋的居室里，甚至在医院的病床上，顽强地完成了《十八洞村的十八个故事》的写作，圆满地完成了中国作协和国务院扶贫办交给他的为时代放歌、为脱贫攻坚提供精神力量的写作任务。

5 月 6 日的《人民日报》用了一个整版刊发《腾飞的十八洞村》，并加了编者按：2020 年是脱贫攻坚决战决胜之年，我们将全面建成小康社会，实现第一个百年奋斗目标。今天，人民日报社与中国作家协会联合主办的“决胜 2020”征文正式开篇，首篇推出的是作家李迪采写的报告文学《腾飞的十八洞村》。在湖南省湘西州花垣县十八洞村，习近平总书记首次提出“精准扶贫”，本文讲述的正是十八洞村脱贫奔小康的故事。

5 月 8 日刊发于《中国艺术报》的《让我在山上把眼泪哭干》这篇作品，也成为李迪先生生前发表的最后一篇作品！如今再次看到这个篇名，想起已经远行的李迪，又怎能不让他的亲人、不让我们一帮文友把眼泪哭干啊！我们再也不能在微信朋友圈看到他每次发微信时开头的那句话：“我的好朋友们！”我们再也不能在我们那个小小的只有十几个文友的微信群看到他时不时经常会发的一圈小孩儿们拉着手跳舞的“我们是相亲相爱的一家人”的动图！我们再也听不到他喊“哎哟喂”！我们再也不能一起采访、一起畅谈、一起欢歌、一起开怀大笑，一起吃大包子！

令我等一帮文友非常遗憾、非常懊悔的是，李迪从湘西回京后，我们或由于公务繁杂，或由于出差在外，加之很快就要过春节放假奔赴四方与家人团聚了，更加之，由于谁也想不到的突然而来的新冠肺炎疫情，由于必须严格遵守疫情期间各项管理规定，在李迪发病、李迪病重、李迪做心脏瓣膜手术、李迪病危期间，甚至在李迪病故之后，我等一个群里的文友，竟然没有一个人去过他的家里、去过医院看望过他，竟然没有一个人见过他，竟然没有一个人能够为他送行！每想及此，不禁令人扼腕叹息！不禁令人潸然泪下！

据我所知，在李迪出发去湘西采访的前夜，2019 年 11 月 9 日晚上，最后一个见到他的好友是他的老战友、西南民族大学艺术学院教授、著名画家刘学伦先生。因为要为创作大型革命历史题材作品拍摄、收集素材，也好像是冥冥之中知道李迪先生要驾鹤远行，那天晚上，刘学伦先生按照他和李迪的约定从成都来到北京，并特意带来了 15 本李迪出版的书让他一一签名，这其中，既有李迪近年出版的新书，也有刘学伦和他的朋友卢军珍藏的李迪上世纪 70 年代、80 年代出版的非常稀见的连环画（大多是李迪编文，刘学伦、肖征波等绘画）！

7 月 1 日，这是党的生日，是建党 99 周年的纪念日，李迪这个有着 40 多年党龄的老共产党员的遗体在北京八宝山革命公墓火化。由于新冠肺炎疫情，除了他的家人和高伟、李国和等少数几个朋友，我等李迪生前的好文友们，竟然都没能到医院、到殡仪馆看他最后一眼，送他最后一程！

7 月 6 日，中国作协主席铁凝在《人民日报》发表纪念李迪的文章——《一个无愧于时代和人民的作家》。铁凝主席在文章中称赞他"是一个讲中国故事、传中国精神的作家"，"是时代的记录者，是人民的歌者"。"他的一生是作家，更是把祖国和人民放在心中最高位置的战士。""他是习近平总书记关于文艺工作的重要论述所指明的道路的自觉、热情的践行者，他的生命和创作有力地感召和启迪着我们：无愧于时代、无愧于人民，就要把全部生命投入到与时代同行的路上，把滚烫的心放进与人民同心的作品中，让这波澜壮阔的历史、这昂扬奋进的精神成为永世流传的中国故事。"

7 月 25 日，刊载《十八洞村的十八个故事（节选）》的《啄木鸟》杂志 2020 年第 8 期出版，选发了《关键时刻》、《金兰蜜》、《就是悬崖我也要跳》、《让我在山上把眼泪哭干》四个故事，这是杂志首次刊载《十八洞村的十八个故事》。同期杂志还刊载了我撰写的《行走在祖国大地上的人民作家——悼作家李迪》。

8月4日，《光明日报》发表记者李笑萌采写的长篇通讯《用生命书写十八洞村的故事——追记作家李迪》。并配发该报文艺部执行主任邓凯撰写的评论《把滚烫的心放在与人民同心的作品里》。文中写道："面对新时代日新月异的社会变革，李迪不做旁观者，不做空谈者，俯身大地，扎根人民，像一团传递着温暖和光明的火，用燃烧的激情感知时代的脉搏，用深情的笔触书写着人民的故事、时代的故事、中国的故事、中国共产党的故事。他在书写的'墨水'中配比了高浓度的血，因此他能够与笔下的人物同声相应、息息相通。他以对文学的虔诚、对时代的责任、对人民的深情，完成了生命最耀眼、最令人动容的升华；从他作品的字里行间，读者也会感受到文学塑造人类灵魂的高贵品质和无上尊严。"

8月5日，《文艺报》发表记者明江、宋晗、教鹤然、康春华联名撰写的长篇通讯《李迪：像雪一样纯洁，像火一般炽热》。文中写道："热心、热血、热情，几乎构成了亲人、朋友、战友，以及每一个和作家李迪有过交往的人对他的主要印象，这种火热的温度熨帖着他深入生活、扎根人民的文学追求，也深深地烙印在他的每一篇故事里、每一个人物身上。"

8月，《十八洞村的十八个故事》由作家出版社正式出版发行，并获评8月"中国好书"。

8月30日，在作家出版社组织召开的"李迪的文学道路研讨会"上，浸着李迪心血、智慧、才华、汗水、泪水和满腔热情，还带着清新墨香的《十八洞村的十八个故事》、《永和人家的故事》也摆到了所有与会人员的桌前。那天，铁凝主席来了，李敬泽、高洪波副主席来了，著名作家、评论家何向阳、梁红鹰、张策、刘玉琴、孙晓青、包明德、黄传会、杨浪、高伟、颜慧、李培禹等来了，李迪赴永和采访时的县委书记加天山也特意赶来了。会议由作家出版社总编辑张亚丽主持。铁凝主席，以及所有与会的作家、评论家们都认为，李迪先生的突然病故，不仅是公安文学的重大损失，也是当代中国文学，尤其是报告文学的重大损失！大家对他的文学道路、对他的文学创作成就给予了很高的评价。尤其是敬佩他多年坚持脚踏祖国大地，深入生活，扎根基层，扎根人民！可以说，作家深入生活的“深度”，决定了其文学作品的“高度”，二者的关系是辩证统一的，是成正比例的！李迪的创作理念，李迪的创作态度，李迪的创作实践，李迪的创作成就，李迪的文学道路，就是明证！

让我们再简单回顾一下李迪的病情和李迪是如何抱病坚持写作《十八洞村的十八个故事》的。据李迪夫人魏桂兰女士说，从湘西回来没几天他就腰痛难忍，脚碰到地面疼得全身哆嗦。到世纪坛医院拍片显示：腰椎间盘突出，腰部严重水肿，还有细微骨折。大夫说，腰部受寒厉害，劳累过度，没有别的办法，只有好好躺着养几个月，慢慢让它恢复。吃一点儿舒筋活血消炎药。不能再劳累，不能久坐和站立。不能受寒。腰的病痛让他受尽折磨！2020 年 1 月中旬莫名高烧，最高烧到 39°8，以为是感冒了，我要带他去医院看病，他说现在疫情严重，去了首先要到发热门诊，排队照片子，还要抽血各种检查，一则腰太痛，受不了。二则交叉感染，传染新冠肺炎更可怕，思来想去，在家里吃了退烧药和感冒药。继续养腰病。高烧是十天左右发一次。每次都是吃退烧药和感冒药。在写作的过程中，腰疼让他躺不下去起不来，坐不下去也起不来。每次起来坐下都是我费很大的力气帮助他完成这些动作。他非常有毅力，非常坚强，没有一点儿怨言和脆弱。为了减少他的痛苦，让他少起来，我给他喂水喂饭，端尿。劝他别着急写稿子，养好一些再说。到 3 月底他已经非常着急，不顾疼痛，一定要赶写十八洞村的稿子。起坐还是很困难，尤其时间坐长了，起来时钻心的疼，但他还是坚持坐下写稿子。4 月底，由于经常发高烧吃药，胃口非常不好，不想吃东西，熬的鸡汤或者肉汤他都不想闻，只是吃一点儿清淡的。他胃口不好，稿子有压力，心情比较沉重，人很快瘦下来了。我和孩子多次要带他去看病，他总说，根本没时间看病。孩子和我给他挂了医院的号，他很生气强迫我们退了号。他总对我说，采访来的稿子一定要抓紧时间写完，这是一种责任。作家协会交给我的任务是对我的信任，不能辜负领导对我的信任，人要讲诚信，不讲诚信没人和你共事。人要言必行行必果才有人相信。你不懂，你不理解这些。他告诉我腰还有另外一种疼，我着急了催他看病，他又急了，说写作时间非常紧张，哪有时间看病。让我不要再说了。4月底他虚弱不堪，走路要杵着拐棍，我还要小心翼翼地搀扶。5月13号，我非常着急，说，你一定要去看病，不管你怎么忙我也要你看病去。我非常生气，心里恐慌和心疼。15号才去了解放军301医院看病。这时候，他已经是急性肾衰、心衰，必须做透析了。并严重贫血，仅有正常人的一半血色素，六克多。大夫说他的体质太差不能做手术，只能调养两个月以后好了才能做。但是，住院才十天，经过检查，他的发烧是由于感染了一种城里不多见的细菌，细菌在心胞膜上滋生了一个比较大的赘生物，这个非常危险。如果赘生物掉下来，堵到血管的任何地方，就是在手术台上也救不了！细菌已经把二尖瓣和主动脉瓣穿孔了，不做手术没有一点儿出路。28号我去看他，他呼吸已经比较困难，晚上经常不能入睡。让大夫快点儿给他做手术，他已经受不了了。大夫调整了几次方案，最后确定6月1号做手术，手术还是比较成功。但是后面治疗突然药物过敏，病情急转直下，多次抢救。加之用了各种进口的抗生素、激素，免疫力越发低下了，肺部大面积严重感染，出现了鲍曼杆菌和绿脓杆菌。这是在监护室时间长了才会出现的。这是无可救药的危险信号。果然，直到6月29号也没有抢救过来……因为当时疫情严重，不让家属进去陪护，只能在监护室外面等。抢救他的时候，没有一个亲人在他身边，他就这样孤独地离开了！做妻子的我真的是心疼得痛不欲生，到现在回忆起来还是痛彻心扉！

2021年1月11日，《啄木鸟》杂志2020年第8期刊发的《十八洞村的十八个故事（节选）》入选中国作协创研部编选，长江文艺出版社出版的《2020年中国报告文学精选》，位列第一。我看到这个消息后，在朋友圈发出微信：“深入生活，践行‘四力’，用心用情书写新时代中国故事！祝贺著名作家李迪生前在病榻上创作完成的最后一部报告文学作品《十本洞村的十八个故事（节选）》入选《2020年中国报告文学精选》。”

1月30日，《十本洞村的十八个故事（节选）》又荣列北京文学月刊社主办的“2020年中国当代文学最新作品排行榜”。

4月13日下午1时，李迪骨灰安放仪式在北京炎黄公墓万寿山举行。那天，李迪的几位亲人，高伟、朱竞、易孟林和我等受众多文友之托，参加了李迪骨灰安放仪式，这也算是送他最后一程吧！那天，春风轻抚，万寿山上蓝天白云，空气清新，我想，李迪安眠于此，与蓝天白云为伴，也是一个他希望的归宿吧。在他的墓碑上，刻着这样12行文字：“这里安眠着无愧于时代和人民的中国作家李迪。他1968年毕业于北京师大附中，同年作为知青赴云南西双版纳国营农场，1973年参军，迈入军旅作家行列，后调入人民文学出版社任编辑。他一生出版40余部文学著作，获奖无数，代表作有《这里是恐怖的森林》、《丹东看守所的故事》等，其中《傍晚敲门的女人》更是中国首部走出国门的推理侦探小说。在他生命弥留之际，反映脱贫攻坚的《永和人家的故事》和《十八洞村的十八个故事》两书出版，成为他留给读者的最后奉献。”

4月23日，世界读书日。当天，由作家出版社编辑出版的《十八洞村的十八个故事》荣获中国图书评论学会颁发的“2020年度中国好书”，这是对李迪和作家出版社极大的褒奖。“颁奖理由”写道：“湘西十八洞村，是一个青山环抱、绿水环绕的苗族村寨。作家李迪来到这个村落，挨家挨户走访，通过对访谈资料进行艺术化的处理和剪辑，奉献了这本用生命写就的纪实文学。书中讲述了十八洞村村民自强不息、奋斗脱贫的故事，披露了受访者脱贫路上的真实心声。作品深入生活，扎根群众，语言质朴无华，价值观温暖而明亮，情感真挚而深长。十八个‘蝶变的故事’，宛如十八个跳跃的音符，奏响了中国脱贫攻坚过程中动听而雄壮的乐章。”中国作协创研部主任、著名文学评论家何向阳评论说：“作家李迪作为亲身参与到这个具有重大历史意义时刻的广大作家中的一员，以强烈的责任感、敏锐的感受力，记录人民生活，反映时代脉动，以感情充沛、功力深厚的创作，描绘历史进步，弘扬时代精神，以人民自己的故事，激励广大人民在新时代长征路上砥砺奋进，可以说，他交出了身为作家的一份对于时代的精彩答卷。”中国作协副主席高洪波充满深情地说：“李迪的去世留给文学界巨大的遗憾和强烈的震撼，他是为了中国伟大的扶贫工作竭尽心血的一位作家，他在生命最后的阶段写出了十八洞村的故事。”

附录二

李迪主要文学作品发表、出版年表

作品名称	发表、出版者及时间
《革命后代》	收录于《磨刀歌》，昆明军区政治部宣传部编印，1972年2月
《射手》	《解放军文艺》杂志，1974年第5期
《张连长的家》	《解放军报》，1975年11月14日
《红尾巴鲤鱼的秘密》	云南人民出版社，1976年8月第1版
《桥》	《解放军报》，1977年4月4日
《遥远的槟榔寨》	云南人民出版社，1977年5月第1版
《拉练途中》	《解放军报》，1977年12月8日
《捉熊》	人民美术出版社，1978年6月第1版
《野蜂出没的山谷》	人民文学出版社，1979年第1版
《石榴花》	云南人民出版社，1979年7月第1版
《这里是恐怖的森林》	《解放军报》，1980年2月5日至4月26日连载
《恐怖的森林》	少年儿童出版社，1981年11月第1版

《代号叫蜘蛛》	湖北人民出版社，1982年10月第1版
《豹子哈奇》	少年儿童出版社，1983年10月第1版
《枪从背后打来》	浙江少年儿童出版社，1984年3月第1版
《傍晚敲门的女人》	《啄木鸟》杂志，1984年第4期
《傍晚敲门的女人》	群众出版社，1985年7月第1版
《〈悲怆〉的最后一个乐章》	《天津日报》，1986年7月13日至9月13日连载
《〈悲怆〉的最后一个乐章》	法律出版社，1987年2月第1版
《预审员笔记》	天津人民出版社，1987年11月第1版
《第三条毒蛇》	少年儿童出版社，1987年12月第1版
《我们永远年轻》	《解放军报》，2010年12月21日
《想念你，我的班长》	《解放军报》，2011年3月3日
《丹东看守所的故事》	群众出版社，2011年8月第1版
《你可知道，那草帽在何方》	《啄木鸟》杂志，2012年第8期
《贵妇兰惊魂》	群众出版社，2012年10月第1版
《004号水井房》	《北京日报》，2012年11月13日
《我的眼泪为谁飞》	《啄木鸟》杂志，2013年第5期、第6期
《雷霆三十分》	《解放军报》，2013年7月10日
《老郭开茶馆》	《光明日报》，2013年8月16日
《星星点灯——走近湖州公安“警务广场”》	《啄木鸟》杂志，2013年第9期
《樱桃沟里樱桃红》	《解放军报》，2013年9月24日

《枫桥枫叶红愈红》　《啄木鸟》杂志，2014 年第 1 期
《花自飘零》　作家出版社，2014 年 1 月第 1 版
《王所长摆摊儿》　《人民日报》，2014 年 1 月 10 日
《敲起锣来唱大戏》　《人民日报》，2014 年 1 月 31 日
《百姓叫他章警官》　《北京日报》，2014 年 7 月 23 日
《新华书店》　《中国作家》杂志，2014 年第 11 期
《警官王快乐》　《啄木鸟》杂志，2015 年第 2 期至第 5 期
《好像一只蝴蝶飞进我的窗口》　《中国艺术报》，2015 年 9 月 9 日
《铁军·亲人——无锡公安协奏曲》
　群众出版社，2015 年 11 月第 1 版
《山丹丹开花》　《中国艺术报》，2015 年 12 月 25 日
《警官王快乐》　江苏凤凰文艺出版社，2016 年 2 月第 1 版
《社区民警是怎样炼成的——陈先岩的故事》
　群众出版社，2016 年 6 月第 1 版
《画面无声》　《光明日报》，2016 年 7 月 22 日
《便衣陈森》　《中国艺术报》，2016 年 10 月 21 日
《听李迪讲中国警察故事》　群众出版社，2016 年 11 月第 1 版
《面向太湖　春暖花开》　《中国作家》杂志，2016 年第 12 期
《宣传队》　广东人民出版社，2017 年 5 月第 1 版
《走着走着花开了——社区民警郝世玲的一天》
　《啄木鸟》杂志，2017 年增刊
《天网难逃》　《中国作家》杂志，2017 年第 7 期

《9601 航班，目标：九寨》	《北京日报》，2017 年 9 月 12 日
《如果哪天轮到我》	《光明日报》，2018 年 2 月 9 日
《徐州刑警》	群众出版社，2018 年 3 月第 1 版
《英雄时代——深圳警察故事》	《啄木鸟》杂志，2018 年第 8 期、第 9 期
《英雄时代——深圳警察故事》	群众出版社，2018 年 11 月第 1 版
《罗布泊的春天》	《中国艺术报》，2019 年 2 月 25 日
《野蜂出没的山谷》	作家出版社，2019 年 6 月第 1 版
《豹子哈奇》	作家出版社，2019 年 6 月第 1 版
《这里是恐怖的森林》	作家出版社，2019 年 6 月第 1 版
《书包里的秘密》	作家出版社，2019 年 6 月第 1 版
《獴！獴！獴！》	作家出版社，2019 年 6 月第 1 版
《黑林鼓声》	作家出版社，2019 年 6 月第 1 版
《我的眼泪为谁飞》	广东人民出版社，2019 年 9 月第 1 版
《芳梅过上了好日子》	《光明日报》，2019 年 9 月 13 日
《加油站的故事》	作家出版社，2019 年 11 月第 1 版
《黄桃金灿灿》	《文学报》，2020 年 4 月 23 日
《就是悬崖我也要跳》	《文艺报》，2020 年 4 月 29 日
《腾飞的十八洞村》	《人民日报》，2020 年 5 月 6 日
《让我在山上把眼泪哭干》	《中国艺术报》，2020 年 5 月 8 日
《永和人家的故事》	作家出版社，2020 年 6 月第 1 版
《十八洞村的十八个故事》	作家出版社，2020 年 8 月第 1 版